Digital Currency

Multidimensional Currency Competition and Global Financial Governance

数字货币

多维货币竞争与全球金融治理

宋　爽　刘朋辉　刘东民◎著

经济管理出版社

ECONOMY & MANAGEMENT PUBLISHING HOUSE

图书在版编目（CIP）数据

数字货币：多维货币竞争与全球金融治理／宋爽，刘朋辉，刘东民著．—北京：经济管理出版社，2023.9

ISBN 978-7-5096-9255-4

Ⅰ.①数… Ⅱ.①宋… ②刘… ③刘… Ⅲ.①数字货币—研究②国际金融管理—研究 Ⅳ.①F713.361.3 ②F831.2

中国国家版本馆 CIP 数据核字（2023）第 184540 号

组稿编辑：任爱清
责任编辑：任爱清
责任印制：张莉琼
责任校对：陈　颖

出版发行：经济管理出版社
　　　　　（北京市海淀区北蜂窝 8 号中雅大厦 A 座 11 层　　100038）
网　　　址：www.E-mp.com.cn
电　　　话：（010）51915602
印　　　刷：北京晨旭印刷厂
经　　　销：新华书店
开　　　本：710mm×1000mm /16
印　　　张：13.25
字　　　数：247 千字
版　　　次：2023 年 10 月第 1 版　　2023 年 10 月第 1 次印刷
书　　　号：ISBN 978-7-5096-9255-4
定　　　价：98.00 元

前　言
INTRODUCTION

自 2009 年初比特币（Bitcoin）诞生以来，数字货币在十多年间经历了快速的发展。在 2010 年 5 月发生的比特币第一笔真实交易中，1 万枚比特币仅能购买两个比萨；但是到 2021 年 4 月，一枚比特币的价格已经突破 6 万美元，比特币总市值突破 1 万亿美元，全球加密货币总市值超过 2 万亿美元。在私人数字货币如火如荼发展的同时，各国央行也开始加入数字货币的战场。根据国际清算银行（Bank for International Settlements，BIS）的调研，截至 2021 年，在全球 81 个主要国家央行中，已有 90% 的受访央行在从事中央银行数字货币（CBDC）的相关工作。[①]

数字货币正在经济活动中产生越来越广泛的影响，而且这些影响很可能是国际范围的。那么，数字货币会从哪些方面改变现有货币体系？数字货币的普及又会带来哪些竞争问题？对于数字货币可能引发的风险和涉及的国际秩序，又将如何通过全球治理予以协调和解决？这些都是数字货币领域值得研究的问题。虽然目前已经有不少针对数字货币进行研究的著作，但是针对数字货币对货币竞争和全球治理展开讨论的书籍几乎没有。所以本书决定在这一领域做出初步探索。

本书对数字货币的研究沿着三条线索进行：由技术支持的货币形态演变，由私人到官方的货币发行人属性变化，以及涉及不同主权国家的数字货币国际发展，研究框架如图 0-1 所示。

第一章基于货币形态维度，对支持数字货币形态的底层技术——区块链技术的关键特征进行了介绍。货币形态的演变常伴随技术的发展，区块链的分布

---

① Kosse A., Matte. I. Gaining Momentum-Results of the 2021 BIS Survey on Central Bank Digital Currencies［R］. BIS Papers No. 125. 2022.

式存储、加密技术以及共识机制等技术特征，为数字货币塑造了不同于传统形态货币的优势。同时，区块链技术也面临着不容忽视的挑战，涉及互操作性问题、成本与收益的不确定性、"不可能三角"、"算力"挑战以及隐私与安全的权衡等方面。本章由刘朋辉负责撰写。

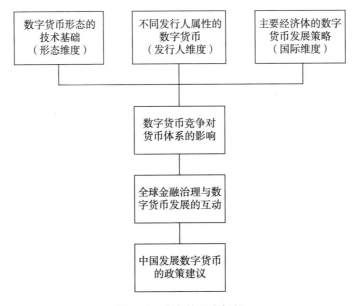

图 0-1　本书的研究框架

　　第二章基于发行人属性维度，分析了数字货币由加密资产到数字稳定币再到中央银行数字货币的发展过程。加密资产采取挖矿的发行机制，没有明确的发行人，既不是任何机构的负债，也没有任何实体的信用背书，价格波动剧烈且不易被监管。数字稳定币具有价值锚且存在中心化的发行实体，因此价格相对稳定并有明确的受监管对象，但是私人发行的属性可能使其面临挤兑风险。中央银行数字货币由国家货币当局直接发行、受政府信用背书，因此不存在挤兑风险，还有助于更加有效地实施监管、执行货币政策。本章对这三类数字货币分别进行了介绍，并分析了它们之间的区别与联系，由宋爽和刘朋辉共同撰写。

　　第三章基于国际维度，介绍了六个主要经济体的数字货币发展策略。其中，四个发达经济体包括引领全球数字货币发展浪潮的美国、计划率先推出加密资产综合监管框架的欧盟、最早提出中央银行数字货币概念的英国以及重视私人数字货币创新并关注中国数字货币发展的日本；两个发展中经济体包括作为全球主要国家中最早推出中央银行数字货币的中国，以及数字货币发展受到金融制裁显著影响的俄罗斯。本章由宋爽和刘朋辉共同撰写，宋爽负责中国、美国、日本和俄罗斯部分，刘朋辉负责欧盟和英国部分。

第四章基于文献研究，在理论层面分别从上述三个维度探讨了数字货币时代的货币竞争问题。在形态维度，主要分析了数字货币与普通货币（如纸币、电子货币等）之间的竞争；在发行人维度，主要探讨了不同发行人属性的数字货币所涉及的竞争问题，如私人发行数字货币与官方发行法定货币的竞争、中央银行数字货币引发的中央银行与商业银行的潜在竞争等；在国际维度，重点关注各主权国家之间的数字货币竞争以及超越主权范畴的数字货币竞争。本章由宋爽负责撰写。

第五章回到现实，探讨了当前广受关注的数字货币相关全球治理问题。一方面，全球金融治理能够规范数字货币的发展和竞争。在 G20 框架下，受到重视的数字货币议题包括加密资产风险的识别与监管、全球稳定币监管框架的制定、CBDC 的研发合作与标准制定以及 G20 加强跨境支付路线图。另一方面，数字货币的跨境应用也可能改变全球金融治理格局。以数字货币和区块链技术打造分布式跨境支付网络，可能推动作为全球金融治理重要内容的国际货币体系朝着多元化的方向迈进。本章由宋爽负责撰写。

第六章基于前面的分析，对我国的数字货币发展提出政策建议。针对国内数字货币的发展和监管，我国可以拓展数字人民币的定位与应用场景，允许市场化机构在央行监管下研发锚定人民币的稳定币，并努力完善数字货币与区块链金融应用场景的监管。针对参与全球数字货币治理，我国可推动基于数字货币和区块链建立新型全球跨境支付体系，同时以数字亚元倡议推动东亚货币合作。本章由刘东民撰写。

宋　爽

2023 年 6 月 16 日

目 录
CONTENTS

1

数字货币的技术基础

数字货币能够成为一种新的货币形态并产生广泛影响，源于其不同于现有货币的技术特征。因此，要想研究数字货币在货币形态维度的发展，首先需要了解其底层技术——区块链及其特征，特别是这项技术的优势和可能面临的挑战。

第一节　区块链技术的发展与应用模式

区块链技术的发展可以追溯到 20 世纪 90 年代初，[1] 但是直到比特币的成功才使区块链技术获得更多认可。[2] 至今，区块链技术应用已经历五个发展阶段，出现了三种不同的应用模式。

一、区块链技术的定义

2008 年 11 月，中本聪（Satoshi Nakamoto）发表论文《比特币：一种点对点的电子现金系统》，奠定了加密货币及其底层区块链技术的基础。[3] 区块链（Blockchain）是一种分布式加密网络，其在密码学、时间戳和共识机制等技术的基础上，实现时序分布式数据储存，使多边参与的系统能够完成双边点对点传输。该技术将按时间排序的数据存储在不断增长的区块列表中，每个区块都包含交易和商业活动的信息，整个网络使用共识算法，就哪个区块将连接到当前公认的区块链条上达成一致，因此被称为"区块链"。

区块链属于分布式账本技术（Distributed Ledger Technology，DLT）的一种，也是目前应用普遍的分布式账本技术。分布式账本技术是通过分布式账本记录信息的一种方法，该技术使网络中的各节点能够一致地提出、验证和记录

---

① Haber S. , Stornetta. W. S. How to Time-stamp a Digital Document [J]. Journal of Cryptology, 1991 (3)：99-111.

② Cong L. W. , He Z. Blockchain Disruption and Smart Contracts [J]. Review of Financial Studies, 2019, 32 (5)：1754-1797.

③ Nakamotos S. , Bitcoin：A Peer-To-Peer Electronic Cash System [Z]. 2008.

状态更改（或更新），而无须依赖中心化的受信任方来获取可靠数据。① 除了区块链外，分布式账本技术也有其他形式，如有向无环图（Directed Acyclic Graph，DAG）。如果说区块链是一个链接列表，那么有向无环图更像是一棵树，从一个记录分支到另一个记录分支，以此类推。本书仅关注作为加密货币底层技术的区块链，并将其视为去中心化共识系统的一般形式。② 鉴于区块链在分布式账本技术中最具代表性和普遍性，如无特别说明，后文提到的分布式账本技术即指区块链技术。

二、区块链技术的发展

自 2009 年比特币问世以来，区块链技术的发展大致经历了五个阶段，从区块链 1.0 发展到区块链 5.0。本章主要介绍区块链技术发展的前三个阶段，即诞生于数字货币的区块链 1.0、适用于"可编程金融"的区块链 2.0 以及面向"价值互联网"的区块链 3.0。由于区块链 4.0 和 5.0 在应用场景构思上相比区块链 3.0 并无本质差异，主要强调其区块链技术革新对于交易效率的提升，因此仅对其做简要介绍。

区块链 1.0 是指应用于比特币等早期数字货币的区块链技术。比特币构建了一个无须中介的数字货币系统。该系统基于加密算法构建数字货币即比特币，比特币的本质则是可作为特定方程的解的一串复杂代码。比特币作为方程有限根的这一特点，使数字货币可信。每个比特币复杂代码称为"私钥"，是不公示的，经简化计算由"私钥"形成向网络公开的"公钥"，公私钥机制保证了数字货币的安全性。其中最具革命性的创造是时序分布式数据储存模式，简称分布式账本。分布式数据储存是指整个网络的交易信息由网络中所有节点共同记录，每个交易至少由网络中一半以上的节点记录。时序是指交易信息按照时间顺序记录，每个标准记录时段结束后，整个网络将对时段内交易记录进行审核确认，而后把整个时段内的交易记录简化为一串代码并赋予包含时间标签的"头信息"，再储存到网络中的各节点账本中。③ 基于以上技术，区块链

---

① FSB. FinTech and Market Structure in Financial Services: Market Developments and Potential Financial Stability Implications [EB/OL]. https://www.fsb.org/2019/02/fintech-and-market-structure-in-financial-services-market-developments-and-potential-financial-stability-implications/.

② Chen L., Cong L. W., Xiao Y. A Brief Introduction to Blockchain Economics [R/OL]. 2021. https://www.worldscientific.com/doi/abs/10.1142/9789811220470_0001.

③ 贾丽平. 比特币的理论、实践与影响 [J]. 国际金融研究，2013 (12)：14-25.

1.0可实现实时转账与记账功能，交易信息公开透明、不可篡改。然而由于技术限制，区块链1.0的"账本信息"中只能够记录关于数字货币的简单交易信息，因此只适用于数字货币交易。

区块链2.0是指"可编程金融"，可适用于经济金融市场，如票据、期货、债券、股票等市场。区块链2.0诞生的标志是有关智能合约的技术创新——以太坊、Ripple Lab等在区块链1.0的技术基础上，建立（金融资产）数据规则并引入标准化智能合约，拓宽了分布式账本可记录的资产类型，并大幅提升了线上资产的交易效率，从而让区块链技术适用于所有金融资产的交易和记录。根据《以太坊白皮书》的声明，智能合约是"一个系统参与者"，具体来说是"运行在共享、可复制账本上的计算机程序，可以处理信息，接收、储存和发送价值"。在创建智能合约前，区块链交易平台可以先将需要交易的价值基于得到共识的标准，简化为智能资产，这样可方便写入合约中。智能合约本身和区块链1.0中对网络的交易声明相一致，可以当成分布式数据储存体系的记录对象。因此，比特币在分布式网络中能够实现的功能，智能合约都能够实现。在获得平台用户认可的基础上，智能合约可完成所有金融合约形式。只要基于统一的智能合约标准，用户就可以在区块链2.0平台上任意创建智能合约。在智能合约技术的基础上，区块数据的"账本信息"不仅可以记录简单的数字货币交易，还能够记录多种智能合约，从而区块链2.0拓宽了区块链技术的应用范围，使其可实现实时合约签订与记录功能。只要智能合约的编辑语言支持，区块链2.0理论上可以实现所有金融资产的线上点对点转移。[①]

区块链3.0是指"价值互联网"，即能够完成互联网中所有有价值信息的确权、交易和记录，并为金融、实体经济、社会公共服务、政治治理提供技术解决方案。实际上，所谓的"区块链3.0"就是指区块链在经济、社会乃至政治领域全面应用所要具备的技术能力。目前已有EOS、NEO、Cardano、Inter-Value、ArcBlock等底层协议项目在以太坊的基础上进行技术改进，追求提升区块链技术作为底层协议的效率、安全性与兼容能力的技术创新，吸引资本在其平台上广泛开发应用，从而成为区块链3.0的倡导者。然而，由于各方的技术创新还未得到市场的广泛认可，因此目前尚未出现公认的区块链3.0的代表性技术。目前实现区块链3.0面临的障碍主要有两个：一是区块链技术自身进步面临瓶颈，在保证去中心化和安全底线的同时，交易处理效率进一步提升的

---

① Aggarwal S., Kumar N. Chapter Fifteen-Blockchain 2.0: Smart Contracts [J]. Advances in Computers, 2021 (121): 301-322.

空间有限，在量子计算等底层革新技术落地前，或难以满足高频应用环境的需求。二是区块链技术在各行业的应用才刚刚起步，各政府、企业、研究机构旗下的区块链技术用例大多处于研发与试用阶段，除金融业外，其他领域的区块链技术应用项目更是于 2018 年才开始兴起，实际案例的缺乏给区块链应用带来了不确定性。[①] 从中长期来看，区块链 3.0 的实现是有可能的，因为区块链技术的"分布式"特征，为建立多元、平等的互信平台提供了强有力的支持，高度顺应了多元化、分散化的时代潮流。随着技术的进步，区块链的应用领域已经从金融逐步拓展到投票、医疗、教育、社会管理乃至全球治理当中，未来有可能在一定程度上改变世界运作模式。现有的区块链 3.0 主要应用于供应链网络，以保障供应链上产品信息的可验证性、可追溯性与完整性。

在此之后还出现了区块链 4.0，但其主要区别并非在于区块链技术的最终目标——"价值互联网"，即在经济、社会至政治领域的全面应用，而是增加了实现该路径的中间过程。定义区块链 4.0 的相关学者认为，在区块链实现智能合约即区块链 2.0 后，区块链技术当前的革命即第三代区块链是结合"点对点技术"（P2P）的"去中心化应用"（dApps）。该定义的提出者认为，通过将原先支持区块链网络的程序分散在不同去中心化应用上，可有效分散系统负荷并防范监管机构"入侵"；同时，该系统将引入"权益证明机制"（Proof of Stake，PoS）等新共识机制提高区块链网络效率。[②]

与之类似，也有部分学者在区块链 4.0 的基础上提出区块链 5.0 概念，将与人工智能、大数据分析结合的区块链应用实例定义为区块链 5.0。[③]

三、区块链技术的应用模式

根据应用场景需求，区块链技术的应用模式可大致分为公有链、联盟链和

① Suzuki J., Kawahara Y. Blockchain 3.0: Internet of Value-Human Technology for the Realization of a Society Where the Existence of Exceptional Value is Allowed [A]. In: Ahram T., Taiar R., Groff F. (eds) Human Interaction, Emerging Technologies and Future Applications IV [C]. Springer, Cham., 2021 (1378): 569-577.

② Mukherjee P., Pradhan C. Blockchain 1.0 to Blockchain 4.0—The Evolutionary Transformation of Blockchain Technology [A]. In: Panda S. K., Jena A. K., Swain S. K., Satapathy S. C. (eds) Blockchain Technology: Applications and Challenges [C]. Intelligent Systems Reference Library, 2021.

③ Choi T., Siqin T. Blockchain in Logistics and Production from Blockchain 1.0 to Blockchain 5.0: An Intra-inter-organizational Framework [J]. Transportation Research Part E: Logistics and Transportation Review, 2022 (160): 1-16.

私有链三种。①

公有链是指分布式账本彻底去中心化，任何节点均参与公有链内数据的读写和验证过程以及共识机制的维系，基本仅适用于以比特币为代表的加密数字货币交易。联盟链是指只有有限的特定节点参与读写和验证过程，更适用于组织间交易，尤其是金融交易。私有链则指只有一个中心节点能够参与私有链的读写，可加入少数节点参与验证监督，适用于组织内部的审查记录工作。

联盟链与私有链在本质上是区块链技术的让步，即在其"不可能三角"——"高效低耗""去中心化"和"安全"中，放弃"去中心化"而保全其余两个优势，因此也有观点认为只有完全去中心化的公有链才算作区块链。对于不同应用领域，"不可能三角"三个方面的重要程度不同，后文将对"不可能三角"做进一步讨论。联盟链和私有链与公有链的另一个差异在于，参与交易记录的读写和验证权力在前两个体系中是赋予部分节点的，而在公有链中是赋予所有节点的，因此它们的共识机制也有所不同，这也会在后文中进行说明。

第二节　区块链的技术特征及优势

与传统的中心化技术相比，区块链能够构建一个用于线上点对点信息传输、验证和记录的分布式平台，有效实现网络平台内的"共商、共建、共享"，同时也具备低成本、高效率、安全可信、易审计等优势。区块链技术的这些优势主要是基于分布式存储、加密技术以及共识机制等技术特征。

一、分布式存储

分布式数据存储是区块链技术的核心价值所在。分布式设计的主要作用是替代价值交换中的中心化节点，在有效完成中介作用的同时弥补其固有的不足和风险。区块链创新基于分布式存储，加密算法、共识机制都是围绕分布式存储的，因此分布式存储是区块链技术的核心。

中心化中介在价值交换中的作用是对交易进行担保与记录，使交易双方能够基于中介建立信任，从而降低风险以推动交易顺利完成。然而，中心化中介

---

① 姚前.区块链研究进展综述［J］.中国信息安全，2018（3）：92-95.

也存在一些显而易见的问题。首先，中介的存在降低了交易效率；其次，中介提供服务通常需要收取中介费，从而提高了交易成本；再次，有些中介可能利用信息优势，通过寻租、欺骗等手段获取不法利益，即中介并不能完全化解价值交换中的交易风险；最后，中介具有内在脆弱性，一旦自身遭受攻击，整个系统就会陷入瘫痪，这大大降低了系统的安全性。

分布式设计保障了网络平台本身由多方参与者替代完成中介职能，共同维护平台运行，从根本上解决了上述四方面问题。具体到区块链技术，其分布式账本中的交易记录单位是区块数据，区块数据的结构大致是"头信息+账本信息"。其中，"头信息"概述了区块数据的整体基本信息，如时间戳等；"账本信息"则是该区块数据中的交易信息记录。分布式数据储存模式让区块链网络中的所有节点（公有链）或部分节点（联盟链和私有链）共同对交易进行担保与记录，类似于创建了一个分布式的中介系统。[①] 在分布式系统中，交易信息实时公开且交易记录不可篡改，保证了网络中的交易信息公开透明且交易记录安全可信，从而有效排除了信息不对称带来的无谓损失与风险，同时简化了审计流程。

分布式存储还使区块链技术可以实现自动化。分布式账本的设立基础是数据格式、加密方式和合约格式的统一，即"语言统一"，这为区块链技术带来自动化优势。包含智能合约的交易信息具有统一格式，由此确保这些信息可在各节点进行自动化确认和记录；这些交易记录再自动化简写成统一格式的数据储存区块，从而确保审计时可自动化提取并审核。上述自动化管理可替代人力完成交易确认、记录与审核的过程，在降低成本、提升效率的同时，也降低了人力处理过程中存在的失误、寻租、欺诈等风险。

二、加密技术

区块链技术以分布式数据储存模式作为创新设计理念，加密技术则是实现该设计的"建筑材料"。在将交易信息打包为时序区块以及生成虚拟货币的"公钥"时，区块链技术使用了非对称加密方法中的哈希（Hash）函数对交易信息等数据进行压缩，提高了信息处理效率，也使信息的安全性得到保障。而后，经压缩的数据通过"时间戳"技术按时间顺序存储在分布式账本上，从而增加了篡改信息的成本、提高了再审查数据的效率并为共识的建立打下

---

① Swan M. Blockchain: Blueprint for a New Economy [M]. O'Reilly, 2015.

基础。

哈希函数又称散列函数，用于将任意长度的信息压缩为固定长度的信息摘要。经哈希函数"摘要"后的信息，具有不可逆、计算时间确定、输出长度固定且唯一确定的特点。也就是说，无法通过"摘要"信息反向推导出原信息；任何信息经同一种哈希函数简化所需计算时间是基本相同且确定的；任意长度信息经哈希函数简化后的结果都是固定长度的摘要信息；哈希函数的输入信息与输出信息一一对应。经以上方法储存的交易信息记录由于加密方式统一、数据长度固定，因此易于分布式节点间进行互相实时验证，也让区块链网络中的交易记录基本不可能被篡改。同时，交易信息中的账户隐私也在哈希函数处理的过程中得到保护，排除了第三方中介机构泄露账户隐私的风险。[①]

"时间戳"技术旨在确保区块交易记录的时序共识，是共识机制建立的基础。由于其紧密结合在加密过程中，故放在加密技术部分。在完成对固定时间段内的交易信息压缩并生成区块后，区块链技术为每个区块赋予一个"时间戳"，以确定该时序区块对应的时间等信息。有统一格式"时间戳"的时序区块为搜索、调取交易记录提供了方便，可有效提高验证、审查交易记录的效率。[②]

哈希函数和"时间戳"技术是区块链加密技术的重要组成部分，也是当前区块链技术研究者与相关企业关注的重点。加密技术作为区块链平台的"建筑材料"，是数据安全性、传输处理效率的基本保障，决定了作为"上层建筑"的区块链应用所适用的行业范围与体量。因此，加密技术不仅是决定未来区块链技术本身发展方向与速度的关键，也是区块链及相关网络技术开发企业的核心竞争力。

三、共识机制

如果说加密技术属于区块链技术的客观基础、区块链平台的"建筑材料"，那么共识机制就是区块链的灵魂、区块链平台的"建筑结构"。区块链平台作为分布式多极化的价值网络，其生存完全依赖于用户对平台以及其他用户的信任，也就是共识。区块链的核心分布式时序账本已对平台内交易信息的

---

① Haber S., Stornetta W. S. Secure Names for Bit-Strings [A]. CCS'97: Proceedings of the 4th ACM Conference on Computer and Communications Security, 1997: 28-35.

② Wright A., De Filippi P. Decentralized Blockchain Technology and the Rise of Lex Cryptographia [R]. 2015.

透明性有了绝对保障，而加密技术也强化了交易信息本身的安全性，两者都为建立共识机制起到重要作用。此外，还有一个重要的支撑，即共识算法。

区块链对共识算法的需求与其应用行业、模式直接相关，仅适用于数字货币领域的公有链常选择 PoW 与 PoS 等算法，而应用范围更广泛的联盟链与私有链则更多选择了拜占庭容错技术（PBFT）和 Raft 等相对传统的共识算法。数字货币公有链的共识算法任务艰巨，在保证每笔交易公平可信的同时，还需要激励用户参与交易乃至"炒作"数字货币本身。PoW 是工作量证明机制，就是按劳分配，该机制下各节点"挖矿"的工作量大小决定其能否拥有新的比特币，从而保证新数字货币的供应符合市场化原则。PoS 是股权证明机制，与持有股票没有过多区别，新货币会以分红的形式分发给"持币人"。相比之下，服务于实体经济与金融的联盟链和私有链，仅需共识算法保障交易的可信度即可，是故 PBFT 和 Raft 协议等传统分布式一致性算法依旧在联盟链和私有链中有用武之地。传统共识算法被建立在分布式账本网络的基础上，通过提升欺诈成本或基于多数原则达成强制共识，防止个别账户出现错误以及该错误对整体区块链正常运行造成影响。①

不同应用模式的区块链存在共识机制差异的根本原因，在于价值来源的不同。数字货币的公有链需要实现"无中生有"，即基于共识机制从货币用户中博取信任。因此共识机制被迫同时保护交易安全性与货币价值，可"巧妇难为无米之炊"，数字货币的共识机制容易成为风险隐患。而以网络基础设施自居的区块链平台，其交易内容价值是实体经济与金融市场赋予的，又可由内部共识算法、规则约束与外部监管共同实现共识机制，风险大幅下降。不过数字货币领域本身的需求也倒逼技术研究者探索更完备的共识算法，对整个区块链行业乃至其他领域有一定的参考价值。

四、区块链的技术优势总结

区块链技术本身的价值来源于其分布式设计、加密技术与共识机制三部分。分布式设计采用多节点记录，避免了中心化机制下的垄断风险，也为记录审查以及系统的自动化运转提供了便利。加密技术作为基础技术，保证了交易信息的安全性，有效提升了系统运行效率，并降低了运行成本。共识机制则是区块链平台得以实现的根本，共识算法在前两者的基础上继续提升了区块链系

---

① 姚前. 区块链研究进展综述［J］. 中国信息安全, 2018（3）：92-95.

统的制度合理性，提高了系统整体的安全可信度。

相比于传统的中心化网络平台，基于区块链技术的分布式网络平台除具备低成本、高效率、安全可信、易审计等优势外，更符合多极化时代"共商、共建、共享"的需求。区块链技术应用于各行各业时，各参与方共同协商规则并认同规则作为共识机制的基础，可有效保障民主与平等，符合共商原则；区块链构建的分布式平台，需多方参与者共同建立、维护并监督，符合共建理念；最终在对共识机制不断完善、对平台信息的共同维系中谋求多方的共同利益，实现共赢共享。可见，区块链技术的发展为构建"共商、共建、共享"的网络平台提供了行之有效的技术路径。

第三节　区块链技术面临的挑战

区块链技术在具备革命性优势的同时，也存在着不可忽视的潜在问题，涉及互操作性、成本与收益、"不可能三角"、"算力"以及隐私与安全的平衡等方面。

一、互操作性问题

区块链的互操作性是指在不同区块链网络间进行信息交换、记录审验的能力，而目前由于区块链技术的差异，存在众多无法相互操作的区块链平台。区块链的互操作性问题之所以是目前较为广泛关注的问题之一，是因为现实场景中不同线上平台间需要频繁、大量地交换信息，区块链的互操作性紧密关系到其适用范围与潜在价值。例如，在银行业常常出现银行间汇款、贷款，如果银行各自建立了内部区块链平台，区块链技术的互操作性将直接影响到银行间的资金流动。正因为互操作性问题是区块链发展必须翻越的障碍，以解决该问题为导向的技术研究一直在进行中。现有的研究方向基本是"以区块链为单位共享信息"和"用户直接跨链交换信息"两种，其中相对成熟的技术包括"侧链"技术、"Wanchain"技术①、与以太坊密切相关的"Polkadot"技术②、

---

① Wanchain. Building Super Financial Markets for the New Digital Economy [EB/OL]. https：//www. wanchain. org/_files/ugd/9296c5_0d623032c67b4e2380e14452ec02a9e4. pdf, 2017.

② Wood G. , Polkadot：Vision for A Heterogeneous Multi-Chain Framework [EB/OL]. https：//polkadot. network/PolkaDotPaper. pdf, 2016-11-10.

Ripple 的 "Interledger" 技术[①]等。

二、成本与收益的不确定性

这里所说的成本与收益问题，主要包含两个方面：一是推动区块链应用所需投入的成本和应用所产生的收益，这两者均存在不确定性。二是区块链技术对现有中介（如商业金融机构）有替代作用，推动区块链应用所产生的收益和现有中介被替代所造成的损失，这两者均存在不确定性。

一方面，区块链技术本身成本和收益的不确定性来自其作为网络基础设施需要投入的大量固定成本和变动成本，以及缺乏相关领域的实践应用经验。基于区块链技术搭建网络基础设施，需要投入多种固定成本，包括平台搭建成本、吸引参与者成本、网络提速成本、智能合约设计成本以及变动成本，即伴随平台运行的时间与用户数量变动的成本，包括能耗成本、加密技术更新成本、账户管理成本等。变动成本的存在加大了区块链技术所需成本的不确定性，而庞大的固定成本则扩大了成本收益不确定性带来的投资风险。而且，区块链技术作为一种新兴技术，除数字货币领域外，还缺乏足够的实践经验积累。建立基于区块链技术的国家乃至国际网络基础设施的成本存在不确定性，理论上区块链技术将带来的巨大收益也是未知数。

另一方面，区块链技术应用产生的收益或将以对广泛应用中心化设施的机构乃至国家与国际机构的冲击为代价。在现有商业体系中有大量中介型实体，如金融机构（包括商业银行、证券公司、保险公司）、认证机构、房地产中介等。区块链网络剔除了传统中介，有可能对这些实体产生冲击。例如，如果法定数字货币基于区块链技术发行和使用，将使居民可以直接与央行的资产负债表发生联系，而商业银行的存贷款业务将受到压缩。区块链技术在证券、保险等行业的应用也有可能替代金融中介的主要服务，对现有金融中介造成重大冲击。当前这些金融中介涉及几乎所有金融活动，他们掌握着大量的资本与信息，并为大量专业性人才提供稳定的工作岗位。如果区块链的应用导致大量中介服务短期内转出已有机构，那么将使无法适应变革的机构破产，造成大量失业，对社会、经济产生重大冲击。

对于广泛应用了中心化技术的国际机构，区块链技术的使用也可能带来潜

---

① Team Ripple. Interledger：Beyond Blockchain ［EB/OL］. https：//ripple. com/insights/interledger-beyond-blockchain/，2016-03-23.

在冲击。以环球同业银行金融电讯协会（SWIFT）为例，其运营的中心化系统为全球200多个国家和地区的11000多家金融机构提供跨境汇款的报文服务。为应对技术发展，SWIFT已联合多家跨国银行开展区块链测试项目。然而，鉴于其自身的庞大体量以及需要协调在不同国家、面临不同法规的用户，这些大型国际中介机构的转型速度与区块链技术的发展速度之间势必存在差距。不过，这给新兴的区块链中介平台带来了发展空间，Circle、Ripple等跨境支付技术公司已经从利用区块链技术服务于跨境支付中获利，正在抢占传统中介机构的市场。

三、"不可能三角"

区块链的"不可能三角"问题是指区块链不能够同时满足高效低耗、安全性与去中心化三个目标。目前存在的区块链技术应用，可分为"去中心化+安全性"以及"高效低耗+安全性"两种选择。这两种选择大致可以对应区块链的应用模式，前者是以比特币为代表的公有链，后者则是更具有泛用性的联盟链和私有链。这并不是说"去中心化+高效低耗"的分布式网络不存在，实际上P2P视频播放软件就是此类分布式网络的典型案例。然而，由于价值信息网络对于风险控制有严格要求，因此作为面向价值信息网络的区块链技术，"安全性"是不能舍弃的。

公有链网络的所有节点都参与网络中交易信息的处理与储存体现了"去中心化"，而交易信息本身的加密技术、储存时用"时间戳"以及网络验证流程则确保了"安全性"。同时，PoW工作量证明机制要求网络中所有节点要为获得新加密货币付出算力成本，而算力成本背后的流动成本正是能源成本。根据外媒Digiconomist的数据，截至2022年9月，比特币网络碳足迹为7157万吨二氧化碳，年损耗约3.73万吨电子设备，年预计耗电量为128.31TWh（1TWh=1×10^9kWh），同挪威的用电量相当；平均每次交易的耗电量为1394.51kWh，高于一个标准美国家庭一个半月的用电量。[①] 仅从耗电量一点来看，未来比特币势必将受到各国打压。当然比特币本身高昂的用电成本有其技术原因，比特币主要依靠抬高算力成本来保证安全性，而目前大多区块链创新技术已经摆脱了这种简单粗暴的方法。为了实现"高效低耗"，联盟链和私有链放弃

---

① Digiconomist. Bitcoin Energy Consumption Index [EB/OL]. https://digiconomist.net/bitcoin-energy-consumption，2022-09-12.

了让所有节点参与交易信息处理与储存的规则，即在"去中心化"上做出了让步。

虽然彻底去中心化的设计理念美好，但并非所有应用领域都有如此极端的需求，因此未来多数区块链应用或将在联盟链与私有链的基础上发展。这并不是说"不可能三角"不再重要，恰恰相反，分布式设计打开了构建民主网络平台的可能性，而"不可能三角"中各目标的权衡将是区块链技术应用于不同领域的核心关切。"不可能三角"也许可以成为未来量化区块链技术应用价值的突破口，即通过探索网络平台的去中心化程度、效能与安全性的量化指标，为技术与实体应用的对接提供重要参考，这时国家、国际标准制定机构将发挥重要作用。

四、"算力"挑战

这里所说的"算力"挑战，是指硬件计算能力革新给区块链技术带来的不确定性，也就是目前量子计算机可能带来的"算力革命"对区块链技术的挑战。"算力"挑战来自两个方面：一是对区块链共识算法的挑战，二是对区块链加密技术的挑战。量子计算机主要威胁了比特币目前使用的工作量证明机制 PoW，通过"垄断算力"垄断了新比特币的产出，从而破坏公有链的安全协议。新加坡国立大学的 Divesh Aggarwal 等人在其发表的论文中指出，量子计算机将在大约十年后超越使用 ASIC 芯片的"挖矿"速度，即十年内量子计算机在低错误率的红线范围内不可能达到破坏 PoW 机制的计算能力。[①] 同时，由于其他共识算法本质上与"算力"的相关性不大，因此可以说短期内量子计算机对共识算法的挑战还不足以为惧。

真正让"算力"问题值得警惕的，是量子计算机对加密技术本身的破解能力。区块链所广泛使用的非对称加密技术，是基于因子分解中的 RSA、离散对数计算等数学问题，而这些正是量子计算机"最擅长"的方面。为量子计算机量身定做的 Shor's algorithm 可以在多项式时间内[②]进行整数因式分解或者离散对数计算，从而为 RSA、离散对数加密算法的破解提供可能。然而，目前由于深入社会的银行系统、身份识别系统等也广泛使用了非对称加密技术，因

---

① Aggarwal D., Brennen G. K., Lee T., Santha M., Tomamichel M. Quantum Attacks on Bitcoin, and How to Protect Against Them [J]. Ledger, 2018（3）：68—90.

② 即破解时间随着公钥长度的增长以 k 次方的速度增长，其中 k 为与公钥长度无关的常数。

此"算力"革命在加密技术方面的威胁是全方位的，而非针对区块链技术。即使如此，量子计算机对非对称加密技术的破解能力仍被视为区块链技术面临的重要风险。

五、隐私与安全的权衡

用户的隐私保护与安全风险规避是数据相关技术应用方面关注的重点问题，[1] 区块链技术作为数据结构技术也必须考虑隐私与安全问题。在交易过程中，第三方监督机制是保护交易安全性的主要方法。验证用户身份与交易行为真实性的监督方有权查看用户与交易信息，因此第三方监督者能获得最多的隐私信息且带来了更大的隐私泄密风险。区块链技术中对于分布式账本交易内容的审核方，替代了传统中心化交易第三方监督者的位置。

从理论上来讲，区块链是有助于保护隐私的，不过在实践中信息泄露的风险很难避免。简化加密算法（如哈希算法），可以形成长链信息的唯一确定、不可逆推的摘要信息，可以保证链上无隐私信息。当线上交易通过分布式账本确保了一定程度的公开、透明、不可篡改后，交易中的安全风险将会更多集中在线上交易与用户的连接即数字钱包（账户）上。由于区块链技术需要线上信息公开透明，用户的所有钱包信息也更容易在区块链平台上获得，这使用户隐私与身份认证这一对矛盾在区块链应用领域显得更加尖锐。

类似社交平台，区块链平台必须利用隐私信息对用户身份进行验证。目前隐私信息一旦"上链"，就只有两种选择——中心化保护和公开透明。最初的比特币网络选择了完全公开各钱包交易信息的"未花费的交易输出"——（Unspent Transaction Outputs，UTXO）模式，使用交易记录替代个人隐私信息加钱包余额的账户管理模式以降低第三方能够利用隐私信息的风险——完全阻止用户个人信息上链并将交易审核权分发给大量网络节点。虽然数字钱包完全脱离了用户个人隐私信息，但用户的交易 IP 地址仍无法避免被完全公开于互联网，最终依然无法完全避免隐私泄露。[2] 缺乏个人隐私信息验证，一旦丢失钱包信息，网络用户将面临钱包彻底失控的安全风险。接受中心化保护是区块链系统的另一选择，通过使用多个节点参与交易信息监督可在一定程度上保证

---

① 冯登国，张敏，李昊. 大数据安全与隐私保护 [J]. 计算机学报，2014，37（1）：246-258.

② Chaudhary K., Fehnker A., van de Pol J., Stoelinga M. Modeling and Verification of the Bitcoin Protocol [A]. In van Glabbeek R., Groote J. F., Höfner P.（Eds.），Proceedings of the Workshop on Models for Formal Analysis of Real Systems [C]. 2015：46-60.

链上交易的信息对称，然而链下的隐私信息风险却依然存在。

除了数据保护技术外，隐私保护与交易安全仍然是区块链需要权衡的问题。增加用户认证所需的个人信息可以有效提高网络中用户身份的真实性，可以降低区块链平台的链上交易风险，但却向监督方暴露了更多用户隐私信息。而保护用户隐私并限制监督方认证时取得的用户个人信息，将给予用户更多私人空间，顺应人权需求，但却增加了平台出现虚假用户的可能性，进而对区块链平台的可信度构成致命威胁。因此，在将区块链技术应用于不同领域时，应在充分考虑行业需求的基础上，对区块链应用的用户认证提出具体要求。鉴于用户对系统可信度的需求随所交易信息价值的提高而大幅增加，区块链技术应用于金融市场时应需要严格的用户认证流程，此时政府有必要担负起保护用户个人隐私的重任。

2

数字货币体系演进

在发行人属性维度，数字货币经历了由加密资产到数字稳定币再到中央银行数字货币（CBDC）的演进，如今已经形成包含私人数字货币和官方数字货币在内的完整体系。随着中本聪在 2009 年 1 月创立比特币"创世区块"，比特币正式问世，由此带动了加密资产的发展。但是，加密资产价格波动剧烈，难以行使货币职能，于是数字稳定币应运而生。加密资产和数字稳定币均由私人机构开发或发行，因此又被称为私人数字货币。私人数字货币秉承哈耶克（Hayek）的"货币非国家化"思想，[1] 试图在一定程度上脱离主权国家的政府信用。此举引发了各国政府的警惕，促使各国货币当局将发行官方数字货币提上日程。根据国际清算银行（BIS）的调研，在 2021 年接受调研的 81 个货币当局中，已有 90% 在积极从事 CBDC 相关工作。[2]

第一节　数字货币的分类、概念与联系

数字货币主要可分为三类，即加密资产（如比特币）、数字稳定币（如天秤币）和中央银行数字货币（如数字人民币）。这三类数字货币的发展演进彼此联系，但又具有明显的特征差异。

一、数字货币的分类和概念

加密货币以比特币为代表，是最早出现的数字货币类别，也最先受到学界和研究机构的关注。国际上对数字货币的早期研究处于概念混用阶段，研究报告中使用的数字货币、虚拟货币等概念本质上都是在探讨具有分布式账本技术

---

[1] Hayek F. A. Denationalization of Money ［M］. London：Institute of Economic Affairs，1976.

[2] Kosse A.，Mattei I. Gaining Momentum-Results of the 2021 BIS Survey on Central Bank Digital Currencies ［R］. BIS Papers No 125，2022.

和密码学技术特征的加密货币①。2014 年，反洗钱金融行动特别工作组（FATF）对虚拟货币展开研究，在报告中将虚拟货币定义为价值的数字表现形式，可以进行数字化交易并具有交易媒介等功能，但是不具有法定货币地位。② 2018 年，金融稳定委员会（FSB）在报告中明确提出了加密资产（Crypto-assets）的概念：**加密资产**是一种以加密技术和分布式账本技术作为其感知或固有价值的私人资产，可以被用作数字支付手段或具有数字支付手段的特征，但是不受任何发行人或其他数字代币背书。FSB 认为，加密资产不能实现标准的货币职能，价格波动性使其很难成为可靠的交易媒介和价值储存工具；而且没有任何政府或其他当局背书，也不具有法定货币地位，因此称为"加密资产"比"加密货币"更合适。③

数字稳定币（Stablecoins）最早出现于 2015 年，但是在 2019 年脸书公司提出"天秤币"（Libra）以后，数字稳定币开始从加密资产的范畴中独立出来，作为单独的数字货币类别受到各界广泛重视。2019 年，七国集团（G7）联合国际货币基金组织（IMF）和 BIS 下设的支付与市场基础设施委员会（CPMI）组成稳定币工作组，对全球稳定币的影响展开研究。在当年发布的报告中，他们指出数字稳定币具有许多传统加密资产的特征，但是通过与某种资产或一篮子资产挂钩来保持币值稳定；而那些由大型科技或金融公司支持，基于这些公司现有庞大客户基础、具有迅速在全球或区域内大规模使用潜力的新型稳定币被称为全球稳定币。④ 2020 年 10 月，FSB 在提交给二十国集团（G20）的报告中明确提出了**数字稳定币**的概念：一种旨在相对于某特定资产或一篮子资产保持价值稳定的加密资产；而全球稳定币指有潜力在多个司法管辖区大规模使用的数字稳定币；数字稳定币安排则囊括了一系列功能（及相关具体活动）以提供一种声称可以被用作支付手段和价值存储的工具，具体

---

① 严格来讲，加密货币、虚拟货币和数字货币的范围依次扩大。加密货币主要强调分布式账本和密码学的技术属性；虚拟货币则强调私人发行、虚拟形态和用途（早期的虚拟货币主要在虚拟空间使用）；数字货币则指所有数字化的价值表示，包括私人发行货币和法定货币的电子化形式。不过，早期研究中这些概念存在混用的情况。

② FATF. Virtual Currencies：Key Definitions and Potential AML/CFT Risks［EB/OL］. https：//www.fatf-gafi. org/media/fatf/documents/reports/Virtual-currency-key-definitions-and-potential-aml-cft-risks，2014.

③ FSB. Crypto-asset Markets：Potential Channels for Future Financial Stability Implications［EB/OL］. https：//www.fsb. org/wp-content/uploads/P101018，2018.

④ G7，IMF and CPMI. Investigating the Impact of Global Stablecoins［EB/OL］. https：//www.bis. org/cpmi/publ/d187，2019.

包括活动、功能、治理主体、提供商、用户、验证节点、钱包等内容。①

在私人数字货币蓬勃发展的同时，全球治理机构也开始探讨中央银行数字货币（CBDC）的前景，并为各国货币当局提供建议。BIS 在 2017 年 9 月的季度报告中包含了题为《中央银行加密货币》的文章，参考 CPMI 之前对数字货币的定义②，将 CBDC 定义为可用于点对点交换的电子化的中央银行负债。③ 2018 年 3 月，CPMI 和 BIS 下属的市场委员会发布了针对 CBDC 的研究报告，从区别于当前中央银行货币形式的角度，将 CBDC 定义为不同于传统准备金账户或结算账户余额（以电子形式）的一种数字形式的中央银行货币。④ 国际货币基金组织（IMF）也在 2018 年聚焦 CBDC，并将之定义为由中央银行以数字方式发行并作为法定货币的一种新型货币形式。⑤ 2020 年 6 月，IMF 发布了关于零售 CBDC 的调研报告，在其中专门对 CBDC 的定义进行了探讨。该报告将**央行数字货币**定义为主权货币的数字表示，由一国中央银行（或其他货币当局）发行并作为其负债。⑥

二、各类数字货币的联系与区别

对前述三类数字货币的概念进行比较，可以看出它们之间的联系与区别。

一方面，这三类数字货币有一个先后发展的过程，彼此又存在一定竞合关系，这决定了它们在全球治理中被视为一个整体。加密货币的早期发展暴露了其在发行和锚定机制上的缺陷，于是数字稳定币应运而生。因此，一些全球治理机构（如 FATF）早先针对加密货币制定的规则，如今也逐渐推广到全球稳

---

① FSB. Regulation, Supervision and Oversight of "Global Stablecoin" Arrangements: Final Report and High-Level Recommendations [EB/OL]. https://www.fsb.org/wp-content/uploads/P131020-3, 2020.

② CPMI. Digital Currencies [EB/OL]. https://www.bis.org/cpmi/publ/d137, 2015.

③ Bech M., Garratt R. Central Bank Cryptocurrencies [R]. BIS Quarterly Review, 2017 (3): 55-70.

④ CPMI and Markets Committee of BIS. Central Bank Digital Currencies [EB/OL]. https://www.bis.org/cpmi/publ/d174, 2018.

⑤ Mancini-Griffoli T., Martinez Peria M.S., Agur I., Ari A., Kiff J., Popescu A., Rochon. C. Casting Light on Central Bank Digital Currencies [EB/OL]. IMF Staff Discussion Note No.18/08, https://www.imf.org/en/Publications/Staff-Discussion-Notes/Issues/2018/11/13/Casting-Light-on-Central-Bank-Digital-Currencies-46233, 2018.

⑥ Kiff J., Alwazir J., Davidovic S., Farias A., Khan A., Khiaonarong T., Malaika M., Monroe H., Sugimoto N., Tourpe H., Zhou P. A Survey of Research on Retail Central Bank Digital Currency [R/OL]. IMF Working Paper 20/104, https://www.imf.org/en/Publications/WP/Issues/2020/06/26/A-Survey-of-Research-on-Retail-Central-Bank-Digital-Currency-49517, 2020.

定币；还有一些全球治理机构［如巴塞尔银行监管委员会（BCBS）］在制定数字货币监管规则时，索性将加密货币和数字稳定币放在一个整体框架下作为不同类别予以考虑。加密货币和数字稳定币都属于私人数字货币，它们与CBDC之间存在竞合关系。全球稳定币给法定货币带来的潜在竞争威胁成为CBDC近年加速发展的重要动力，而两者在跨境支付中的潜在合作关系又使它们常常共同出现在有关跨境支付的治理议题中。在G20框架下，这三类数字货币的相关议题通常被放在一起讨论，故本书也将三者作为整体进行研究，以展现数字货币全球治理的全貌。

另一方面，这三类数字货币又具有明显的特征差异，因此全球金融治理中的侧重点有所不同。私人数字货币是数字货币发展的前沿领域，引领数字货币技术创新，其治理重点在于加强监管以应对各种新兴风险。对加密资产而言，缺乏发行主体和锚定机制是主要风险来源（见表2-1），因此对于相关风险的识别和监管成为加密资产治理的核心内容。数字稳定币具有明确的发行主体和锚定机制，价格风险明显下降，能够发挥交易媒介的职能并且具有大规模应用的潜力。其风险点主要在于国际上缺少针对私人数字货币大规模使用的监管框架，所以这成为数字稳定币的治理重点。CBDC具有法定货币地位，将是未来数字货币体系中的主流领域。由于CBDC由各国货币当局直接发行，因此其治理重点并非针对风险的监管，而是为实现各国系统互操作性而进行的国际标准制定。

表2-1　各类数字货币特征比较

	加密货币/资产	数字稳定币	中央银行数字货币（CBDC）
发行机制	挖矿、ICO[1]	法币兑换等	中央银行发行
锚定机制	无	有	有
分布式账本（DLT）	有	有	通常没有
受监管主体	第三方服务提供商	发行方、运营方	发行方、运营方
法定货币地位	无	通常没有[2]	有

注：①ICO即首次代币发行，是公司、企业家、开发者或其他发起人以他们创建的数字代币作为交换，为其项目融资的一种操作。

②在2019年6月日内瓦召开的国际电信联盟（ITU）法定数字货币焦点组第三次工作会议上，IMF专家认为锚定法币的数字稳定币属于法币范畴。

资料来源：笔者整理。

第二节　比特币与加密资产的发展

比特币是由中本聪于 2008 年设计开发的世界上第一种去中心化匿名加密数字货币，是以非主权"数字黄金"为设计初衷的数字资产。比特币将货币区块化生成机制、区块数据链记录技术、无中心交易认证机制等有机结合，成为世界第一个成功得到市场广泛认可的具有非主权货币性质的数字资产。继比特币大获成功之后，市场又陆续衍生出更多功能更完备、应用场景更丰富的加密资产。根据联合国贸易和发展会议（UNCTAD）发布的政策简报，截至 2022 年 6 月，全球已有超过 19000 种加密货币。① 全球最权威的加密资产数据平台 Coinmarketcap（CMC）统计显示，到 2022 年 9 月全球加密资产总市值已超过 1 万亿美元；其中，比特币雄踞榜首，市值高达 3700 多亿美元，占加密资产总市值的 1/3 以上。②

一、比特币的诞生和发展

1. 比特币的思想和技术起源

比特币的设计理念源自网络加密技术工作者对于非主权货币的长期探索。非主权货币这一概念最早由诺贝尔经济学奖获得者哈耶克在其所著的《货币的非国家化》（*Denationalisation of Money*）一书中提出，指由私人发行并在货币市场中自由竞争的货币。哈耶克认为，主权货币及其背后的中央银行制度是造成当今经济剧烈波动乃至经济金融危机发生的主要原因。政府垄断了铸币权并运用货币政策服务政治目标，从而导致了通货膨胀和价格扭曲。这里的通货膨胀主要指政府通过超发主权信用货币吸纳黄金等财富造成的货币贬值，其效果等同于从持币方抽取货币的价值，因此也被称为铸币税。价格扭曲则是指政府以政策手段改变特定地区、行业、人群的货币数量或货币流通限制，所导致的商品市场、服务市场与劳动力市场中相对价格结构的扭曲。铸币税会带来持币方财富流失以及菜单成本；价格扭曲则会导致市场资源错配等，如特定产业、人才

---

① UNCTAD. All That Glitters is Not Gold The High Cost of Leaving Cryptocurrencies Unregulated [EB/OL].Policy Brief No. 100, June 2022. https：//unctad. org/webflyer/all－glitters－not－gold－high－cost－leaving－cryptocurrencies－unregulated.

② 数据来自 Coinmarkettap 网站：https：//coinmarketcap.com/.

的泡沫化，带来经济波动乃至经济危机①。然而，哈耶克的好友，同为诺贝尔经济学奖获得者的弗里德曼（Milton Friedman），却自始至终都对非主权货币持怀疑态度。长久以来，非主权货币并非货币研究中的主流。

现代密码学的发展给非主权货币及其支持者带来了新机遇。中国人民银行数字货币研究所（以下简称"人民银行数研所"）前所长姚前指出，除去传统的对称加密技术外，现代密码学主要为加密货币提供了"公私钥"非对称加密技术与哈希算法两个密码学工具。②"公私钥"加密方法由迪菲（Whitfield Diffie）和赫尔曼（Martin E. Hellman）两人于1976年提出，该方法是首个能够确保解密密钥无法通过加密密钥逆运算获得的密码设计方法，即非对称加密。③非对称加密方法不仅能够作为"电子签名"实现独特的身份认证功能，更为未来以比特币为首的加密数字货币账户设计提供了技术基础。现代密码学为加密货币提供的另一个工具是哈希算法，使信息验证成本大幅降低。哈希算法即"安全散列函数"，用于提取信息摘要，可以把任意长度的信息用固定长度的简短摘要进行概述。哈希算法在一定程度上可以类比为二极管，无须耗费多少算力就可以提取摘要，但又能保证输出的摘要几乎不能实现反向推导出输入信息，因此作为信息验证工具广泛用于信息传输中。④

在非主权货币愿景和现代密码学工具及其他信息工具的支撑下，自互联网普及以来，非主权货币的支持者就一直在尝试推出网络非主权加密货币。20世纪90年代，名为"密码朋克"的密码破译组织就开始了创建电子货币的尝试，同时期的密码破译者大卫·乔姆也推出了"电子现金"的匿名交易系统。然而，这些尝试以及此后的bit gold、RPOW、b-money等电子货币都未能成功应用于市场，直到比特币出现。

2. 比特币的诞生和技术机制

在比特币的奠基性论文《比特币：一种点对点的电子现金系统》中，中本聪创造性地提出了一个能实现非主权电子货币的全新技术路径，将货币区块化产出机制、区块数据链技术、交易记录分布式储存技术、"公私钥"加密机

① Hayek F. A. Denationalization of Money ［M］. London：Institute of Economic Affairs，1976.

② 姚前. 数字货币的前世与今生 ［J］. 中国法律评论，2018（6）：186-193.

③ Diffie W., Hellman M. New Directions in Cryptography ［J］. IEEE Transactions on Information Theory，1976，22（6）：644-654.

④ 杨彧剑，林波. 分布式存储系统中一致性哈希算法的研究 ［J］. 电脑知识与技术，2011，7（22）：5295-5296.

制以及包括哈希算法等加密算法有机结合，服务于整个电子货币的产生、交易过程。① 2009 年 1 月，中本聪本人收获了比特币网络的首枚比特币，标志着不受中心化机构控制的加密货币的诞生。

为效仿兼具稳定性、稀缺性和可分性的黄金，比特币被通过技术手段赋予了三个特征，即总产量有限、"开采"成本递增及可拆分交易，因此也被称为"数字黄金"。为实现总产量有限，比特币设计之初就在理论上将其总量限定为 2100 万个。由于每个比特币代表了给定方程组的一个特解，而该方程组只有 2100 万个特解，这种设计机制可以有效规避发钞行超发货币或者其他人为干预带来的通货膨胀。为实现"开采"成本递增，比特币通过工作量证明机制（PoW）控制获取货币即"挖矿"的成本，并进一步通过区块化产出机制保证产出速率递减。PoW 机制要求"开采"新比特币的所有用户参与"挖矿"，即反复运算散列算法寻找给定函数的最小散列值，以求得给定方程组的新特解。寻找最小散列值求得特解近乎通过枚举寻找特解，求得新特解的难度随着已有特解个数增加而提升。比特币生成算法每 10 分钟在全网络生成一个包含一定量比特币的新区块，单位区块内所包含比特币的数量约每 4 年减半。为实现可拆分交易，比特币网络在设计之初就将网络中的最小交易单位设定为 1"聪"，即一亿分之一个比特币。虽然比特币作为方程组的特解共有 2100 万个不变，但比特币本身作为方程组特解却可对应海量的方程组解，从而为比特币的可拆分性提供了数学基础。同时，比特币交易并非互相传递带特解的密电，而是在网络上声明变更比特币的所有权，因而从交易机制上确保了可拆分性。

比特币网络的重大创新是其去中心化的货币交易管理模式，实现了完全匿名的"公私钥"用户机制，以及节点用户共同维护管理交易网络的无中心模式。只要连上比特币网络，任何人都能随时随地开通比特币地址，并获得对应地址的"私钥"作为密码。在进行交易时，交易者只需要向网络公开作为用户签名及地址凭证的"公钥"。基于这一机制，比特币交易者甚至可以做到每次交易重新生成一对"公钥"和"私钥"，从而实现交易完全匿名。比特币网络中的所有交易都由比特币网络中的节点共同管理记录，实现了无中心化管理。当发生线上交易时，持有比特币的交易节点向整个网络发出申请交易的信息，其中包括"公钥"信息。交易在得到全网 51% 的节点认可后，将记录在最新区块的数据链条中。对于每个区块内的数据链条，比特币网络都会绑定一

---

① Nakamoto S. Bitcoin: A Peer-To-Peer Electronic Cash System [Z]. Technical Report, Manubot, 2008.

个该数据链条的"哈希摘要"并向全网公开，利用哈希算法的不可逆性，确保每个区块数据链信息都可以用公开的"哈希摘要"验证，实现不可篡改。

二、比特币市场的经济学逻辑

2021年以来，比特币价格经历了过山车似的波动。2021年的第一周，比特币就从不足3万美元涨破4万美元，此后一路高歌猛进，于2月22日再创纪录突破5.8万美元，跌至3万美元后又于10月21日突破6.5万美元；但自2021年11月起比特币价格开始下跌，在2023年有所回升，徘徊于2—3万美元之间。回望2009年，一枚比特币的价格还不足1美分，彼时的比特币是一种对新型支付技术的大胆尝试，参与者以技术爱好者为主，相信去中心化、即时结算的比特币将成为未来世界的"理想货币"。此后十余年比特币作为"货币"的认可度和使用范围始终有限，但其却作为一种金融资产备受追捧。比特币价格的迅速上涨和剧烈波动，反映出主流投资机构对比特币作为一种金融资产的认可，以及不同投资者对比特币价值看法的分歧。

1. 比特币无法承担货币职能

从属性和职能来看，比特币都不能算作货币。国际上许多研究机构和政府部门都对比特币的属性进行过探究。如BIS曾将比特币定义为一种"无发行人或不代表任何底层资产/机构负债的去中心化代币"，CPMI则认为比特币不是货币，而是一种资产，但是不具有内在价值。比特币的价值在于人们相信它在某个时点能够用于交换一些商品、服务或一定数量的主权货币，完全由市场供需关系决定。新西兰学者罗伯特·科克比（Robert Kirkby）指出，比特币持有者越来越多地开展比特币买卖交易，而不是将其用于支付活动；比特币更像是一种用于价格上涨投机或通货膨胀防御的资产。[①] 以美国和欧盟为代表的主要经济体的相关政府部门在提到比特币时，通常使用"加密资产"一词，而不承认其货币地位。2021年2月，美国财政部部长珍妮特·耶伦（Janet Yellen）表示，比特币是一种高度投机的资产，不会被广泛用作交易机制。

缺乏信用背书和价值锚也使比特币无法承担货币的三项基本职能，即记账单位、交易媒介和价值贮藏。IMF在报告中指出，零售商以法币而非比特币作为记账单位，接受比特币支付的商户按照比特币与法币的汇率来计算收取比特

---

① Kirkby R. Cryptocurrencies and Digital Fiat Currencies [J]. The Australian Economic Review, 2018, 51（4）：527-539.

币的数额。作为交易媒介，比特币迄今所发挥的作用仍非常有限。放眼全球，虽然愿意接受比特币支付的平台和商户越来越多，但是以比特币开展的现实交易占比仍然很低。另外，比特币的价格不确定性、与经济因素关联模糊也使其难以作为可靠的价值贮藏工具。鉴于其属性特点和职能限制，比特币逐渐偏离最初的"货币"定位，进入金融资产的行列。[①]

2. 比特币价格震荡的原因

既然是金融资产，比特币价格涨跌属于正常现象，以往单日涨跌幅度超过10%的情况时有发生。然而，像2021年以来价格迅速高涨、剧烈震荡后急速崩盘的现象却前所未有。这反映了比特币交易市场的变化：价格上涨说明比特币作为金融投机资产的地位和认可度在上升；价格波动体现出市场参与者对比特币价格的分歧和比特币流动性的问题；最终的崩盘则是自身技术问题暴露、强势美元环境与宏观经济压力影响下的共同结果。探究2021年比特币价格震荡的原因，具体可从以下三方面来看：

第一，全球流动性过剩背景下金融资产投资需求上升，之后进入强势美元周期迅速扭转市场风险偏好。全球金融危机以后，美国采取的量化宽松政策使国际市场上美元流动性增加；主要经济体长期的货币宽松政策及由此形成的低利率，促使大量资金流入股票市场。2009年2月到2021年2月，美国道琼斯指数上涨近3.5倍，标普500指数也上涨超过4倍，纳斯达克指数更上涨达9倍多。在美国股市泡沫持续膨胀，特别是2021年市场上对泡沫将达顶峰的担忧越来越强的形势下，以比特币为代表的加密资产成为当时备受青睐的替代性选择，比特币价格也受此推动在2021年末一度突破6万美元。然而由于2022年全球广泛通货膨胀难以遏制，美联储启动了超预期加息计划，同时国际局势动荡推高能源价格并重创欧洲经济，于是美元进入强势上升通道且全球宏观经济压力陡增，使资本对风险的偏好骤降，资金大量流出加密资产市场，转而购买美元。

第二，主流投资机构对比特币投资价值的认可度上升。2021年以来，很多的主流投资机构表达了对比特币的浓厚兴趣：全球最大资管公司贝莱德集团将比特币期货作为其旗下两只基金的潜在投资，摩根大通和高盛等华尔街巨头也表示正着手布局；一些上市科技公司也毫不掩饰对比特币的推崇，投入大量资金购买比特币，如特斯拉。这些机构投资的示范效应对比特币价格起到推波

---

① He D., Habermeier K., Leckow R., Haksar V., Almeida Y., Kashima M., Kyriakos-Saad N., Oura H., Sedik T. S., Stetsenko N., Verdugo-Yepes C. Virtual Currencies and Beyond: Initial Considerations [R]. IMF Staff Discussion Note (SDN) No. 16/03, January 2016.

助澜的作用。2021 年 2 月 8 日，特斯拉宣布用 15 亿美元投资比特币后，比特币价格应声飙升超过 10%。

第三，比特币巨鲸的存在给市场交易带来更多不确定性。比特币在发展过程中形成了一批持有币量庞大、能够影响市场价格走向的个人和团体，被称为比特币巨鲸。早期的巨鲸主要是比特币贡献者或信奉者，后来上市公司、金融投资机构等也加入其中。加密资产分析平台 Santiment 的数据显示，2020 年 11 月拥有 10000 枚以上比特币的钱包有 111 个。这些巨鲸有能力操控比特币价格、影响比特币市场流动性，从而加剧比特币价格波动。此外，巨鲸们对比特币价格的分歧也成为推动比特币价格剧烈波动的重要因素。加密市场数据聚合商 Glassnode 的报告指出，部分巨鲸自 2020 年 2 月以来获利"出逃"，减持了约 14 万枚比特币；与此同时，也有巨鲸在 2020 年内悄然加仓比特币。

3. 比特币究竟价值几何

虽然比特币正在步入主流金融圈，但是作为一种新型金融资产，比特币的价值难以通过传统估值方法确定。从市场估值法角度看，当今金融市场上没有可以作为比特币价值参考的类似资产。比特币是目前市场上最典型、最活跃的加密资产，传统金融资产与其不具有可比性，其他加密资产又不够格为其提供价值参考。从收益估值法角度看，比特币不具有能够产生现金流量的底层资产。其实，比特币在支付技术和理念上的创新非常有价值，当今世界从官方到民间所开展的数字货币开发活动和区块链技术的广泛应用都是其价值体现。然而，比特币发明者并未将创新收益据为己有，而是将这些效益完全外部化了，故不能据此评估比特币的币值。从成本估值法角度看，挖矿成本只能作为比特币价值的一个底线参考。根据比特范网站计算，2021 年比特币的"关机币价"在 7000 美元以上，这意味着只有当比特币的价格高于此金额，"挖掘"新的比特币才能盈利。

既然传统估值方法不可行，比特币的价值只能取决于交易双方的共识。市场上对比特币的价值认知分为三派：传统派以沃伦·巴菲特（Warren Buffett）为代表，认为比特币没有价值，并表示永远不会投资比特币；推崇派以迈克尔·赛勒（Michael Saylor）、埃隆·马斯克（Elon Musk）为代表，是比特币忠实的拥护者，坚信比特币将被广泛接受和使用，这一派的数量越来越多，正在成为比特币市场的中坚力量；理想派以摩根大通、花旗银行等机构的一些分析师为代表，将比特币与黄金类比，认为其价格未来可达数十万美元。金融资产的价格围绕其价值波动，从比特币特殊的估值机制也就不难理解其价格高涨和剧烈波动背后的力量：推崇派的发展壮大和各派之间看法的巨大差异。

4. 比特币价格未来走势判断

站在 2021 年 4 月比特币价格突破 6 万美元的时点来看，比特币市场在短期、中期和长期会呈现不同的走势和波动性。从短期来看，由于比特币从 2020 年 10 月到 2021 年 4 月涨幅已经超过 5 倍，因此其价格必然不可避免地出现震荡回调。从中期来看，比特币仍将保持较高价格和比较频繁的价格波动。随着主要国家货币政策的调整，主流机构投资者对比特币的态度可能出现变化；不同类型投资者的估值差异仍将存在，因此比特币价格也将继续波动。不过，随着机构投资者逐渐成为投资主体，比特币的交易市场将慢慢趋于成熟和规范，比特币的估值分歧也有望下降。从长期来看，比特币何去何从恐怕要等其挖矿接近尾声才能见分晓。预计到 2032 年，98% 的比特币将被挖出，关机币价可能超过 5 万美元。届时比特币可能面临三种前景：一是已经发展成为一种广受认可的成熟金融资产，形成了明确的定价机制，价格随着其稀缺性的上升而稳步增长；二是逐渐被性能更好的数字资产所取代，或者因为分叉放水导致其价值认可度下降，从而价格全面下跌；三是成为其忠实拥趸的收藏品，脱离金融市场定价，价格大幅上涨。

三、其他加密资产的发展

1. 比特币衍生加密资产

在比特币发展过程中，由于发展理念的分歧，比特币网络逐步分裂出数十个不同的衍生加密资产。在比特币衍生加密资产中，比较知名的包括比特币现金（BCH）与"原初的"比特币（BSV）。

BCH 即比特币现金，在 2017 年推行了突破区块数据原有上限的新协议，并通过"分叉"从比特币网络中分离。相比选择构建脱离原生区块链的"闪电网络"应用来提升交易效率的比特币，BCH 更注重在确保"只有唯一一条区块链"的基础上提升交易效率以更好地实现货币职能。BCH 的支持者认为必须上调单位区块的信息记录上限，通过让单位时间内可记录的交易量增加提升交易效率、降低交易成本，而"闪电网络"的脱链应用由于脱离了网络，违背了比特币无中心化的初衷，会带来交易风险。BCH 在完成"分叉"后，主要着重于从扩大区块容量、提升交易便利性和拓展适用资产类型三个方向进行改良。

BSV 是在 BCH 完成"分叉"后从 BCH 分离出来的衍生加密资产。BSV 与 BCH 的理念相似，都支持实现"安全、稳定、可扩容且能安全及时点对点交易"的加密数字货币，也都反对比特币构建脱链应用"闪电网络"的做法，但在是否应当维持稳定不变的协议上发生了分歧。不同于计划快速更新技术以顺应货币职能需求的 BCH，BSV 追求"回归中本聪的初衷与愿景"，选择回归更为原始的协议版本，并不再对大量基础协议进行调整。

2. 功能更完备的加密资产

面对并非完美无缺的比特币，不少研究者与企业家追随比特币的步伐，致力于开发功能更优的加密资产。此类加密资产一般继承了比特币的愿景，具有去中心化、公开透明、安全可靠以及可点对点交易等特点，但是各自的侧重点有所不同。

一些开发者追求极致的隐私保护，并尝试通过密码学技术来实现该愿景，大零币（Zcash）就是其中的代表。Zcash 由 Zooko Wilcox 等密码学家与极客团队基于 Zerocash 协议设计创建，2016 年底正式发行。Zcash 以隐私为核心价值，其使用的"zk-SNARKs"（简洁的非交互式零知识证明）机制可实现交易验证过程无须公开任何确切信息，如交易金额和交易双方地址。Zcash 沿用了比特币代码库，从而实现了与比特币网络的兼容以及相互流通。

另一些开发者则追求更好地执行货币职能，尤其是通过技术改良提高加密资产的交易效率并降低能耗成本，奇亚币（Chia）正是其中之一。Chia 是 Chia Network 公司计划发行的加密货币，以绿色节能为核心价值，摒弃了比特币低效高能耗的 PoW 机制，创新了"空间证明+时间证明"的 PoS 机制，即用可填充数据的储存空间来争取新币所有权，用可验证时延算法（VDA）验证空间证明的可信度并保证数据不可篡改。Chia 也沿用了部分比特币代码，与比特币网络及其创新应用兼容。除 Chia 外，也有开发者保留了 PoW 机制，如 Decred 将 PoW 机制与 PoS 机制结合以提高交易效率。

在追求更好地执行货币职能时，并非所有开发者都选择了完全的去中心化。MobileCoin 由加密聊天软件 Signal 的创始人 Moxie Marlinspike 发起，该项目为追求交易速度在去中心化方面做出让步。MobileCoin 选择了相对传统的联合拜占庭协议机制和 Stellar 的共识协议来保障交易的安全性，选定一组可信的节点对交易进行仲裁记录。

3. 基于智能合约平台的加密资产

更多开发者并不满足于"更好比特币"的目标，而是选择在原有比特币区块链技术的基础上，设计出扩展性更高且图灵完备的基础协议。这种协议理论上能够应用于所有可计算合约，即可计算理论框架内可处理的数字合约，因此基于此技术开发的平台也被称为智能合约平台。智能合约平台在其基础协议的支撑下，能够开发适用于金融交易、民主投票等货币以外领域的智能合约及应用，实现区块链 2.0 乃至区块链 3.0。

以太坊 Ethereum 作为该领域的先行者，是由维塔利克·布特林（Vitalik Buterin）所领导团队开发的区块链技术智能合约平台，也发行了自己的加密数字货币——以太币（ETH）。但是不同于比特币网络，以太坊的核心目标是区块链技术应用而非货币本身，因此以太币牺牲了去中心化设计。以太币不再要求用户通过反复进行哈希运算在竞争当下区块货币产出的同时记录与验证历史交易信息，而是允许全节点（Full-node）作为少数完全记录与验证所有历史交易的主要节点，其余节点会记录与验证部分历史交易；以太币用于确定新币所有权与交易记录验证责任的权益机制也经过改革，从 PoW 机制转向相对中心化却更加高效低能耗的 PoS 机制。以太坊提供的加密货币代币标准已经被其他个人、组织甚至是国家引用，Etherscan 网站可检索的 ERC-20 标准代币种类已经超过了 20 万个。委内瑞拉政府在正式发行其石油币之前，基于以太坊的 ERC-20 标准创建了一个"石油币预售币"，进行石油币预售并以预售情况为依据调整石油币价格。此外，以太坊每天都有上千个开发者开发、维护、改良基于以太坊协议的标准与应用项目，应用项目涉及跨链和脱链工具、借贷、金融衍生品、民主投票以及游戏等各个领域。

在以太坊的竞争者中，EOS 智能合约平台一度得到广泛关注。EOS 是为商用分布式应用设计的一款区块链操作系统，试图提供不同区块链应用都需要的一些共同的功能和模块。EOS 作为后来者，注意到包括比特币网络、以太坊网络在内的数字货币网络与智能合约平台效率过低，因此进一步在去中心化方面做出让步，选择了 21 个"超级"节点按照随机顺序依次对每笔交易进行审查记录，并选取了 100 个备用节点。EOS 的多中心模式大幅提升了交易处理效率，却遭遇去中心化支持者的反对，认为多中心难以避免合谋风险；EOS 的支持者则指出，以去中心化自居的比特币网络目前审查记录交易的权限已基本被少数"大矿工"所垄断，多中心是必然结果。

除以太坊和 EOS 外，以"去中心化云计算机"为目标的 DFINITY、以"区块链互联网"为目标的 Cosmos 以及其他诸多基于区块链技术的智能合约平台也都致力于引领未来区块链技术应用。我国国内也有包括波场 TRON、公信宝 GXChain 和星云链 NEBULAS 等在内的智能合约平台，积极推动区块链商用化。2020 年前，各智能合约平台的基础技术已基本成熟，也有大量区块链应用在平台上被推出，但是区块链应用产业链的下游用户群体尚待形成。然而随着市场对于数字货币等风险资产热情的衰退，已有不少加密资产淡出视野，如今除比特币和以太坊外，仅有波场 TRON 相对较为活跃。

4. 支持跨链金融应用的加密资产

除上述"广撒网"的智能合约平台外，还有少数聚焦于特定应用方向的区块链应用平台，也发行了自己的加密货币。这类技术平台的重点方向有两个：数字货币跨链应用与金融交易应用。

在区块链技术中，跨链技术是实现价值互联网即区块链 3.0 的重要工具，跨链技术是指将不同组织甚至用不同语言开发的各区块链网络连接起来，实现不同区块链系统的互操作性和跨链价值流通。目前比特币网络，以及包括以太坊、EOS 在内的各智能合约平台中，已有大量研究者着手从事跨链工具的开发，如比特币网络中相对成熟的跨链工具 BTC Relay、Rootstock 和元素链等，以太坊则有其 Ethcore 团队开发的 Polkadot 技术。另外，大量研究者形成了独立的组织或企业，专注于跨链工具应用的开发，包括应用链 LISK、国内的阿希币-Asch（XAS）、公正通（Factom）等。

瑞波公司 Ripple 开发了跨链技术 Interledger 协议，以支持价值互联网构建。不过瑞波公司有着更为宏大的目标——用区块链技术解决当前传统金融机构间转账费用高且耗时长的问题，甚至有意挑战现有跨境支付系统。根据瑞波公司官网的声明，其已经与包括渣打银行、美国运通等在内的 200 家银行、支付服务提供商和数字货币交易所等金融机构建立了合作关系。在美国运通与瑞波公司达成合作后，美国运通与中国连连集团联合投身于我国的银行卡清算业务，并合资成立了连连支付公司提供跨境收款服务，由此瑞波公司也间接进入了中国市场。

第三节　从数字稳定币到全球稳定币

价格波动给加密资产执行货币的三项基本职能构成严重制约，因此部分研发者舍弃了加密资产的区块化产出、工作量证明等核心发币机制，而选择将其所发行的数字货币锚定在价格相对稳定的主权货币或资产上，于是促成了数字稳定币的出现。稳定币的价格锚定设计直接提升了其执行记账单位与价值贮藏的能力，也能从理论上打破原发币机制对交易效率的制约，有助于稳定币行使交易媒介的职能。根据数字稳定币的初步设想，其锚定机制能平稳价格，数字化与密码学创新能提升交易效率，加密算法能提供技术安全保障，去中心化模式能降低违约风险。

一、数字稳定币的分类及特征

1. 数字稳定币的分类

根据稳定机制和抵押物的不同，目前市场上的数字稳定币可大致分为五类（见表 2-2）。数字稳定币的稳定机制有三种：资产抵押（Asset-linked）、基于算法（Algorithm-based）和信用支持。[①] 有资产抵押的稳定币通过参考实际或金融资产或者其他加密资产来维持价值稳定，可进一步分为以法定货币为抵押的稳定币、以黄金或石油等实物商品为抵押的稳定币和以加密资产为抵押的稳定币；[②] 基于算法的稳定币则依据需求的变化增加或减少稳定币的供应；信用支持的稳定币凭借发行机构的财务实力和稳定性来维持币值稳定。目前，市场上采取资产抵押机制的稳定币占据绝对市场优势。

表 2-2　数字稳定币的分类

稳定币分类	稳定机制	抵押物	发行方	治理
法币抵押稳定币	资产抵押	单一或一篮子法定货币	科技企业、跨国巨头	中心化
商品抵押稳定币	资产抵押	黄金、石油、房地产等	科技企业、货币当局	中心化
加密资产抵押稳定币	资产抵押	单一或一篮子加密货币	科技企业	去中心
算法稳定币	基于算法	无	科技企业	去中心
信用稳定币	信用支持	无	金融机构	中心化

资料来源：笔者整理。

以法定货币为抵押是当前主流的数字稳定币机制，得到大多数稳定币发行方的青睐。这类稳定币将其所锚定的法定货币或一篮子法定货币作为抵押品。由于用锚定货币作为抵押物不存在价格波动的风险，因此以法币为抵押的数字

---

① FSB. Regulation, Supervision and Oversight of 'Global Stablecoin' Arrangements: Final Report and High-Level Recommendations [EB/OL]. October 2020, https://www.fsb.org/wp-content/uploads/P131020-3.pdf; G7, IMF, CPMI. Investigating the Impact of Global Stablecoins [R]. 2019.

② IOSCO. Global Stablecoin Initiatives: Public Report [EB/OL]. March 2020, https://www.iosco.org/library/pubdocs/pdf/IOSCOPD650.pdf.

稳定币违约风险最小。不过，低风险的前提是发行方必须确保稳定币持有者可以随时赎回其资产，这意味着发行方需冻结足够多的法币抵押物作为准备金以防止违约。目前市场上此类稳定币的发行方大多声称其执行了 100% 的备付准备。以泰达币（USDT）为例，其由运营商泰达（Tether）公司按照与美元 1∶1 抵押发行。也就是说，用户每购买一枚 USDT 代币，泰达公司的账户上将增加 1 美元的资金储备；而当用户需要换回美元时，相对应的代币会自动销毁，同时收取用户 5% 的手续费。由于每枚 USDT 代币背后都有 1 美元的资金背书，所以其价格是相对稳定的。根据美国区块链研究（The Block Research）的报告，当前全球发行的数字稳定币有 93.6% 锚定法定货币，其中美元稳定币占 99%。① 目前，市场上市值排名靠前的数字稳定币均采用此种机制，如 USDT、USDC 和 BUSD 等。

以商品为抵押的数字稳定币的抵押物可以是黄金、石油、房地产或者其他实际商品。持有这类稳定币，相当于持有一种具有实际价值的有形资产，这是大多数加密资产所没有的。例如，PAX Gold（PAXG）是由 Paxos 信托公司发行的锚定黄金的数字稳定币，由纽约金融管理局批准并进行监管。每个 PAXG 代币代表着存放在 Brink 专业金库中的 400 盎司标准交割金条中的 1 金衡盎司，因此 PAXG 的价值随着黄金的实时市场价格而变。投资者可以在 Paxos 官网上购买 PAXG 代币，最小的投资额为 0.01 个 PAXG。PAXG 基于以太坊 ERC-20 代币构建，可以在以太坊区块链上的钱包、交易所、借贷产品等平台上自由移动。除了由黄金支持的 PAXG 之外，此类稳定币中还有由技术硬件中常用的 7 种贵金属组合而成的 TIberius Coin（TCX）、由瑞士房地产投资组合支持的 SwissRealCoin 等。此外，一些货币发行约束较差的国家货币当局也通过发行挂钩商品的数字稳定币来增强本国货币信用，如委内瑞拉发行的石油币。商品支持的稳定币使用户可以获得以前难以接触到的资产类别，而且安全性较高；不过持有这类稳定币通常意味着个人只会持有标的资产的一小部分，因此很难将稳定币换成与之挂钩的实物商品，这使它的流动性低于以法币抵押的稳定币。

虽然以加密资产为抵押的数字稳定币的价格锚定法定货币，但使用一种或一篮子加密资产作为抵押物，类似于将加密资产抵押以换取高流动性主权货币的工具。相比以法币和实物商品为抵押物的稳定币，以加密资产为抵押的稳定

① The Block Research. Stablecoins：Bridging the Network Gap Between Traditional Money and Digital Value［R/OL］. 2021. https：//www. theblock. co/post/97550/stablec oins-bridging-the-network-gap-between-traditional-money-and-digital-value.

币更易受价格波动的影响，因此通常需要高于稳定币市值的抵押品、相对复杂的价格稳定激励机制以及抵押品大幅贬值时负责接盘以维护稳定币持有者权益的"接盘手"。此类稳定币以 MakerDao 开发的 DAI 为代表，用户在 Maker 系统上将以太币抵押出去以换取 DAI 稳定币，抵押率由持有 MKR 代币的维护者投票确定。[①] 当其抵押率为 150% 时，用户每创造价值 1 美元的 1 单位 DAI 币就必须将 1.5 美元价值的以太币抵押给 DAI 网络中负责保管抵押品的 CDP 账户，但是用户偿还 DAI 币时获得的是当初抵押的以太币抵押品。为了应对价格波动，DAI 币创设了以调整抵押率和利率为主的价格稳定机制，并依托智能合约执行。当作为抵押品的以太币跌破特定抵押率阈值后，要么用户补足抵押品，要么智能合约将对 CDP 账户中的以太币进行清算拍卖以赎回 DAI 币。目前，市场上已出现多种以加密资产为抵押的稳定币，如 sUSD、scUSD、Frax、FEI Protocal 和 MIM 等。

基于算法的稳定币又称为弹性供应稳定币，以算法来模拟货币政策，即根据需求调整加密货币供给以实现特定的价格目标。罗伯特·萨姆斯（Robert Sams）在其探讨加密货币稳定机制的著名文章中提出了一种"类似比特币的加密货币，依靠简单而确定的货币供应规则控制货币供应量"，以算法替代中央银行的机制来维持币的价值稳定性。[②] 在这种机制下，稳定币无须任何抵押物的支持，而是完全由算法来控制其发行、销毁的数量和时间，使其价值尽可能地贴近锚定货币的价值。2018 年 4 月，美国加密货币初创公司 Basis 宣布通过 ICO 筹集了 1.33 亿美元融资，用于创建算法稳定币，投资方包括贝恩（Bain）资本、谷歌风投等传统的风险投资机构。Basis 系统中涉及三类代币：锚定美元的 Basis 本币（Basis Cash，BAC）、稳定价格的债券（Basis Bond，BAB）以及可以获得分红的股权币（Basis Share，BAS）。当 BAC 价格高于 1 美元时，系统将给 BAS 持有者增发 BAC 以平抑价格，BAS 持有者相当于获得了 BAC 分红；当 BAC 价格低于 1 美元时，系统将发行 BAB，用户可用 BAC 低价买入 BAB 获得套利空间，同时销毁 BAC，形成通缩效应而促使币价回升。相比前述三类稳定币，基于算法的稳定币既保证了去中心化，也无须资产抵

---

① MakerDAO 是以太坊上的去中心化自治组织和智能合约系统，包含 MKR 和 DAI 两种代币。DAI 是有数字资产抵押背书的稳定币，与美元保持 1∶1 锚定。MKR 是 Maker 系统的管理型代币和效用代币，用来支付借贷 DAI 稳定币的费用以及参与管理系统。

② Sams. R. A Note on Cryptocurrency Stabilisation：Seigniorage Shares, Bit MEX（Feb. 17, 2022），［Z/OL］. https：//blog. bitmex. com/wpcontent/wploads/2018/06/A－Notc－on－Crytowrrency－Stabtlisation－Seigniorage－Shares. pdf. 2018.

押；但是由于 Basis 系统中的三种行权通证都没有足额赎回权和利润支撑，因此也呈现出更大的风险和价格不稳定性。除了 Basis 公司推出的 BAC 之外，市场上的算法稳定币还有 AMPL、ESD 和 DSD 等。2022 年，算法稳定币出现多起风险事件，预计未来的发展空间有限。

信用支持的稳定币通常是由传统金融机构基于自有私链研发并发行的金融机构背书型稳定币，其持有者对发行方具有索偿权。这类稳定币的价值植根于公众对发行机构（以及相关监管机构）的信任，发行方可能是受监管的银行，其传统银行业务得益于公共支持，如存款保险和最后贷款人。商业银行可以将发行稳定币作为存款、票据或其他金融工具的替代品；在某些情况下还可以运营经许可的分布式账本平台，支持机构客户在该平台上以稳定币进行转账。这些稳定币可以面值转换为存款或兑换为现金，它们由发行银行的资产负债表支持，这点与存款的支持机制类似。信用支持的稳定币一般应用于金融机构的批发业务，客户群体并非普通大众，而是经过认证的机构客户或者同业客户。由于有金融机构的信用背书，其透明性相比于一般的稳定币更好。[①] 第一家发行此类稳定币的银行是位于美国纽约的签名银行（Signature Bank），其于 2018 年 12 月创建了基于区块链的支付平台及稳定币 Signet，获得纽约州金融服务部（New York Department of Financial Services，NYDFS）的监管批准。此外，摩根大通（J. P. Morgan Chase）于 2019 年 2 月基于自研私有链 Quorum 推出的摩根币（JPM Coin）也属于此类稳定币。

2. 数字稳定币的特征

首先，在技术和机制设计的层面，对数字稳定币和加密资产展开比较。从加密资产发展而来的数字稳定币与加密资产在技术上具有相似之处。例如，部分稳定币采用加密技术、分布式治理，可以实现点对点支付等。不过，数字稳定币也做出多方面设计改进，比加密资产更为贴近"货币"。主要体现在以下三个方面：一是数字稳定币的稳定机制，为其提供了行使货币三项基本职能的基础。数字稳定币的价值通常锚定法定货币（如美元），因此能够作为计价单位；由于有抵押物或发行机构的信用支持，具有内在价值，因此可以作为贮藏工具，也更容易作为交易媒介被接受。二是数字稳定币有明确的发行机构，使其更容易被纳入现有的货币监管体系。监管当局可直接将数字稳定币的发行机构作为监管对象。虽然用户在交易平台具有匿名性，但是发行机构可以要求用

① 赵炳昊. 应对加密数字货币监管挑战的域外经验与中国方案——以稳定币为切入点 [J]. 政法论坛，2022 (3)：176-191.

户在货币兑换环节提供真实信息，以协助监管。三是数字稳定币还能更好地适应高频交易的需求。通过设计适度中心化的交易结算机制，如联盟链机制，数字稳定币可以在分布式网络与高频交易之间找到平衡。

其次，在货币属性的层面，对数字稳定币和传统货币进行比较。以法币为抵押的数字稳定币在市场上占据主流地位，其既有货币市场基金的属性，也可被看作是某种法币的存托凭证。这类稳定币通常以法币、银行存款、政府债券等低风险金融资产为抵押，这些资产与货币市场基金的资产端结构高度类似。因此，以法币为抵押的数字稳定币可以被视为一种能够计息的、底层资产为货币市场基金的数字货币。[①] 货币市场基金是广义货币（M2）的组成部分[②]，那么此类稳定币也就具备了广义货币的属性。另外，以法币为抵押的稳定币还可被看作是非金融机构的存托凭证。以 USDT 为例，其 1∶1 锚定美元并以美元和低风险美元资产为抵押。USDT 的发行方泰达公司处于美国金融监管体系之外，其向没有美元账户的市场主体提供 USDT，实际上相当于变相提供了美元资产，使美元的持有和流通范围得到延伸。

最后，结合数字稳定币与加密资产和传统货币的关系，可知数字稳定币是这两类"货币"生态体系的桥梁和纽带。早期的数字稳定币是为无法直接使用美元开展加密资产交易的人群设计的，主要为规避部分国家（地区）对于法币参与加密资产交易所交易的限制。发展至今，数字稳定币的主要应用可概括为：为波动性强的加密资产提供价值尺度，为加密资产交易提供交易媒介，为链外资本的进入提供入场媒介，为市场提供避险和保值的功能，为国际支付提供点到点的低成本转账工具。[③] 作为最具货币属性的私人数字货币，数字稳定币将加密资产生态体系与传统货币体系连接起来，既突破了加密资产发展的局限，又拓展了传统货币体系的边界，有望在未来的货币体系中发挥重要作用。

二、数字稳定币的兴起与发展

最早出现的数字稳定币是以美元为抵押的 USDT，但是其早期的稳定性并

---

① 刘旭，尚昕昕. 稳定币跨境交易发展与国际监管经验研究 [J]. 南方金融，2022（2）：79-87.

② 2018 年 1 月，中国人民银行调整广义货币（M2）的统计口径，将货币市场基金直接纳入 M2，以完善货币供应统计。

③ 赵炳昊. 应对加密数字货币监管挑战的域外经验与中国方案——以稳定币为切入点 [J]. 政法论坛，2022（3）：176-191.

不总是令人信服。2014 年，USDT 的三位联合创始人 Brock Pierce、Reeve Collins 和 Craig Sellars 宣布发行这一由美元抵押的稳定币，以解决交易员在不同地址间快速转移法币的需要。此后，USDT 还帮助新的交易所获得了法币流动性，因为当时加密资产业务几乎不可能开立银行账户，而且新进入者的合规成本很高。大多数早期交易所，尤其是那些直接提供保证金或衍生品交易的公司，也没有兴趣直接接触法币，因为这意味着它们必须受到监管。2015 年初，USDT 在身为当时最大加密资产交易所之一的 Bitfinex 挂牌交易。[①] 自创建以来，USDT 神秘的储备情况一直饱受争议，但是由于缺乏与之竞争的其他稳定币[②]，因此其长期占据着稳定币交易量的头把交椅。2017 年 4 月，Bitfinex 被富国银行（Wells Fargo）和几家台湾银行切断资金流，USDT 按 1∶1 兑换美元的汇率机制被首次打破。此后，泰达公司开始采取替代办法，通过空壳公司的私人银行账户和第三方支付处理机构保持与银行系统的联系。2017 年 9 月，泰达公司首次公布了由纽约会计师事务所 Friedman LLP 完成的审计报告，确认其拥有 4.43 亿美元的储备金作为支撑。在日趋收紧的监管环境下，泰达公司于 2018 年正式停止向美国公民发行 USDT。2018 年 6 月，泰达公司发布了由律师事务所 FSS（Freeh，Sporkin & Sullivan，LLP）进行的第二次审计报告，确认其拥有 25 亿美元的储备金。2018 年 10 月，Bitfinex 在汇丰银行账户中的法币存款被冻结，导致 USDT 的交易价格再次脱锚。此后，Bitfinex 和泰达公司与巴哈马群岛的 Deltec Bank 建立合作关系，并在 2018 年 11 月公布了由 Deltec Bank 完成的第三次审计报告，确认其拥有 18 亿美元的储备金。到 2018 年底，Bitfinex 越来越依靠付款处理商 Crypto Capital 并提高最低电汇手续费。

与此同时，被纳入现有监管框架的合规性稳定币开始出现，目前发展最好的是 Circle 推出的 USDC 和币安（Binance）推出的 BUSD。继 Paxos 公司和 Gemini 公司各自宣布发行由纽约金融服务部批准的数字稳定币之后，Circle 于 2018 年 9 月宣布推出由法币支持的稳定币 USDC，其愿景是通过区块链上的稳定工具实现开放的全球金融系统。Circle 是加密资产行业全球牌照数目最多的公司之一，持有美国（包括纽约州 BitLicense）、英国和欧盟的支付牌照，还先后获得了 IDG 资本、光大资本、百度、比特大陆（Bitmain）等国际资本的青睐。USDC 由一个名为 Centre 的基金会治理，比特大陆和 Circle 是最早的两

---

① 泰达公司和 Bitfinex 实际上是在一个名为 iFinex 的实体下运营的姐妹公司，两者约有 30% 的股份是重叠的。

② 在 2018 年初以前，市场上没有其他法币支持的数字稳定币。

名成员，此后受监管的最大交易所 Coinbase 也宣布加入，成为 Centre 的创始成员之一。一个月后，USDC 在全球最大的加密货币交易所 Binance 挂牌交易。在 Coinbase 和 Binance 上市迅速提升了 USDC 的流动性，而新冠疫情使 USDC 成为全球交易媒介的愿景更进一步。一些用户开始更多地将 USDC 存储在交易所之外，不少人将其存储在自己的钱包中。此外，来自跨境支付的国际业务显著增长。如今，USDC 在各种去中心化金融（Defi）平台的存款金额方面处于领先地位，甚至超过了 USDT。① 2019 年 9 月，Binance 和 Paxos 联合推出以美元为抵押的稳定币 BUSD。Paxos 一直非常重视监管合规，不仅在公司层面受到纽约州金融服务部的监管，旗下的产品和服务（包括 BUSD）也都属于该机构监管的合规产品。BUSD 的一个巨大优势就是可以依托 Binance 的生态体系，很容易匹配进 Binance 的业务。而且，Binance 还针对 BUSD 推出了多项优惠政策，如挂单 0 手续费、借贷利率低于 USDT、年化略高于 USDT 的理财等。虽然 USDT 具有先发优势，但是 USDC 和 BUSD 的监管更规范、透明度更高，而且 USDC 的技术可拓展性更强，BUSD 则依托大型交易所生态，因此这二者将比 USDT 更具发展潜力。

除了以法币抵押的数字稳定币以外，其他稳定机制的数字稳定币也在不断被尝试和创建。以加密资产为抵押的稳定币项目与以法币为抵押的稳定币项目几乎同时出现。2014 年 9 月，由 PeerCoin 社区开发的 Nubits 成为首个启动的加密资产抵押型稳定币。2016 年 4 月，同样以加密资产抵押的稳定币 SteemUSD 宣布启动。2017 年 12 月，MakerDao 开发了将以太币作为抵押的数字稳定币 DAI。如今，许多以加密资产为抵押的稳定币均已严重脱锚，如 Nubits 的价格已跌破 1 美分。商品抵押型稳定币出现较晚。2019 年 9 月，Paxos 推出的 PAX Gold（PAXG）成为首款受监管的以黄金为抵押的稳定币。2020 年 1 月，泰达公司推出以黄金为抵押的 Tether Gold（XAUt），声称每个 XAUt 代币代表 1 金衡盎司的伦敦优质交付黄金，储存在瑞士的保险库里。根据 Arcane Research 发布的每周报告数据，由黄金支持的加密代币在 2022 年上半年整体市值增长了 60%，首次超过 10 亿美元。其中，PAXG 的总市值超过 6 亿美元，较年初增长达 85%；XAUt 的市值升至近 2.11 亿美元，但同期仅上涨 9.2%。相比抵押型稳定币，算法型稳定币的实践之路则颇为曲折。先是 Basis 于 2018 年 4 月启动

---

① The Block Research. Stablecoins：Bridging the Network Gap Between Traditional Money and Digital Value［R/OL］. 2021. https：//www. theblock. co/post/97550/stablecoins-bridging-the-network-gap-between-traditional-money-and-digital-value.

的算法稳定币项目在当年年底被监管机构叫停；后有 Terra 在 2019 年 6 月推出的算法稳定币 UST 于 2022 年 5 月崩盘。第一代算法稳定币以 AMPL 为代表，采用单币种系统，即 AMPL 价格上升时就增加货币供应量以降低市场价格，当 AMPL 价格下跌时就减少 AMPL 流通量来提高市场价格。第二代算法稳定币则以 2021 年重启的 Basis 为代表，采用多币种系统，即通过 BAC、BAB 和 BAS 的关系来调整货币供应量。

总体来看，稳定币市场于 2019 年下半年开始启动，此后便加速增长，至 2022 年趋于平稳（见图 2-1）。到 2020 年上半年，全球范围内的数字稳定币项目就已超过 200 个；其中，约 30% 为活跃项目，另 70% 中包含天秤币（Libra）、摩根币等备受关注的在开发项目。① 根据 Statista 数据平台的统计，全球排名前 10 位的数字稳定币总市值在 2020 年 1 月仅约为 56 亿美元，而到 2022 年 2 月最高超过 1600 亿美元，此后一直维持在 1500 亿美元以上。加密资产网站 Crypto. com 的数据显示，截至 2022 年 9 月，USDT 和 USDC 的市值分别约为 670 亿美元和 520 亿美元，市场占比分别为 44% 和 34%，排在前两位；此外，市值在 10 亿美元以上的稳定币还有 BUSD（199 亿美元）、DAI（68 亿美元）、Frax（15 亿美元）和 TUSD（11 亿美元）；另有 11 个稳定币的市值超过 1 亿美元。

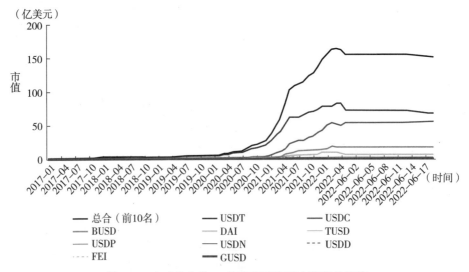

图 2-1　全球排名前 10 的数字稳定币市值变化趋势

资料来源：Statista.

---

① Blockdata. STABLECOINS：An Overview of the Current state of Stablecoins ［R］. 2020.

三、典型的全球稳定币项目及其进展

早期的数字稳定币主要作为加密资产与法定货币的交易中介，在现实支付活动中的作用非常有限。不过，依托大型跨国公司平台推出的数字稳定币有望改变上述局面，甚至可能在全球范围内产生广泛影响。2019 年底，G7 稳定币工作组发布报告，将由跨国科技企业或金融机构推出、建立在现有大型和（或）跨境客户基础上、具有快速在全球范围内应用潜力的数字稳定币称为全球稳定币，认为全球稳定币将在全球范围内对货币政策、金融稳定、国际货币体系和公平竞争产生影响。在全球稳定币的研发项目中，有四个项目相对具有代表意义，分别是美国金融巨头摩根大通发行的摩根币（JPM Coin）、美国 IT 巨头 IBM 主导开发的恒星（Stellar）项目、美国社交网络平台脸书（Facebook）倡议发行的天秤币（Libra）以及最早出现的数字稳定币泰达币（USDT）。

1. 摩根大通开发数字稳定币 JPM Coin

美国金融巨头摩根大通已经注意到区块链技术在支付领域的价值，在众多跨国银行中率先进入稳定币市场。2019 年 2 月，摩根大通宣布完成开发并成功测试了数字货币 JPM Coin。现阶段，JPM Coin 在抵押协议、区块链准入、客户群体与主要用途等方面均作出了明确的限定：JPM Coin 承诺与法定货币 1∶1 兑换，可兑换的目前只有美元；存在区块链准入限制，只有经由摩根大通发放许可、通过了解客户（Know Your Customer，KYC）程序的机构客户，才能加入该区块链网络；目前主要面向机构客户，包括银行、证券服务商和企业；只能作为交易媒介并用于支付场景，不支持包括投资在内的其他用途。

摩根大通实力雄厚，作为早已投身国际资产托管、清算结算与资本跨境业务的跨国企业，其合作伙伴与客户分布于全球、资产负债情况良好。摩根大通在跨境支付领域丰富的经验和客户资源，与在支付领域具有先天优势的稳定币相辅相成，成为其决心开发 JPM Coin 的主要原因。摩根大通在公告中指出，稳定币在支付领域的优势包括价格稳定、实时支付以及可置信。价格稳定优势主要基于稳定币通过 1∶1 的法定货币抵押机制所实现的价格绝对稳定；实时支付优势则主要依靠高度数字化的交易网络基础设施建设；可置信优势，一部分来自加密算法的技术保障，另一部分则来自去中心化架构下共识机制的建立。可以预见，JPM Coin 在跨境支付、证券交易以及机构的资金流动方面，对加快交易速度以及节约交易成本等都将发挥不可小觑的作用。虽然现阶段 JPM Coin 作为产品原型，仅用于实现少量机构客户之间的即时转账结算，但

是并不排除未来向个人用户提供服务的可能。①

2. IBM 打造区块链支付网络 BWW

作为金融信息系统的全球领军企业，IBM 致力于打造基于区块链的新型跨境支付网络。继 2018 年 7 月宣布与美国金融服务公司 Stronghold 合作推出挂钩美元的稳定币之后，IBM 又在当年 8 月底宣布其已经参与到另一个基于恒星（Stellar）协议的加密货币项目当中，打造区块链支付网络（Blockchain World Wire，BWW），以近实时方式完成对跨境支付资金的清算与结算②。截至 2019 年 3 月，已有六家国际银行签署了意向书，将在 BWW 上发行由本国法定货币支持的稳定币，其中包括巴西的 Bradesco 银行、韩国的釜山银行和菲律宾的 Rizal 商业银行公司，剩下尚未公开的三家银行将发行由欧元和印尼盾支持的稳定币。BWW 在 2019 年已可支持超过 47 种货币在 72 个国家/地区进行支付，并设立了 44 个银行终端。③

IBM 的 BWW 区块链支付网络与摩根大通的 JPM Coin 既有相似之处，也有明显差异。一方面，两者都是主要针对支付服务尤其是跨境支付业务，都强调区块链技术能提高交易效率、降低交易成本、保证交易可置信，也都将银行及金融服务机构作为主要合作伙伴，因此在一定程度上存在竞争关系。另一方面，IBM 提供的是一个金融服务平台，可供众多银行使用，不同于摩根大通推出的自有数字货币系统。IBM 的 BWW 已经与全球多家银行实现合作，涉及的国家、银行数目可观；各国银行在 BWW 上运行锚定本国法币的稳定币，而不限于锚定美元；由于 97% 的国际大型银行是 IBM 的客户，90% 的信用卡交易是在 IBM 的主机上进行的，因此 BWW 能够随时与一切现有支付系统相集成，同时立足一套高安全性环境支持任何额度、面向任何目的地以及涉及任意资产类型的支付操作。由此可见，IBM 的 BWW 可能产生比摩根大通的 JPM Coin 更广泛的影响。

3. 脸书公司计划推出全球稳定币 Libra（Diem）

全球互联网社交平台巨头脸书（Facebook，现更名为 Meta）在 2019 年 6 月发布白皮书，宣布将推出锚定多国法币的数字稳定币"天秤币"（Libra），

① 摩根大通. 摩根大通创建用于支付交易的数字货币［EB/OL］. https：//www. jpmorganchina. com. cn/country/CN/zh/detail/1320572440065，2019-02-27.

② IBM 在其公告中声明 BWW 区块链网络能够在 5~10 秒完成跨境支付。

③ IBM. Clearing and Settlement of Cross-border Payments in Seconds-not days：Learn How Money Moves Faster and Smarter with IBM Blockchain World Wire［EB/OL］. 2019，https：//www. ibm. com/downloads/cas/VGYAKENA.

旨在建立一套简单的、无国界的货币和为数十亿人服务的金融基础设施。Libra 由三部分组成：一是安全、可扩展和可靠的区块链基础，二是以赋予其内在价值的资产储备为后盾，三是由独立的 Libra 协会治理。Libra 的目标是成为一种稳定的数字加密货币，将全部使用真实资产储备（以下简称"Libra 储备"）作为担保，并由买卖 Libra 并存在竞争关系的交易平台网络提供支持。从之前披露的信息来看，Libra 的一篮子货币最初可能包括美元、欧元、日元、英镑和新加坡元。选择储备资产的目的是最大限度地减少波动性，让 Libra 的持有者信任该货币能够长期保值。Libra 储备中的资产将由分布在全球各地且具有投资级信用评价的托管机构持有，以确保资产的安全性和分散性。作为加密货币，Libra 将能够实现快速转账，通过加密保障安全性以及轻松自由地跨境转移资金。

脸书是全球最大的社交平台，其所主导的 Libra 一旦成功，将很可能产生比 JPM Coin 和 BWW 更广泛的影响。根据 Libra 白皮书，脸书计划在旗下的多个社交媒体 Messenger、Instagram 和 WhatsApp 之间创建一个可互操作的区块链支付界面，为全球 27 亿用户提供数字稳定币 Libra 的跨境支付服务。[①] 与摩根大通和 IBM 主要面向机构客户不同，脸书能够直接接触大量个人用户，Libra 的主要使用者是个人，被用于支付、购物、偿还信用卡等服务。脸书已经拥有了作为社交平台的网络规模优势，将与 Libra 的货币网络优势相辅相成，使后者成为全球跨境支付领域最具影响力的支付工具。更重要的是，Libra 计划挂钩一篮子货币，并且采用更加公平的多边治理模式，有望破除美元主导的全球跨境支付体系的种种弊端。Libra 协会是一个独立的非营利性成员制组织，总部设在瑞士日内瓦，其成员包括分布在不同地理区域的各种企业、非营利组织、多边组织和学术机构。这种设计显然更有助于 Libra 的运作保持独立性和中立性，削弱了现有全球跨境支付体系所支持的美元地位。

因此 Libra 计划的公布直接触发了美国政府和欧洲各央行对于稳定币的警惕性。美国政府针对 Libra 举行了多场听证会；法国与德国则发表联合声明抵制 Libra："没有任何私营实体能够掌握货币权"。此后，以贝宝（PayPal）为首的部分计划参与 Libra 的企业放弃了参与该项目，至 2020 年 Libra 发布的

---

① Libra. An Introduction to Libra：White Paper · From the Libra Association Members［EB/OL］. https：//libra. org/en-US/wp-content/uploads/sites/23/2019/06/LibraWhitePaper_en_US. pdf，2019.

2.0 版本白皮书已去除"无国界货币"的定位。① 同年 12 月，Libra 被正式更名为 Diem 并放弃锚定"篮子货币"，改为锚定美元的"美元稳定币"。2022年 2 月，脸书将 Diem 相关资产出售给银行控股公司 Silvergate Capital，悄然退出了稳定币市场。

4. 泰达公司率先推出美元稳定币 USDT

USDT 于 2014 年推出，被称为最早的稳定币，最初名为"Realcoin"并在比特币网络上运行，而后移植到其他区块链基础设施如以太网中。USDT 目前仍是美元稳定币的典型代表，其价格依然维持在单位美元附近。根据 Statista 与 Blockchain. com 的相关数据，USDT 仍是持有量、交易量最高的美元稳定币。截至 2022 年 9 月 30 日的数据显示，USDT 流通总量近 680 亿美元，日交易量近 3 亿美元，而第二名 USDC 的流通总量和日交易量分别约为 477 亿美元和0. 17 亿美元。

USDT 的价格稳定机制相对简单，泰达公司通过类似布雷顿森林体系中美国政府按固定比例的美元兑付黄金的方式按照 1∶1 固定比例使用 USDT 兑换美元，即向泰达公司核心账户转入 USDT 并支付对应手续费后赎回等量美元。USDT 白皮书中写道："每个发行并流通入市的泰达币单位均按 1∶1 的比率（即一枚 USDT 等于 1 美元）由总部设在香港的泰达公司持有的相应法币单位存款提供支持。"②

USDT 使用了区块链系统记录其持有和交易的情况，在一定程度上保证了其线上交易的安全性与透明性。USDT 的最大风险与银行挤兑风险类似，即存在无法向赎回 USDT 对应美元的用户及时提供美元兑换服务。USDT 的整体发行与交易完全由泰达公司中心化管理，而其为 USDT 储备的准备金最终被证实并非对外宣传的 1∶1 比例。2019 年 4 月，美国纽约州总检察长确认泰达公司准备金的储存银行 BitFinex 从 USDT 的准备金中借入了至少 7 亿美元以抵消BitFinex 在洗钱调查中被冻结并最终被没收的资金，判定其行为违反了纽约法律。2021 年 2 月，泰达公司和 BitFinex 就该案件与纽约州总检察院达成和解，同意支付 1850 万美元的罚款，停止与任何纽约州居民或实体的交易，并在未来两年向纽约总检察长办公室提供有关其储备的信息。2021 年 10 月，美国商

---

① Libra. White Paper v2. 0. From the Libra Association Members ［EB/OL］. 2020. https：//libra. org/en-US/white-paper.

② Tether. Tether：Fiat currencies on the Bitcoin blockchain ［EB/OL］. 2014. https：//tether. to/en/whitepaper/.

品期货交易委员会（CFTC）宣布，因为泰达公司对稳定币完全由美元支持的声明不属实，其同意支付 4100 万美元的罚款。根据 CFTC 的数据，"在 2016~2018 年的 26 个月样本时间内，泰达公司在其账户中持有的法定准备金足够支持 USDT 代币流通的天数仅占总样本时间的 27.6%"。然而，即使在美国相关机构已判定 USDT 准备金夸大宣传后，由于 USDT 作为最早美元稳定币已建立最大市场且其公布的美元储备仍有约 72%，因此其最大稳定币的地位仍未被受纽约州金融服务厅监管、会计师事务所 Grant Thornton LLP 定期审核的美元稳定币 USDC 所超越。

第四节　中央银行数字货币的全面发展①

自 2019 年下半年以来，世界主要国家均加快了对中央银行数字货币（CBDC）的研发进程。根据美国智库大西洋理事会在 2023 年 6 月发布的报告，占全球经济 98% 的 130 个国家（地区）央行目前正在探索数字货币，其中近一半处于进阶开发、试点或启动的阶段，除阿根廷以外的所有 G20 国家都已进入进阶阶段。不过，各国央行在实践 CBDC 的过程中仍需要在技术性能、组织效率、经济利益、国际影响等方面的具体目标之间做出权衡，CBDC 发展可能呈现重视技术先进性、发挥私营机构积极性、稳步推进普惠性和利率化，以及不断拓展国际合作等趋势。

一、中央银行数字货币的分类

CPMI 和 IMF 都指出可获得性（Accessibility）是 CBDC 的重要特征，并依此将 CBDC 分为两类。CPMI 将 CBDC 分为批发型（Wholesale）和通用型（General），前者仅限于一组预定义的用户，通常是银行和国家支付系统的其他成员，后者则可由公众广泛获取。② 类似地，IMF 则将 CBDC 分为批发 CBDC

---

① 本节内容已发表，详见宋爽，刘东民. 央行数字货币的全球竞争：驱动因素、利弊权衡与发展趋势 [J]. 经济社会体制比较，2021（2）：1-11.

② Committee on Payments and Market Infrastructures（CPMI），and Markets Committee（MC），Central Bank Digital Currencies [R]. Basel：Bank for International Settlements（BIS），2018.

（W-CBDC）和零售 CBDC（R-CBDC）。[①] 除了用户范围不同以外，这两类数字货币在架构设计和经济影响等方面也存在较大差异。由于多数国家央行已经实现了准备金或结算账户余额的数字化，因此批发 CBDC 对现有银行间批发系统的变革相对可控；零售 CBDC 为普通用户提供直接获得央行资金的渠道，以替代现金为起点，还有可能对银行存款构成替代，将对现有支付体系造成较大冲击。基于对收益和风险的考虑，各国央行对两类 CBDC 持不同态度。

基于不同技术基础，CBDC 则可分为基于代币的（Token-based）和基于账户（Account-based）的。现金和多数私人数字货币都是基于代币的，能够实现点对点（Peer-to-peer）交易，一般采用分布式账本技术；而储备账户余额和各种形式的商业银行货币都是基于账户的。这两种不同技术基础的货币有一个关键区别，就是发生交换时的验证形式不同。[②] 基于代币的货币（或支付系统）在很大程度上依赖于收款人验证支付工具有效性的能力。例如，对于现金，人们担心的是伪造；而在数字世界，人们则担心代币或硬币"是真是假"（电子伪造）以及是否已被使用。相反，基于账户的资金系统从根本上取决于验证账户持有人身份的能力。关注的重点在于身份盗窃，即犯罪者未经许可从账户中转账或取款。[③]

从更广泛的货币范畴来看 CBDC 所处类别及其特点，BIS 的货币之花（Money Flower）给出了很好的诠释。结合四个属性，即发行人（中央银行或其他）、形式（数字或实物）、可获得性（广泛或有限）、技术（基于代币或账户），货币的维恩图被绘制出来（见图 2-2）。当前国际上广泛讨论的 CBDC 位于图中阴影区域，其中区域①为基于账户的零售 CBDC，区域②为基于代币的零售 CBDC，区域③为批发 CBDC[④]。

二、零售央行数字货币的运营模式

CBDC 的运营模式涉及货币投放和流通过程中中央银行与私营中介机构

---

① Kiff J., Alwazir J., Davidovic S., Farias A., Khan A., Khiaonarong T., Malaika M., Monroe H., Sugimoto N., Tourpe H., Zhou. P. A Survey of Research on Retail Central Bank Digital Currency [R]. IMF Working Paper WP/20/104, 2020.

② Kahn C., Roberds W. Why Pay? An Introduction to Payments Economics [J]. Journal of Financial Intermediation, 2009, 18 (3): 1-23.

③ Committee on Payments and Market Infrastructures (CPMI), and Markets Committee (MC) Central Bank Digital Currencies [R]. Basel: Bank for International Settlements (BIS), 2018.

④ 当前已经存在数字化的准备金和结算账户余额，因此批发 CBDC 主要基于代币技术。

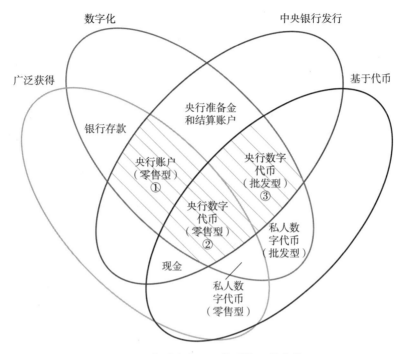

图 2-2 货币之花——货币的一种分类

资料来源：Committee on Payments and Market Infrastructures（CPMI），and Markets Committee（MC）. Central Bank Digital Currencies［M］. Basel：Bank for International Settlements（BIS），2018；Bech M.，R. Garratt. Central Bank Cryptocurrencies［J］. BIS Quarterly Review，2017（9）：55-70.

（一般是商业银行）的关系。CBDC 的投放方式通常有两种：一是单层投放，即中央银行执行所有的零售支付业务，从面向公众发行 CBDC 到运营用户的数字钱包；二是双层（或多层）投放，由中央银行负责发行和赎回 CBDC，而商业银行及其他私营机构负责向公众提供 CBDC 及其支付服务。当采取单层投放方式时，用户可直接在中央银行开立账户或者数字钱包，对应"直接 CBDC"（Direct CBDC）的运营模式。当采取双层（或多层）投放方式时，根据中央银行与私营机构在 CBDC 系统中的职责和关系不同，可对应"间接 CBDC"（Indirect CBDC）和"混合 CBDC"（Hybrid CBDC）两种模式。①

具体而言，上述三种运营模式的关键区别在于 CBDC 债务和交易记录的

① Auer R.，Böhme R. The Technology of Retail Central Bank Digital Currency［Z］. BIS Quarterly Review，2020（3）：85-100.

权属（见表2-3）。在"直接CBDC"的运营模式下，中央银行承担CBDC债务并保管交易记录。CBDC直接记录在中央银行资产负债表的负债方，由中央银行保留所有余额记录并随每次交易进行更新。一般情况下，"直接CBDC"采取分布式账本技术，属于基于代币的CBDC。这类CBDC由中央银行负责管理数字钱包，了解客户（KYC）程序和客户尽职调查则可由私营机构、中央银行或其他公共部门机构处理。同时，中央银行是唯一处理支付服务的机构。

在"间接CBDC"的运营模式下，私营中介机构承担CBDC债务并保管终端交易记录。CBDC被记录在中介机构资产负债表的负债方，终端用户对中介机构有CBDC的索偿权；中介机构负责记录终端用户的零售支付交易，而中央银行只跟踪批发账户。"间接CBDC"也被称为"合成CBDC"，① 通常属于基于账户或基于准账户（Quasi-account-based）的CBDC。对终端用户而言，这类CBDC（标记为ICBDC）并不是中央银行的直接负债，而是由中介机构进行偿付。后者被授权以其持有的央行发行的CBDC（或其他中央银行货币）偿付在零售客户层面流通的CBDC。如同传统的货币体系，中介机构负责处理与零售客户相关的所有通信、净支付活动，并向其他中介发送支付信息和向中央银行发送批发支付指令。中央银行负责批发CBDC账户的最终结算。

在"混合CBDC"的运营模式下，中央银行承担CBDC债务，而中介机构负责处理零售支付交易。"混合CBDC"将"直接CBDC"和"间接CBDC"的元素结合在一起，可以是基于代币的，也可以是基于账户的。混合CBDC架构的一个关键特征是将CBDC的偿付与支付服务提供商（PSP）的资产负债表相隔离，并允许可转移性。如果一家支付服务提供商失败，则CBDC持有人无须从该服务提供商的财产中获得偿付。法律框架应允许批量可转移性，即中央银行有权将零售客户关系从该失败的服务提供商转换到一个正常行使职能的服务提供商。另一个关键要素是确保实现CBDC可转移性的技术能力。为了保证当个别中介机构在面临技术压力时系统能够继续维持支付，中央银行必须具备恢复零售账户/数字钱包余额的技术能力。因此，中央银行需要保留所有零售CBDC交易记录的副本，使其能够在出现技术故障的情况下实现零售CBDC在服务提供商之间的转移。

---

① Adrian T. , Mancini-Griffoli. T. The Rise of Digital Money [R]. IMF FinTech Notes, 2019.

表 2-3 CBDC 的运营模式及其机制特征

运营模式	投放方式	债务责任	记录管理
直接 CBDC	单层	中央银行	中央银行
间接（合成）CBDC	双层（多层）	中介机构	中介机构
混合 CBDC		中央银行	中介具体处理，央行保留副本

资料来源：笔者整理。

上述三种模式在维持银行业二元体系、鼓励私营机构创新与央行直接控制三方面做出了不同程度的选择和让步，各具优劣。单层 CBDC 最有利于央行控制，但也使央行承担更多风险，因为零售支付相关的客户关系、交易处理、问题解决等原先由金融机构履行的职能都将转移到央行。由于单层模式未能充分发挥支付市场上私营机构的比较优势，还可能会影响系统的运行效率和可靠性。相比之下，多层模式将保留"中央银行—商业银行"的二元体系，也有利于调动私营机构的积极性，分散风险且加快服务创新。间接 CBDC 最大程度地保留了银行业二元体系，其好处在于使央行从零售支付的具体业务中解脱出来，缺陷在于央行无法掌握终端用户的资金交易记录。混合 CBDC 较间接 CBDC 更具韧性，而且央行在专注核心流程的同时也能掌握用户交易数据，不过相对复杂的基础设施可能使央行面临更高成本。在设计中具体采用何种模式取决于各国的具体情况，例如，对于国家规模不大、金融体系不发达但央行资源充足的国家，单层模式不失为一种成本有效的方案；对于金融市场成熟、监管体系完备、私营机构实力强的国家，间接 CBDC 可能更有助于发挥市场活力；对于央行希望兼顾 CBDC 系统控制和私营机构参与的国家，混合 CBDC 可能是最适合的方案。

三、央行数字货币的全球进展情况

主权国家央行对数字货币的探索可以追溯到 2014 年，然而直到 2019 年以前国际上的普遍观点还是各国央行没有发行 CBDC 的必要性。早期试水零售 CBDC 的国家主要是经济规模不大、普惠金融欠缺的发展中国家（如厄瓜多尔、乌拉圭），或者现金使用率很低的发达国家（如瑞典）。这些国家要么在试点后便宣告中止项目，要么就在比较各种方案后表示零售 CBDC 不具明显优势。① 各主要经济体也纷纷表示没有发行零售 CBDC 的计划。日本央行副行长雨宫正佳在 2018 年 4 月曾公开表示，由于 CBDC 对现有金融体系可能产生冲击，日本央行短期内不会发行央行数字货币。2018 年 9 月，时任欧洲中央银行（以下简称"欧央行"）行长的马里奥·德拉吉（Mario Draghi）向欧洲议会宣布，他们没有计划发行数字货币。美联储一直对发行公共数字货币保持观望，直到 2019 年底美国财长姆努钦还表示其与美联储主席鲍威尔意见一致，未来五年美联储无须发行数字货币。IMF 研究人员在 2018 年发布的报告也指出尚未发现 CBDC 被采纳的普遍理由，由于 CBDC 对央行的利益有限且具有脱媒和银行挤兑的潜在风险，包括澳大利亚、丹麦、欧盟、新西兰、瑞士等在内的一些央行已经不再追捧 CBDC。② BIS 则在其《2018 年年度经济报告》中指出，通用 CBDC 会带来金融脆弱性，且效益不太明显。③ 另一方面，欧盟、日本、加拿大和新加坡等国家或经济体的货币当局却在批发 CBDC 领域积极探索。不过，早期的试验并未显示出分布式账本技术在批发支付领域具有明显优势，而且该技术的成熟度及可产生的规模效率也仍然存疑。④

然而，2019 年下半年以来，世界主要国家均加快了对 CBDC 的研发进程，特别是在零售支付领域。2019 年 7 月，BIS 总裁阿古斯丁·卡斯滕斯（Agustin Carstens）表示在脸书公司发布 Libra 白皮书之后，各国央行将不得不加速推进数字货币发行计划，BIS 也将为各国提供更多支持。2019 年底，欧央行成立 CBDC 专家工作组，研究欧元区各种形式 CBDC 的可行性。2020 年初，日本央行在支付结算系统部成立 CBDC 研究小组，通过与国内专家和相关机构及其他国家央行交流信息与讨论，对 CBDC 相关问题展开进一步研究。2020 年 3 月，英格兰银行在一份 CBDC 讨论文件中表示，现在已经到了考虑以何种货币和支付手段来满足日益增长的数字经济需求的时候，该行将在对收益和风险进行系

① Mancini‑Griffoli T., Martinez Peria M.S., Agur I., Ari A., Kiff J., Popescu A., Rochon C. Casting Light on Central Bank Digital Currencies [R]. IMF Staff Discussion Note (SDN)/NO. 18/08, 2018.
② Mancini‑Griffoli T., Martinez Peria M.S., Agur I., Ari A., Kiff J., Popescu A., Rochon C. Casting Light on Central Bank Digital Currency [R/OL]. IMF Staff Discussion Note (SDN) No. 18/08, November 2018.
③ Bank for International Settlements (BIS). Annual Economic Report [EB/OL]. https：//www.bis.org/publ/arpdf/ar2018e.htm, 2018.
④ Committee on Payments and Market Infrastructures (CPMI), and Markets Committee (MC), 2018. "Central Bank Digital Currencies." Basel：Bank for International Settlements (BIS).

统研究后决定是否发行零售 CBDC。[1] 几乎同时，欧盟、日本、加拿大、英国、瑞典和瑞士六个经济体的中央银行与 BIS 共同成立了研究央行数字货币的小组，评估 CBDC 应用场景，探讨经济、功能和技术设计方面的选择，共享该领域新兴技术，并将与 FSB、CPMI 等相关机构和论坛紧密协作。2020 年 8 月，美国波士顿联邦储备委员会联合麻省理工学院（MIT），宣布共同启动名为"汉密尔顿"（Hamilton）的 CBDC 合作研究项目。此外，美联储还加入了前述西方主要央行与 BIS 合作的 CBDC 研究小组。

BIS 持续跟踪世界各国央行开展 CBDC 的情况，自 2019 年开始每年发布调研报告[2]。根据历年报告，越来越多央行开始着手 CBDC 研发工作，特别是在零售 CBDC 领域，而且不少国家已经进入高级阶段。2019 年初发布的调研报告显示，在 63 家受访央行中，70% 的央行表示正在（或即将）从事 CBDC 研发工作；有 5% 的受访央行认为可能在短期（3 年内）发行 CBDC，约 10% 表示可能在中期（4~6 年）发行。[3] 2020 年初发布的报告则显示，在参与调研的 66 家央行中，80% 的央行正在从事 CBDC 研发工作，较上年增长 10 个百分点；10% 的央行表示有可能在短期（3 年内）发行零售 CBDC，20% 的央行计划在中期（4~6 年）发行零售 CBDC，均较上年提高 1 倍。[4] 2021 年 1 月，BIS 发布第三次调研报告，结果显示，在 65 家受访央行中，86% 正在探讨 CBDC 的效益和缺陷；短期和中期可能（Likely）发行零售 CBDC 的央行占比与上年持平，但是更多央行表示有在短期和中期发行 CBDC 的潜在可能（Possible）。而且，更多中央银行进入 CBDC 研发的高级阶段，有 60% 的受访央行正在进行试验或概念验证，14% 已进入试点安排。[5] 2022 年发布的第四次调研报告涉及 81 家央行，其中积极从事 CBDC 工作的央行占比上升至 90%，进入开发和试点阶段的央行占比则从上年的 14% 上

① Bank of England (BoE). Central Bank Digital Currency: Opportunities, Challenges and Design [Z]. Discussion Paper, March, 2020.

② 每年的调研报告反映上一年的调研情况。

③ Barontini C., Holden. H. Proceeding with Caution-A Survey on Central Bank Digital Currency [R]. BIS Papers No 101, Monetary and Economic Department, 2019.

④ Boar C., Holden H., Wadsworth A. Impending Arrival-a Sequel to the Survey on Central Bank Digital Currency [R]. BIS Papers No 107, Monetary and Economic Department, 2020.

⑤ Boar C., Wehrli. A. Ready, Steady, Go? -Results of the Third BIS Survey on Central Bank Digital Currency [R]. BIS Papers No 114, Monetary and Economic Department of BIS, January 2021.

升至 26%。[①]

　　IMF 也一直跟踪调查各国央行探索 CBDC 的进展。2018 年 11 月发布的 IMF 员工讨论文件显示，全球约有 15 个国家正在积极尝试零售 CBDC。2019 年 6 月，IMF 高级金融专家 John Kiff 在其参与撰写的国际电信联盟（ITU）法定数字货币焦点组的参考架构报告中，指出全球有 36 个国家（地区）在探索零售 CBDC，其中仅有两国完成试点，8 个国家在研究后表示拒绝或暂缓零售 CBDC 项目。不过，根据 2020 年 6 月 IMF 研究团队发布的 CBDC 调研报告，从事零售 CBDC 研发的国家（地区）已有 46 个，其中 7 个国家处于高级阶段（见表 2-4）。可见，自 2019 年下半年以来，确实有不少国家转变了对 CBDC 的态度。

表 2-4　探索零售 CBDC 的国家统计

	2018 年 11 月	2019 年 6 月	2020 年 5 月		2018 年 11 月	2019 年 6 月	2020 年 5 月
目前处于零售 CBDC 高级阶段的国家和地区							
巴哈马			启动试点	瑞典			开始概念验证
中国			启动试点	乌克兰	×		完成试点
东加勒比			启动试点	乌拉圭	试点	试点	完成试点
南非	×						
目前正在探索或已经探索零售 CBDC 的国家和地区							
澳大利亚	暂缓	暂缓		牙买加	×	拒绝	
巴西		×		日本	×	×	
加拿大				韩国	×	拒绝	开始概念验证
智利	×	×		毛里求斯	×	×	
圣马丁岛库拉索岛				摩洛哥	×	×	
丹麦	拒绝	×		新西兰	×	暂缓	

　　① Kosse A., Mattei. I. Gaining Momentum-Results of the 2021 BIS Survey on Central Bank Digital Currencies［R］. BIS Papers NO. 125, Monetary and Economic Department of BIS, 2022.

续表

	2018 年 11 月	2019 年 6 月	2020 年 5 月		2018 年 11 月	2019 年 6 月	2020 年 5 月
厄瓜多尔	完成试点	完成试点	完成试点中止项目	挪威	进行中		
欧元区	×	拒绝		俄罗斯	×		
芬兰	×	×		瑞士	×		
加纳	×	×		特立尼达和多巴哥	×	拒绝	
中国香港	×			突尼斯	×		
冰岛	×	拒绝		土耳其	×	×	
印度	×			英国	暂缓		
印度尼西亚	×			美国	×	×	
以色列		拒绝					

目前正在探索或已经探索零售 CBDC 的国家和地区（未确认）

	2018 年 11 月	2019 年 6 月	2020 年 5 月		2018 年 11 月	2019 年 6 月	2020 年 5 月
巴林	×			黎巴嫩	×		
埃及	×			巴基斯坦	×		
海地	×	×		巴勒斯坦	×		
伊朗	×			菲律宾			
哈萨克斯坦	×	×		卢旺达	×	×	
柬埔寨	×		×	立陶宛	×		×
阿联酋	×		×				

注："×"表示该国未出现在当年统计中。

资料来源：Mancini-Griffoli T., et al. Casting Light on Central Bank Digital Currency ［R］. IMF Staff Discussion Note（SDN）/No. 18/08, 2018；ITU-T Founs Group Digital Currency including Digital Fiat Currency. Focus Group Technical Report：Reference Architecture and Use Cases Report ［R］. Geneva：2019-06；Kiff J., et al. A Survey of Research on Retail Central Bank Digital Currency ［R］. IMF Working Paper No. 20/104, 2020.

四、央行数字货币兴起的驱动因素

驱使央行数字货币在全球范围内兴起的因素有很多，下面将分别从数字货币发展的外部和内部视角、长期与短期因素系统地进行分析。

1. 外部视角的长期因素：数字经济发展与数字金融服务需求

自 21 世纪以来，数字经济的快速发展改变了人们的生活，带来了变革和机遇。广义地讲，经济活动的数字化就是将数据和互联网融入生产过程和产品、新型的家庭和政府消费、固定资本形成、跨境流动以及金融等。数字经济的发展源于一系列新的信息通信技术（ICT）的发展和扩散，相关技术包括物联网、新型用户终端设备（如智能手机、平板电脑、3D 打印机）、新的数字模型（如云计算、数字平台、数字服务）、新的自动化和机器人技术等。[①] 数字经济的发展带来许多变革，包括对现有业务流程和组织结构的破坏以及对当前消费者行为和商业模式的重塑。以金融行业为例，数字化可能改变金融服务提供商的竞争优势。新的市场进入者在筛选借款人方面可能拥有更先进的技术，从而降低信息不对称性。例如，金融科技公司可以获得广泛的客户数据，并将其用于改进风险评估和筛选借款人。大型科技公司还可能通过网络效应实现规模经济，从而给传统金融机构通过开展不同类型服务互相补贴（cross-subsidisation）的商业模式带来压力。[②] 许多金融科技公司依托不同场景（如社交、电商等）打造新型商业生态，能够为客户提供更加综合或个性化的服务。在宏观层面，数字经济还是经济增长的主要驱动力，特别是对于发展中国家而言。数字经济有助于提高这些国家资本和劳动力的生产率，降低交易成本，并促使其进入全球市场。世界经济论坛（WEF）发布的报告显示，新兴市场国家数字经济以每年 15%～25% 的速度增长。

随着数字经济的发展，金融服务的数字化需求不断显现和升级，成为推动金融科技发展的重要动力。一直以来金融部门都是数字技术的密集使用者，而金融服务的数字化通常被称为"金融科技"。由于市场不完全性，总有一些需求是传统金融服务无法企及的，正是这些需求一直在推动金融科技创新。一方面，对金融服务普惠性的需求带动了金融科技的发展。由于信息不对称和出于对盈利能力的考虑，传统金融服务在中小企业融资和低收入人群账户服务等方面一直存在较大缺口。如英国就有 220 亿英镑中小企业融资缺口，数字化的中小企业融资平台将能够更好地发现资金需求、评估企业信用、督促企业还款。全球有 17 亿成年人未被纳入金融系统，无法享受传统银行提供的金融服务；

---

① Organization for Economic Cooperation and Development (OECD). OECD Digital Economy Outlook 2015 [EB/OL]. http://www.oecd.org/sti/oecddigital-economy-outlook-2015-9789264232440-en.htm, 2015.

② Bank for International Settlements (BIS). The Digital Economy and Financial Innovation [R]. BIS Papers No 109. 2020a.

他们当中有 10 亿人拥有手机，近 5 亿人可以上网，数字钱包将使这些人享受基本的金融服务。① 另一方面，对金融服务质量提升的需求带动了金融科技的发展。许多传统的金融服务业务已经流程化，不能实现以客户为中心的灵活转变，存在服务效率低、收费高的问题。例如，全球跨境支付一直采用代理行模式，涉及的业务链条长、结算过程复杂，还要满足一系列合规要求，受到各国技术标准、运营时间和金融基础设施条件差异的影响，因此一笔跨境汇款的成本有时可达 6%，而且需要 3~5 天才能完成。如果分布式账本技术能够被用于构建跨境支付网络，将使业务链条大幅缩减，合规成本也可通过技术手段降低，从而跨境支付全程有望缩短到 1 天之内，交易费用降至 1% 以下。②

2. 外部视角的短期因素：新冠疫情暴发与无接触支付需求增长

新冠疫情的暴发凸显无接触支付对维持经济的重要作用，也暴露出当前许多国家支付系统仍存在不足，由此成为激励世界各国央行积极发展 CBDC 的新因素。BIS 的报告指出，新冠病毒大流行至少从四个方面导致零售支付变化：一是公众对现金传播病毒的担忧上升。许多国家的消费者都在增加对非接触式卡的使用，类似流行病的威胁可能促使更多人选择数字支付。二是各国居民的预防性现金持有量上升，这与过去经济不确定时期居民的反应相似。三是电子商务活动激增，因为大量实体店铺在疫情期间关闭。四是跨境交易大幅下降，这主要是因为人员流动减少，而且许多移民面临着失业及其他不确定性。疫情期间，那些网上购物和实体店的无接触支付设施发达的国家能够较好地维持经济活动，率先从经济冲击中走出来；数字支付基础设施不够发达的国家，特别是存在大量在金融机构支付服务网络以外的低收入和弱势群体的国家，则将受到更大的经济冲击。新冠疫情危机使世界各国意识到更便捷、更普惠和更安全支付的重要性，而 CBDC 在这方面的潜力有目共睹，因此成为各国所青睐的竞争领域。③

而且，CBDC 还可以作为刺激经济的重要手段。CBDC 有助于实施"直升机撒钱"等非常规货币刺激，以减轻自然灾害或公共卫生危机造成的不利影响。CBDC 还可以通过激励特定类型消费者的消费来扩大货币流通速度。例

① Libra. An Introduction to Libra：White Paper · From the Libra Association Members ［EB/OL］. 2019. https：//libra. org/en-US/wp-content/uploads/sites/23/2019/06/LibraWhitePaper_en_US. pdf.

② Goldman Sachs. All About Bitcoin ［Z］. Global Macro Research Top of Mind，March，2014.

③ Bank for International Settlements（BIS）. Annual Economic Report 2020 ［R/OL］. 2020. https：//www. bis. org/publ/arpdf/ar2020e. htm，2020-06-30.

如，当居民从当地商户或某些行业购买商品时，如果以 CBDC 付款就可以获得"现金返还"；对过多持有 CBDC 征收一定费用，以激励人们迅速消费。[①] 2020 年 3 月，美国众议院在应对新冠疫情的紧急刺激法案草案中就提到，要建立"数字美元"以便向没有银行账户的美国人提供支付刺激。其设想是，美国财政部通过国税局（IRS）获得相关信息，向个人银行账户或"数字美元钱包"直接存入资金。虽然这项提议最终未被纳入立法，但仍作为一个独立的参议院法案草案被讨论。需要注意的是，上述非常规货币政策可能会导致中央银行权力过度集中，并且有违中央银行独立性以及货币政策和财政政策相分离的理念。[②]

3. 内部视角的长期因素：私人数字货币发展与货币主权维护

早期由私人开发的数字货币以比特币为代表，通常被称为加密资产，由于其在价值和性能等方面的缺陷，并未对传统金融体系和实体经济造成重要影响，因此也未受到各国央行的过度关注。2009 年 1 月，随着中本聪创建了"创世区块"，比特币正式诞生。其有三个重要特征：一是不存在明确的发行机构，新的比特币通过挖矿机制产生；二是基于分布式账本技术，记账和结算采用完全去中心化的公有链模式；三是采用加密技术，比特币的持有和交易得以安全、匿名地开展。虽然这三个特征体现了加密资产的创新性，但也给其发展带来限制。首先，由于不存在发行实体，加密资产难以发挥货币职能。加密资产既不是任何一个实体的负债，也不具有任何实体的信用背书，而仅仅是以国家货币标价、暂用以方便交换的一种商品，[③] 其价值完全取决于市场供求关系，价格波动远大于多数国家法币。其次，完全去中心化的公有链模式，使加密资产无法适应高频交易的需求。比特币的交易处理能力仅为 7 笔/秒，与支付宝 26 万笔/秒的处理能力相差甚远。最后，由加密技术支持的匿名交易，给加密资产的监管带来困难。匿名性为洗钱、恐怖主义融资、偷税漏税等违法活动提供了便利，而加密资产体系中又缺少受监管的实体对象，因此很难落实监管措施。受制于上述缺陷，虽然加密资产的数量增长迅速[④]，但是其与传统金

---

① Copic E., Franke M. Influencing the Velocity of Central Bank Digital Currencies [R/OL]. 2020. https：//ssrn. com/abstract＝3518736 or http：//dx. doi. org/10. 2139/ssrn. 3518736.

② Mersch Y. An ECB Digital Currency-A Flight of Fancy? [Z]. Speech at the Consensus 2020 Virtual Conference，2020.

③ 刘新华，郝杰. 货币的债务内涵与国家属性——兼论私人数字货币的本质 [J]. 经济社会体制比较，2019（3）：58-70.

④ 在全球范围内，普通加密货币于 2015 年已经超过 500 种，如今更超过 2000 种。

融体系的联系和对实体经济的影响一直很有限，因此各国货币当局和金融监管机构始终保持观望态度，并未对其采取实质性行动。对于以这种技术发行零售CBDC，国际上的普遍看法是弊大于利、不存在必要性。[①]

为了解决加密资产的上述问题，一些私营机构开发出数字稳定币，而脸书公司提出的 Libra 计划及其引领的全球稳定币兴起，直接引发了世界各国对货币主权的担忧并加速 CBDC 研发。数字稳定币最显著的特征就是有明确的发行机构，并通过抵押机制保证了价值的相对稳定，还可以通过灵活的联盟链模式在分布式网络与高频交易之间找到平衡。不过，受到发行机构自身实力的限制，早期的数字稳定币也没有获得广泛应用，而是主要用于规避部分国家（地区）对于法币参与加密资产交易所交易的限制。直到脸书公司提出 Libra 计划，突破了数字稳定币的应用限制。这种由跨国科技企业或金融机构推出、建立在现有大型和（或）跨境客户基础上、具有快速在全球范围内应用潜力的数字稳定币被称为全球稳定币，[②] 可能冲击小型经济体的经济秩序，向大型经济体注入流动性并造成通胀压力，以及加剧全球市场波动。[③] 因此，天秤币提出后迅速在世界范围内引发对货币主权的担忧，并促使各国加速 CBDC 研发。2019 年 7 月，美国国会 4 名民主党议员联名致函，要求脸书公司中止Libra 计划，因为该计划可能建立一个总部设在瑞士的全新跨境支付体系，与美国的货币政策和美元体系抗衡。此后，美国国会先后三次针对脸书公司和Libra 举行听证会。2019 年 9 月，欧央行执员会委员伊夫 · 默施（Yves Mersch）表示，Libra 可能削弱欧央行对欧元的掌控，还会侵蚀欧元的国际地位。随后，德、法两国财长发表联合声明，重申货币主权的重要性，反对 Libra 在欧洲使用，鼓励欧洲各国央行推进公共数字货币解决方案。

为了将其稳定币计划付诸实践，Libra 协会在第二版白皮书中做出四项主要改动，其中最关键的一项就在于对货币模型的设计。这版白皮书强调天秤币是对国内货币的补充而非替代，具体体现在三个方面：

第一，增加锚定单一货币的稳定币（如 ≈ USD、≈ EUR、≈ GBP 等），每种单货币稳定币由对应法币计价，以其母国发行的现金、现金等价物以及短期

---

① Bank for International Settlements（BIS）. Annual Economic Report［R/OL］. 2018. https：//www. bis. org/publ/arpdf/ar2018e. htm.

② G7, IMF, CPMI. Investigating the Impact of Global Stablecoins［R/OL］. 2019. https：//www. bis. org/cpmi/publ/d187. pdf.

③ 杨晓晨，张明. Libra：概念原理、潜在影响及其与中国版数字货币的比较［J］. 金融评论，2019（4）：54-66.

政府证券作为准备金。由于每枚稳定币与其储备支撑的比例是 1∶1，Libra 被设计为各国法币的"影子货币"。此举避免了 Libra 与法币在货币职能上的竞争，仅致力于扩展法币的交易职能，不涉及新的货币创造，对国内货币政策的影响有限。

第二，在单货币稳定币的基础上，锚定多国货币的 ≈LBR 将作为一个智能合约，采用固定权重来聚合单货币稳定币。对于在 Libra 网络上没有单货币稳定币的国家，锚定多国货币的 ≈LBR 可作为一种中立和低波动性的替代方案，但是其功能仅限于跨境交易的结算币。居民和企业在国内消费时，需要通过金融服务提供商将 ≈LBR 兑换成当地货币，由此避免 ≈LBR 对国内法币产生替代。

第三，各国央行开发出 CBDC 后，这些 CBDC 可直接与 Libra 网络集成，取代网络中原有的单货币稳定币。通过与各国 CBDC 建立广泛的互操作性，Libra 网络努力将与各国 CBDC 的潜在竞争转变为合作关系。由此可见，数字经济时代的货币竞争仍将以主权货币为主，[①] 而私营机构开发的全球稳定币将驱使各国央行积极研发 CBDC，并在 CBDC 时代到来时以公私合作的方式参与竞争。

4. 内部视角的短期因素：数字人民币呼之欲出与"假想敌"效应

中国人民银行从 2014 年就开始研究数字货币，中国已成为世界上最先推出 CBDC 的主要大国。中国人民银行积极开展数字人民币（e-CNY）研发主要是基于国内市场的考虑，其动机包括满足国内消费者对数字支付的需求、提升国内支付系统的效率和安全性、促进市场参与者的竞争和创新以及加强资金监管。e-CNY 定位于现钞（M0），一些研究表明其凭借数字形态可在执行支付职能、提高货币政策传导效率和维持金融稳定等方面较现金货币更具优势。[②] e-CNY 采用双层运营体系，即中央银行在第一层，负责建立和维护底层基础设施，并对整个支付体系进行监管；商业机构在第二层，负责开发自身平台的数字钱包、开展数字货币兑换、推广市场应用等。在研发和试点阶段，9 家商业机构参与到数字人民币项目中，包括四大国有商业银行、三大电信运营商以及支付宝和微信支付两大支付平台。双层运营体系保留了商业机构在 e-

① 王信，骆雄武. 数字时代货币竞争的研判及应对 [J]. 国际经济评论，2020（2）：36-55.

② 王定祥，何乐佩. 法定数字货币替换现金货币的社会治理机制研究 [J]. 金融理论与实践，2020（11）：1-9；谢星，张勇，封思贤. 法定数字货币的宏观经济效应研究 [J]. 财贸经济，2020（10）：147-161.

CNY 投放过程中的参与度，不仅有助于避免金融脱媒的问题，还有利于商业机构向轻型化转型和拓宽客户服务边界。① 当前系统并未采用区块链技术，运营体系的第一层采用中心化模式，第二层的服务提供商有可能在未来将区块链作为技术选择之一。2020 年 10 月和 12 月，中国人民银行先后在深圳和苏州进行了 e-CNY 的内部封闭试点测试，不久还将在雄安、成都及未来的冬奥会场景展开试点，以检验理论可靠性、系统稳定性、功能可用性、流程便捷性、场景适用性和风险可控性。根据商务部 2020 年 8 月印发的《全面深化服务贸易创新发展试点任务、具体举措及责任分工》，数字人民币陆续在京津冀、长三角、粤港澳大湾区及中西部具备条件的地区进行试点。由此可见，e-CNY 经过多年研发，已经取得了比较成熟的技术和运营方案，将逐步在全国范围内试点和落地，这与西方国家大多还处于 CBDC 的研发初期形成鲜明对比。

e-CNY 的迅速发展引起了西方国家的关注，并逐渐在国际上产生"假想敌"效应。虽然中国人民银行一再强调推出 e-CNY 是基于国内应用考虑，但是国际上有关 e-CNY 与人民币国际化相联系的解读层出不穷，甚至出现外国政客敦促本国政府采取应对行动的情况。国际上对于 e-CNY 国际化的解读大体可概括为两方面：一是 e-CNY 的推出将有助于建立独立的人民币跨境支付结算体系，作为应对美元霸权的"防御"策略。中国对外跨境汇款主要通过纽约清算所银行美元同业支付系统（CHIPS）和环球同业银行金融电讯协会（SWIFT）完成，前者由美国完全控制，后者也主要由美国及其盟国掌控并向美国报送数据。2015 年 10 月上线的人民币跨境支付系统（CIPS）虽然可以顺利绕开 CHIPS，但是多数人民币跨境交易还要通过 SWIFT 传送报文。随着中美关系日益紧张，中国需要更加独立的跨境交易结算系统以避免美国的长臂管辖，而 e-CNY 便可服务于这一目标。② 二是 e-CNY 有助于推动人民币国际化，作为提升人民币国际地位的"进攻"策略。通过在"一带一路"沿线建立具有互操作性的支付体系，e-CNY 有望在这些国家产生广泛影响。特别是对通胀处于较高水平、与中国贸易关系密切且因持有美元债务而承受本币贬值压力

---

① 汤奎，陈仪珏. 数字人民币的发行和运营：商业银行的机遇与挑战研究［J］. 西南金融，2020（11）：24-34.

② Gu M. China's National Digital Currency e-CNY/CBDC Overview［Z/OL］. 2020. https：//boxmining. com/e-CNY/.

的国家而言，e-CNY 很可能成为受青睐的选择。① 上述猜想引起外国央行和政府官员的注意，并促使他们采取应对行动。2020 年 2 月，以日本前经济部长甘利明为首的议员团体表示，数字人民币可能在新兴经济体广泛传播，对美元主导的国际货币体系构成挑战，因此建议日本政府考虑发行"数字日元"并敦促美国将 CBDC 列入 2021 年 G7 峰会的日程。2020 年以来，日本央行加速了对数字日元的研发，在 2020 年 10 月发布《日本央行的 CBDC 方法》并决定在 2021 年初启动数字日元的概念认证。2020 年 5 月，美国前财政部长亨利·保尔森（Henry M. Paulson）在美国《外交事务》杂志网站刊发的文章中也提到数字人民币，指出中国率先推出数字人民币虽然很难对人民币国际化起到决定性作用，但是在缺乏稳定货币的国家将成为具有吸引力的替代选项。②

五、央行数字货币设计的利弊权衡

作为新兴事物，CBDC 还面临着许多彼此冲突的问题，货币当局要想迅速确定设计方案并非易事，需要在技术、组织、经济和国际层面的具体目标之间进行权衡。

1. 技术层面：物理性能、去中心化与推出时间

各国央行都希望在 CBDC 竞争中抢占先机，但是短期内却很难克服分布式账本技术（DLT）的技术瓶颈。目前，在 DLT 应用中面临的最大难题就是物理性能与去中心化之间的冲突。根据去中心化的程度不同，DLT 应用模式可分为公有链、联盟链和私有链三种。在公有链上，网络中所有节点均参与链内数据的读写、验证过程以及共识机制的维系，因此交易信息的处理与储存耗时长，很难满足零售交易的高并发要求，而且重复存储数据需要消耗大量存储空间。比特币就是典型的公有链模式，每秒仅支持 7 笔交易，而采用传统中心化模式的贝宝（Paypal）平均每秒钟能支持 193 笔交易，维萨卡（Visa）平均每秒钟能支持 1667 笔交易。③ 因此，为了达到高频交易的要求，需要在"去中心化"上做出让步，联盟链和私有链模式便应运而生。

---

① Huang, R. China Will Use Its Digital Currency to Compete with the USD［Z/OL］. 2020. https：//www. forbes. com/sites/rogerhuang/2020/05/25/china-will-use-its-digital-currency-to-compete-with-the-usd/#5530df3231e8

② Paulson H. The Future of the Dollar［Z］. Foreign Affairs. May 2020.

③ 徐忠，邹传伟. 区块链能做什么，不能做什么？［R/OL］. 中国人民银行工作论文 2018 年第 4 号. http：//www. pbc. gov. cn/redianzhuanti/118742/4122386/4122692/4123106/4122903/index. html.

由上可知，各国央行需要在 CBDC 的物理性能、去中心化程度与推出时间之间做出取舍。如果想要尽快落地 CBDC，又满足零售交易处理速度的要求，技术方案就只能牺牲去中心化程度。如中国 e-CNY 运营体系的第一层（央行层）就采用中心化模式，只有中国人民银行有权验证支付交易和读写核心发行登记账本，在一定程度上也是考虑到零售支付的高并发要求。如果想在联盟链模式下达到高并发要求，货币当局就需要更多时间来克服技术上的瓶颈。2019 年 6 月在日内瓦举办的国际电信联盟（ITU）法定数字货币焦点组工作会议上，西方国家参会人员认为还是应当基于 DLT 开发 CBDC 系统。IMF 的研究人员根据其调研情况指出多数考虑发行 CBDC 的国家央行倾向于选择许可型平台，即联盟链模式，只有央行及其选定的金融机构才能更新数据。[①]

2. 组织层面：银行业二元体系、私营机构参与和央行控制

CBDC 体系的组织结构涉及其运营模式以及中央银行与私营机构的关系。如前所述，CBDC 的运营模式可分为直接 CBDC、间接（合成）CBDC 和混合 CBDC。这三种模式在维持银行业二元体系、鼓励私营机构创新与央行直接控制三方面做出了不同程度的选择和让步，各具优劣。单层 CBDC 最有利于央行控制，但也使央行承担了更多风险，因为零售支付相关的客户关系、交易处理、问题解决等原先由金融机构履行的职能都将转移到央行。由于单层模式未能充分发挥支付市场上私营机构的比较优势，还可能会影响系统的运行效率和可靠性。相比之下，多层模式将保留"中央银行—商业银行"的二元体系，也有利于调动私营机构的积极性，分散风险且加快服务创新。间接 CBDC 最大程度地保留了银行业二元体系，其好处在于使央行从零售支付的具体业务中解脱出来，缺陷在于央行无法掌握终端用户的资金交易记录。混合 CBDC 较间接 CBDC 更具韧性，而且央行在专注核心流程的同时也能掌握用户交易数据，不过相对复杂的基础设施可能使央行面临更高成本。在设计中具体采用何种模式取决于各国的具体情况，例如，对于国家规模不大、金融体系不发达但央行资源充足的国家，单层模式不失为一种成本有效的方案；对于金融市场成熟、监管体系完备、私营机构实力强的国家，间接 CBDC 可能更有助于发挥市场活力；对于央行希望兼顾 CBDC 系统控制和私营机构参与的国家，混合 CBDC 可能是最适合的方案。

---

① Kiff, J., Alwazir J., Davidovic S., Farias A., Khan A., Khiaonarong T., Malaika M., Monroe H., Sugimoto N., Tourpe H., Zhou P. A Survey of Research on Retail Central Bank Digital Currency [R]. IMF Working Paper WP/20/104, 2020.

3. 经济层面：货币政策传导、金融普惠性与金融稳定

增强货币政策效率和提升金融普惠性都是 CBDC 的重要目标，但却可能与金融稳定相冲突。在初期，各国央行发行 CBDC 主要是替代现金（M0），对货币政策的影响较小。中国人民银行数研所前所长姚前指出，如果 CBDC 仅作为一种支付工具，而非一种计息资产，那么辅以相关机制设计，不会对货币政策和宏观经济产生过多影响。[①] 从长期来看，为 CBDC 设定利率则可能使其成为服务于货币政策的有效工具，因为 CBDC 可能改变货币需求对利率变化的敏感性，还能增强负利率政策的有效性。[②] 然而，计息的 CBDC 也可能对金融稳定产生不利影响。通过与银行存款（M1）形成竞争，计息 CBDC 将引起银行业脱媒风险。为了维持业务能力，商业银行将不得不提高存款利率以保持竞争力，并在利益驱使下相应提高贷款利率，由此可能导致流向实体经济的贷款供给减少、成本提高。商业银行也可能更多转向批发融资，这会增加银行融资的成本和不稳定性。

另外，增强计息 CBDC 的金融普惠性，使更多家庭和企业接触到利率敏感性工具，也会提升 CBDC 的利率传导效果。然而，此举将进一步扩大 CBDC 对银行存款的替代规模，加速资金由商业银行资产负债表向央行资产负债表转移。为避免金融脱媒，央行可以将 CBDC 替代的银行存款重新贷回商业银行，以便后者继续放贷。[③] 不过，这将使央行偏离其首要目标，不得不介入商业银行间的资金分配，从而为政府干预打开大门。通过上述分析可知，CBDC 可能对银行业产生系统性影响，甚至影响实体经济，各国央行需要在货币政策传导、金融普惠性与金融稳定等目标之间做出权衡。

4. 国际层面：货币主权、货币国际化与跨境资本流动

许多国家央行将 CBDC 视为维护本国货币主权的举措，有些还寄希望于以此提高本国货币的国际地位，然而 CBDC 的跨境使用却可能使这些国家面临更高的资本流动风险。全球稳定币的出现可能在一些国家引发货币替代，造成这些国家的货币总量不稳定和货币工具选择受限；全球稳定币系统的总部和服务器分布于少数国家，也使其他国家难以实施有效监管。于是，各国央行积极

---

① 姚前. 法定数字货币的经济效应分析：理论与实证 [J]. 国际金融研究，2019（1）：16-27.

② Bordo M. D. , Levin A. T. Central Bank Digital Currency and the Future of Monetary Policy [R]. NBER Working Paper No. 23711, 2017；张双长，孙浩. 央行数字货币与利率政策创新 [J]. 清华金融评论，2018（9）：57-61.

③ Brunnermeier M. K. , Niepelt D. On the Equivalence of Private and Public Money [J]. Journal of Monetary Economics, 2019（106）：27-41.

探索 CBDC，希望提高本币作为支付手段的吸引力，以应对全球稳定币对货币主权构成的威胁。在此基础上，一些经济实力雄厚、国际影响力高的国家还希望通过 CBDC 改善本国货币的国际地位，因为率先推出 CBDC 可能带来先发优势、规模经济和其他外部性。但是，CBDC 的全球推广可能对全球流动性和安全资产供应产生影响，在某些情况下还会导致大规模资本流动和相关汇率变动以及其他资产价格效应。在国内经济动荡引发的资本外逃期间，非居民将CBDC 兑换成国际货币可能加速资本市场的去杠杆进程：外汇市场资金越来越紧张、波动越来越剧烈，推动去杠杆进程进入自我增强型循环。[①]

因此，各国央行需要在货币主权维护、货币国际化与平稳跨境资本流动等目标之间做出权衡。对于开放经济体而言，尽快推出并普及 CBDC 是维护本国货币主权的必要举措，一个国家信用强、设计良好的 CBDC 还可能受到外国持有者的青睐，但是 CBDC 的跨境推广可能加剧跨境资本流动的震荡，使国内经济面临更大风险。一国如果采取严格的资本管制，虽然有助于避免货币主权受到挑战，也可以减轻资本流动带来的风险，但是同时限制了其货币国际化的进程，可能错失 CBDC 所带来的国际货币体系变革机遇。

六、央行数字货币的全球趋势研判

目前，主要国家央行在权衡 CBDC 各层面利弊关系时体现出一定的倾向性，有可能影响未来 CBDC 的发展方向。基于主要国家和国际组织的相关表态和研究报告来判断，CBDC 的未来发展可能呈现以下四方面趋势：

第一，尽管主要国家（地区）央行将保持对 CBDC 的竞争意识，但是不会以牺牲技术性能为代价盲目推出 CBDC。这些国家（地区）很清楚，于其而言 CBDC 最基本的意义还是提升管辖区内零售支付的效率，这意味着技术性能一定是他们考虑的重要方面。实际上，许多国家（地区）已经推出快速支付解决方案，如欧元区的即时支付结算服务（TIPS）、澳大利亚的新支付平台（NPP）、香港特区的快速支付系统（FPS）等。如果 CBDC 系统的物理性能不能明显优于前述方案，那么其就只能停留在研发、试点阶段。在技术特征上，这些国家的 CBDC 系统很可能表现为适度的去中心化。主要西方国家央行与

---

① Committee on Payments and Market Infrastructures（CPMI），and Markets Committee（MC）. Central Bank Digital Currencies ［R/OL］. 2018. Basel：Bank for International Settlements（BIS）. https：//www. bis. org/cpmi/publ/d174. htm.

BIS 组成的 CBDC 研究小组在对 CBDC 设计和技术选择的讨论中，肯定了分布式账本技术在点对点支付和离线支付方面的优势以及这类系统的安全韧性。考虑到完全分布式账本对存储资源的占用，联盟链模式更有可能被采用以减少数据中心的数量。① 总之，虽然主要国家（地区）的央行都积极致力于 CBDC 研究和试点，希望尽快确定技术架构和解决技术问题，但是至今除中国外尚没有其他大国央行正式推出 CBDC。

第二，主要国家（地区）央行将倾向于保留银行业二元运营体系，并充分调动私营机构的积极性。这些国家（地区）大多具有完备的银行体系和实力雄厚的商业银行，为了保留商业银行在货币投放和流通过程中的参与性，减少 CBDC 发行可能给传统金融体系造成的冲击，他们在保留 CBDC 发行权的基础上将大概率采用二元运营体系。前述西方国家组成的 CBDC 研究小组提出 CBDC 的三条基本原则，其中第二条就是"共存"，即 CBDC 应当与稳健的私人资金（如商业银行账户）共存，以支持公共政策目标。此外，以欧盟为代表的西方经济体还非常重视私营企业在创新和竞争中的作用，在 CBDC 的研发过程中强调与私营部门的合作。2019 年底，欧洲理事会和欧委会在一份关于数字稳定币的联合声明中表示，欢迎欧央行及各国央行与有关当局合作，评估 CBDC 的成本和效益，并与欧洲支付活动参与者共同探讨私营部门在打造高效、快捷和廉价跨境支付中的作用。西方国家提出的 CBDC 基本原则第三条"创新与效率"中强调，支付生态体系由公共当局（中央银行）和私人中介（如商业银行和支付服务提供商）共同组成。公共部门和私营机构在提供支付服务时应发挥各自的作用，以建立一个安全、高效和无障碍的系统。可以预见，私营企业将成为未来 CBDC 全球竞争的重要参与者，在商业生态构建、支付服务创新和用户互动等方面发挥关键作用。

第三，主要国家（地区）央行将渐进推广 CBDC 以确保金融稳定，在此基础上逐步实现金融普惠性和促进货币政策传导。在经济层面的三个目标中，各国首要关注的一定是金融稳定。西方国家提到的 CBDC 三条基本原则的首条就是"无害"，即央行提供新形式的货币应继续支持公共政策目标的实现，不能干扰或妨碍央行执行其货币和金融稳定任务的能力。因此，中央银行将会按

---

① Bank of Canada (BoC), European Central Bank (ECB), Bank of Japan (BoJ), Sveriges Riksbank, Swiss National Bank (SNB), Bank of England (BoE), Board of Governors Federal Reserve System (FED), and Bank for International Settlements (BIS). Central Bank Digital Currencies: Foundational Principles and Core Features [EB/OL]. 2020. https://www.bis.org/publ/othp33.pdf

部就班地推动 CBDC 落地，将风险限制在可控范围内。CBDC 的持有和使用在短期内可能会有额度限制，在中长期才逐渐实现金融普惠性。为了减少金融脱媒的影响，一些方案提出在 CBDC 发行早期对数字钱包设定限额，只能用 CBDC 进行有限次数或金额的交易，[①] 或者将超过数字钱包限额的 CBDC 自动转回商业银行账户。[②] 在利率方面，各国央行在短期内不会发行计息 CBDC，中长期内才会逐渐对 CBDC 设定利率，即采取"先支付工具，后政策工具"的渐进路径。[③] IMF 在 2018 年的一份 CBDC 调研报告显示，在接受调查的央行中没有一家认真考虑计息 CBDC，因为这些央行对金融中介、贷款收缩和银行资产负债表波动加剧感到担忧。[④] 而且，一些常规货币政策工具，如央行票据、定期存款和常备逆回购便利等，也能实现与带息 CBDC 相似的政策目标。[⑤] 不过，鉴于 CBDC 促进货币政策传导的潜力，未来计息仍将是 CBDC 的发展方向。分级计息体系可能被用于减缓对商业银行存款的冲击，即设定不同的金额门槛，对 CBDC 设定的利率随门槛升高而降低。

第四，主要国家（地区）央行将展开合作，作为促进本国 CBDC 国际化和实施跨境资本流动监管的重要手段。世界主要经济体都希望推动自身 CBDC 的国际使用，以更加积极主动地维护国家（地区）金融安全，促进国际货币体系的多元化发展；而其 CBDC 要想在国际上被广泛使用，必须获得其他国家的认可（合法性），并保持与其他国家系统的连接（互操作性）。因此，这些国家需要在 CBDC 的研发阶段就展开合作，而推动本国 CBDC 国际化应当顾及其他国家的货币主权，所以国际合作必须建立在平等互利的基础上。这种国际合作将在两个层面展开，即多国层面和全球层面；合作主要涵盖两方面内容，即技术方面（如系统互操作性）和监管方面（如跨境资本流动监管）。主要发

① Panetta F. 21st Century Cash：Central Banking, Technological Innovation and Digital Currency［R］. 2018. SUERF Policy Note，Issue No 40.

② Bindseil U. Tiered CBDC and the Financial System［R］. 2020. European Central Bank Working Paper No. 2351.

③ 姚前. 共识规则下的货币演化逻辑与法定数字货币的人工智能发行［J］. 金融研究，2018（9）：37-55.

④ Mancini-Griffoli T., Martinez Peria M. S., Agur I., Ari A., Kiff J., Popescu A., Rochon C. Casting Light on Central Bank Digital Currency［R］. IMF Staff Discussion Note（SDN）No. 18/08, November 2018.

⑤ Committee on Payments and Market Infrastructures（CPMI），Markets Committee（MC）. Central Bank Digital Currencies［R/OL］. 2018. Basel：Bank for International Settlements（BIS）. https：//www. bis. org/ cpmi/publ/d174. htm.

达国家与 BIS 的合作就属于多国开展的技术合作，可能在 CBDC 国际竞争中形成集团化势力。在集团内部，各国彼此之间相对平等；而相对于集团外部的国家，这些国家就具有不平等的优势。与此同时，全球层面的 CBDC 监管协作也正在展开，包括中国人民银行在内的世界主要央行已经加入 CPMI 主导的 CBDC 国际标准制定工作。鉴于许多西方国家都已经开放资本账户以及 CBDC 天然的跨境属性，跨境资本流动及其涉及的合规性问题将成为国际监管合作的重要方面。总之，主要国家（地区）将通过广泛开展多国合作和在全球标准制定中掌握话语权，来争取 CBDC 国际竞争中的优势地位。

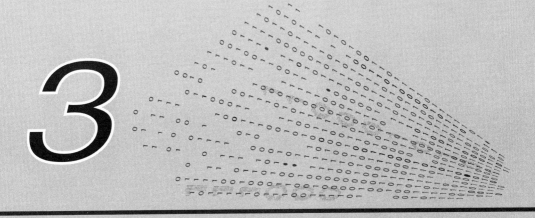

3

主要经济体的数字
货币发展策略

在国际维度，全球主要经济体已先后进入数字货币赛道，采用不同的策略实现本国数字货币的发展。本章选取了 6 个在数字货币发展中具有代表性的经济体，包括 4 个发达经济体和 2 个发展中经济体。在发达经济体中，美国一直引领着全球数字货币发展的浪潮，无论是在私人数字货币的创新和监管领域，还是在 CBDC 的技术标准和国际规则方面；欧盟对私人数字货币的监管经验值得学习，其对数字欧元的发展策略也可能对未来的国际货币体系产生重要影响；英国在金融创新方面具有先进理念，其早期对数字货币的很多判断都影响着后来这一领域的发展；日本作为中国的邻国，其数字货币发展策略既受到中国影响，又可能对中国产生影响，因此值得研究。2 个发展中经济体分别是中国和俄罗斯。中国作为全球最大的发展中国家，其率先推出的数字人民币必然在全球 CBDC 的发展历程中留下浓重的一笔；俄罗斯的数字货币发展历程与其所受金融制裁的经历密不可分，其发展数字货币的策略虽有特殊性，但也很有参考价值。

本章系统探讨了上述 6 个经济体在数字时代的竞争背景下发展本国数字货币和参与数字货币全球治理的策略。原则上，每个经济体的分析都会尽量兼顾私人数字货币领域（包括加密资产与数字稳定币）和 CBDC 领域，同时考虑国内数字货币的发展以及参与国际合作和全球治理的情况。但鉴于每个经济体各自的特点，在每节的分析中可能侧重点会有所不同。

第一节　中国的数字货币发展策略

中国禁止私人数字货币的国内发展，但是积极致力于数字人民币的开发，成为世界上最早推出 CBDC 的主要国家。同时，我国重视数字货币的全球治理，在 CBDC 跨境支付领域开展多项国际合作。

一、禁止国内私人数字货币的发展

我国政府对于私人数字货币的国内发展持禁止态度，这使国内加密资产、数字稳定币的发展几乎处于空白状态。

我国对私人数字货币的监管十分严格，且不断加强监管措施。2013 年 12 月，中国人民银行等五部委发布了《关于防范比特币风险的通知》，要求各金融机构和支付机构不得直接或间接为客户提供与比特币相关的服务。2017 年 9 月，中国人民银行等七部委联合发布《关于防范代币发行融资风险的公告》之后，我国境内各类代币发行融资活动被立即禁止，任何代币融资交易平台不得从事法定货币与代币、"虚拟货币"相互之间的兑换业务，各金融机构和非银行支付机构也不得开展与代币发行融资交易相关的业务。2021 年 9 月，中国人民银行等十部门联合发布《关于进一步防范和处置虚拟货币交易炒作风险的通知》（以下简称《通知》），将虚拟货币相关业务定性为非法金融活动，一律严格禁止，坚决依法取缔。该《通知》还明确要建立健全应对虚拟货币交易炒作风险的工作机制、加强虚拟货币交易炒作风险监测预警、构建多维度、多层次的风险防范和处置体系并强化组织实施。

禁止私人数字货币的国内发展符合我国国情，但是也为我国参与私人数字货币的全球治理活动带来挑战。鉴于私人数字货币的匿名性特征，其在流通中存在洗钱、恐怖主义融资等金融风险；加密资产价格波动大，而我国投资者又缺乏相关专业知识和风险承受能力，给投资者保护带来挑战。因此，相关部门对私人数字货币采取禁止措施符合我国的国情，但却使我国在参与加密资产和数字稳定币的全球治理时显得相对被动。西方国家一直在努力完善国内加密资产和数字稳定币的监管法规以应对风险、促进市场健康发展，丰富的国内治理经验使他们在全球治理活动中更易掌握主导权，做到国内监管与国际治理相辅相成。相比之下，我国缺乏加密资产和稳定币的国内监管框架，很难依托国内经验为国际治理提供支撑，更难以做到国际治理服务于国内监管需求。

二、率先推出国内使用的数字人民币

与对私人数字货币的禁止态度不同，我国对央行数字货币的态度非常积极，主要是出于国内市场公平竞争和普惠金融的考虑。我国已在全国多地试点数字人民币（e-CNY），成为世界上最早推出央行数字货币的主要国家。

作为世界上最早开始探索 CBDC 的主要国家央行之一，中国人民银行于 2014 年，成立了法定数字货币研究小组，对 CBDC 的发行框架、关键技术、发行流通环境及相关国际经验等进行专项研究。2016 年，人民银行数研所成立，完成了法定数字货币第一代原型系统搭建。人民银行数研所还在南京、深圳等多地布局，以移动互联网、区块链、大数据、人工智能等为支撑，完成数字货币关键技术研究。2017 年末，经国务院批准，中国人民银行开始组织商业机构共同开展数字人民币研发试验，已完成顶层设计、功能研发、系统调试等工作，自 2019 年底开始在全国多地展开试点测试。

中国人民银行开发的 e-CNY 具有三个显著特征：定位于现金（M0）、采取双层运营体系以及账户松耦合。

第一，数字人民币主要定位于现金类支付凭证（M0），将与实物人民币长期并存。我国研发央行数字货币的首要出发点是补充与替代传统实物货币，其界定属于 M0 的范畴。在起步阶段，将央行数字货币定位成替代现金，有助于风险防控，又兼具前瞻性，还可以获得更多经验。[①] CBDC 作为一种新的货币形态，需要在不改变中央银行货币发行总量的情况下，实现与现有商业银行账户货币兑换的机制，以便在现有货币运行框架内实现 CBDC 的发行和回笼。为此，我国 e-CNY 的原型系统设计了通过商业银行存款准备金与 CBDC 等额兑换的机制。在发行阶段，扣减商业银行存款准备金，等额发行 CBDC（见图 3-1）。在回笼阶段，作废 CBDC 后，等额增加商业银行存款准备金。因涉及存款准备金变动，原型系统通过对接中央银行会计核算数据集中系统来实现。[②] 虽然 e-CNY 定位于 M0，但是中国人民银行不会停止实物人民币供应或以行政命令对其进行替换。e-CNY 将与实物人民币并行发行，由中国人民银行共同统计、协同分析、统筹管理。[③]

第二，数字人民币采取"中央银行—商业银行"的双层运营模式，与实物人民币的投放方式基本一致。央行数字货币的发行通常可以选择两种模式：一是由中央银行直接面向公众发行数字货币，这种模式容易产生金融脱媒的问题，并给商业银行造成融资压力；二是遵循传统的"中央银行—商业银行"

---

① 姚前. 央行数字货币的技术考量 [N/OL]. 第一财经日报，2018-03-07. https://www.yicai.com/news/5404436.html.

② 姚前. 中央银行数字货币原型系统实验研究 [J]. 软件学报，2018（9）：2716-2732.

③ 中国人民银行数字人民币研发工作组. 中国数字人民币的研发进展白皮书 [Z]. 2021.

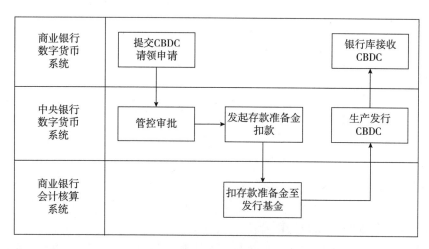

图 3-1 数字人民币的发行过程

资料来源：姚前．中央银行数字货币原型系统实验研究［J］．软件学报，2018（9）：2716-2732．

双层运营模式，即中央银行只向商业银行投放，而商业银行负责向现有的个人或企业客户进行投放。① 我国的 e-CNY 采用双层运营模式，以最大程度地保留和利用现有货币发行流通体系，调动商业银行的积极性。中国人民银行和商业银行共同参与 e-CNY 的发行流通，还可以适当分散风险，加快服务创新，更好地服务实体经济和社会民生。在 e-CNY 的双层运营体系中，第一层以中国人民银行为中心化管理机构，负责 e-CNY 的发行、注销、跨机构互联互通和钱包生态管理；第二层由具备条件的商业银行同指定机构一起，共同向大众提供 e-CNY 的流通服务，如根据客户身份识别强度为其开立不同类别的数字人民币钱包、进行数字人民币兑出兑回服务等（见图 3-2）。在第二层运营过程中，中国人民银行将致力于保持公平竞争环境，确保由市场发挥资源配置的决定性作用，以充分调动参与各方的积极性和创造性，维护金融体系稳定。②

第三，数字人民币以广义账户体系为基础，支持银行账户松耦合功能。商业银行传统的业务模式都是基于账户的，而 e-CNY 的载体和触达用户的媒介则是数字钱包。不同于商业银行的账户体系，广义账户体系还可以包括指纹、

---

① CPMI. Distributed Ledger Technology in Payment, Clearing and Settlement-An Analytical Framework [R]. Technology Reports, 2017.

② 中国人民银行数字人民币研发工作组．中国数字人民币的研发进展白皮书［Z］．2021.

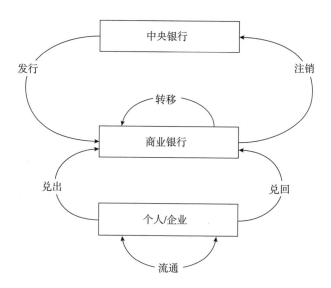

图 3-2　数字人民币的双层运营体系

资料来源：姚前. 中央银行数字货币原型系统实验研究［J］. 软件学报，2018（9）：2716-2732.

驾照等唯一身份标识。账户松耦合意味着只要有广义账户基础，人们就可以申请开立 e-CNY 的数字钱包。数字货币管理应符合央行有关钱包设计标准，商业银行根据与客户的约定权限管理钱包，避免被通道化或者边缘化。[①] 但是不同于传统的现金存取，数字货币不完全依赖于银行账户，可以通过发钞行直接确权，利用客户端的数字货币钱包实现点对点的现金交易。账户松耦合的设计能带来两方面好处。在结算最终性方面，数字人民币与银行账户松耦合，基于数字人民币钱包进行资金转移，可实现支付即结算。在普惠金融方面，数字人民币体系可降低公众获得金融服务的门槛，保持对广泛群体和各种场景的法定货币供应。没有银行账户的社会公众可通过数字人民币钱包享受基础金融服务，短期来华的境外居民可在不开立中国内地银行账户的情况下开立数字人民币钱包，满足在华日常支付需求。[②]

自 2019 年末中国人民银行开展 e-CNY 试点以来，e-CNY 在覆盖范围和应用深度两方面均取得显著进展。从覆盖范围来看，数字人民币已确定 10 个城市和北京冬奥会场景试点，在全国形成"10+1"的试点布局。截至 2021 年 10

---

① 姚前. 数字货币与银行账户［J］. 清华金融评论，2017（7）：63-67.
② 中国人民银行数字人民币研发工作组. 中国数字人民币的研发进展白皮书［Z］. 2021.

月，全国已开立数字人民币个人钱包 1.4 亿个，企业钱包 1000 万个，累计交易笔数达到 1.5 亿笔，交易额接近 620 亿元。全国超过 155 万商户支持数字人民币钱包，涵盖公共事业、餐饮服务、交通出行、购物和政务等方面。工、农、中、建、交、邮储六家国有银行和网商银行、微众银行两家民营银行，已研发出多种硬钱包载体。中国电信和中国移动两家电信运营商也推出了各自的数字人民币钱包。从应用深度来看，数字人民币重点场景拓展越发深入。2021 年 1 月，京东集团试点数字人民币发薪，并以数字人民币向两家供应商伙伴支付货款。2021 年 11 月，北京证监局、北京市地方金融监管局公布首批拟纳入资本市场金融科技创新试点的项目名单，其中包括银河证券和工商银行联合推出的"证券行业数字人民币应用场景创新试点"。2022 年 4 月，中国人民银行文昌市支行组织交通银行文昌支行积极对接文昌市气象局，成功从国库将 100 万元财政实拨资金转至文昌市气象局数字人民币对公钱包，实现全国首单数字人民币财政实拨资金业务在文昌落地。此外，数字人民币贷款应用也在江苏、福建、山东等多个试点地区落地，企业贷款、"三农"贷款和个人贷款均有涉及。

三、重视数字货币的国际治理与合作

我国高度重视数字货币的全球治理工作，积极参与了多边治理平台和机构开展的各项治理工作，同时在 CBDC 跨境支付领域展开多项国际合作。

我国政府一直倡导积极参与数字货币全球治理工作。2020 年 11 月，中共中央总书记、国家主席、中央军委主席习近平在《求是》杂志发表重要文章，提出我国要积极参与数字货币等国际规则制定，塑造新的竞争优势。① 同月，习近平主席在二十国集团（G20）峰会发表讲话时指出，G20 要以开放和包容方式探讨制定法定数字货币标准和原则，在共同推动国际货币体系向前发展过程中，妥善应对各类风险挑战。2021 年 10 月，中国商务部等 24 部门印发《"十四五"服务贸易发展规划》，提出参与金融领域国际标准和规则制定，围绕数字货币、分布式账本技术金融应用、个人金融信息保护等领域，加强国际交流。在推动跨境数据流动、完善数字知识产权保护和个人隐私保护、建立争端解决机制、加强网络数据安全保护、应对数字贸易壁垒等方面加强探索与合作，主动参与数字治理、数据安全、数字货币等国际规则和标准制定。2022

---

① 习近平. 国家中长期经济社会发展战略若干重大问题 [J]. 求是, 2020 (21)：4-10.

年 4 月，中国发改委发布《关于对"数据基础制度观点"征集意见的公告》，指出积极参与数据流动、数据安全、数字货币、数字经济税收等国际规则和数字技术标准制定。

我国参与数字货币全球治理工作主要体现在以下四个方面：一是呼吁关注加密资产带来的问题与风险。在 2018 年的首次 G20 财长和央行行长会议上，中国人民银行原行长周小川就表示，加密资产可能引发系列挑战和问题，如非法交易、洗钱和恐怖主义融资、影响货币政策传导，为此需要就加密资产问题在 G20 下加强政策协调。二是强调全球稳定币的风险和监管。2019 年 12 月，中国人民银行副行长陈雨露在 2019 年中国金融学会学术年会暨中国金融论坛年会上表示，稳定币将对支付体系、金融稳定、货币政策、国际货币体系等带来多重挑战与影响。中国人民银行行长易纲也一直呼吁，全球稳定币的运行需以遵守所有相关法律和监管要求为前提。三是推动 CBDC 标准和原则的制定。中国人民银行也一直积极参与 FSB、BIS、IMF 和世界银行等国际组织的多边交流，同各司法管辖区货币和财政监管部门、跨国金融机构及世界顶尖院校交流研讨 CBDC 前沿议题，并在国际组织框架下积极参与 CBDC 的标准制定，共同构建国际标准体系。[①] 四是推动数字货币改善跨境支付。中国人民银行积极响应 G20 等国际组织关于改善跨境支付的倡议，已派出两名代表参与 CPMI 跨境支付工作组的研究。

对于 CBDC 在跨境支付中的应用，中国人民银行还开展了一系列国际合作。2021 年 1 月，SWIFT 联合中国人民银行清算总中心、跨境银行间支付清算有限责任公司（CIPS）、人民银行数研所和中国支付清算协会，在北京成立金融网关信息服务有限公司。该公司注册资本为 1000 万欧元，SWIFT 持有 55% 的股份，中国人民银行清算总中心持有 34% 的股份，CIPS 持有 5% 的股份，中国支付清算协会和人民银行数研所分别持股 3%。2021 年 2 月，中国人民银行数研所与阿联酋央行、BIS 香港创新中心一起加入原先由香港金管局和泰国央行合作的多边 CBDC 结算平台项目，后更名为多边央行数字货币桥（mBridge）项目，人民银行数研所担任技术委员会主席。未来该项目可与人民币双边互换机制相结合，越过美国开展数字货币跨境交易。2021 年 9 月，前述各参与方共同发布项目中期报告，介绍了项目的设计选择、技术权衡和未来路线图；2021 年 11 月，各参与方又共同发布用例手册，介绍了 15 个潜在应用

---

① 中国人民银行数字人民币研发工作组. 中国数字人民币的研发进展白皮书［Z］. 2021.

场景及测试进展，涉及国际贸易结算、跨境电商、供应链金融等。此外，人民银行数研所还在与多国央行共同探讨 CBDC 跨境支付相关实践，例如，如何实现国家间 CBDC 跨境兑换流程或与当地快速支付系统进行连接，如何通过分布式账本技术实现汇款同步交收（PvP）等。

第二节　美国的数字货币发展策略

从维护美元国际地位的角度，美国政府一直重私人数字货币、轻央行数字货币，近年来才开始重视央行数字货币国际规则制定。美国监管机构致力于将加密资产和数字稳定币纳入监管，支持私人数字货币的创新和发展；而美联储对数字美元的态度却十分谨慎。直到 2020 年以来，美国政府意识到央行数字货币在未来国际货币版图中的重要性，开始加速推进数字美元研发。

一、引领全球加密资产发展和监管

美国将自己定位为金融科技和数字资产的全球领导者，其监管目的在于规范加密货币市场，以营造健康有利的发展环境。美国智库布鲁金斯学会（Brookings Institution）曾指出，国会需要弥合加密货币监管方面的漏洞，更好的监管将有利于投资者保护，促进新技术发展，减少非法支付数量，以及降低网络攻击的风险。[①]

美国的加密资产监管大致可分为两个阶段：

第一阶段为 2020 年以前，加密资产监管尚处于探索时期，监管部门主要考虑现有法规对加密资产的适用性。2017 年 7 月 25 日，美国证券交易委员会（SEC）发布了针对去中心化自治组织（DAO）项目的调查报告，指出 DAO 代币是 1933 年的《证券法》和 1934 年的《证券交易法》所规定的证券，以分布式账本和区块链方式融资的实体，需采取适当措施以符合美国联邦证券法。所有美国发行和销售的证券必须按 SEC 要求注册或获得豁免注册的资格；从事交易所活动的实体或个人必须注册为国家证券交易所，或者取得注册豁

---

① Massad T. G. It's Time to Strengthen the Regulation of Crypto-Assets [Z/OL]. Economic Studies at BROOKINGS, https：//www. brookings. edu，March 2019.

免。[1] 2018 年 3 月，SEC 发布关于数字资产在线交易平台的声明，指出此类交易所交易的数字资产属于证券范畴，提供数字资产交易的平台必须在 SEC 注册为国家证券交易所或者取得注册豁免。[2]

2019 年 4 月，SEC 发布了两份《指引》，说明区块链发行的数字资产何时会或者不会被视为证券。第一份《指引》是针对 TKJ 公司发行数字资产的"不采取行动函"。这是 SEC 工作人员首次表示，如果法律顾问认为一项数字资产不是证券，那么 SEC 将不会因为该数字资产的发行和销售机构未按照联邦证券法规注册而采取强制行动。[3] 第二份《指引》以数字资产"投资合同"分析框架的形式发布，旨在作为"帮助市场参与者评估联邦证券法是否适用于特定数字资产的要约、出售或转售的分析工具"。这份框架性指引文件，为区块链创业者明确了《证券法》的适用范围，被市场视为加密资产监管的积极信号。[4] 当年 7 月，SEC 的交易和市场部与金融业监管局（FINRA）的法律总顾问室发布了关于经纪—交易商（Broker-Dealer）保管数字资产证券的联合员工声明，就联邦证券法和 FINRA 相关规则对数字资产证券托管和交易的适用性进行了说明。[5] 同年 10 月，美国商品期货交易委员会（CFTC）、金融犯罪执法网络（FinCEN）和 SEC 的负责人发表联合声明，提醒从事数字资产相关活动的人员需按照《银行保密法》履行反洗钱/反恐怖主义融资的义务。该法案所定义的金融机构，需建立和实施有效的反洗钱计划、记录保存和上报信息要求。[6]

2020 年开始，美国加密货币监管进入第二阶段，监管部门开始简化现有

---

[1] Securities and Exchange Commission（SEC），Report of Investigation Pursuant to Section 21（a）of the Securities Exchange Act of 1934：The DAO［Z］. Release No. 81207／July 25, 2017.

[2] Securities and Exchange Commission（SEC），Statement on Potentially Unlawful Online Platforms for Trading Digital Assets［EB/OL］. March 7, 2018. https：//www. sec. gov/news/public-statement/enforcement-tm-statement-potentially-unlawful-online-platforms-trading.

[3] Securities and Exchange Commission（SEC），No-Action Letter to TurnKey Jet，Inc［Z］. April 2, 2019.

[4] Securities and Exchange Commission（SEC），Framework for "Investment Contract" Analysis of Digital Assets［Z］. April 3, 2019.

[5] Securities and Exchange Commission（SEC）& Financial Industry Regulatory Authority（FINRA）. Joint Staff Statement on Broker-Dealer Custody of Digital Asset Securities［EB/OL］. https：//www. sec. gov/news/public-statement/joint-staff-statement-broker-dealer-custody-digital-asset-securities，July 8, 2019.

[6] Commodity Futures Trading Commission（CFTC），Financial Crimes Enforcement Network（FinCEN）& Securities and Exchange Commission（SEC），Leaders of CFTC, FinCEN, and SEC Issue Joint Statement on Activities Involving Digital Assets［EB/OL］. https：//www. fincen. gov/sites/default/files/2019-10/CVC%20Joint%20Policy%20Statement_508%20FINAL_0. pdf，October 11, 2019.

流程、加强自律监管和出台更有针对性的新规则。2020 年 9 月，SEC 交易和市场部向 FINRA 发布无异议函，表示当满足特定客户保护条件，由第三方保管的数字资产证券可以采取三步结算流程，而非 SEC 和 FINRA 在 2019 年 7 月联合声明中所要求的四步流程。该文件被视为美国数字资产证券交易监管的一次重要试探，对数字资产证券交易的便捷性、流动性起到促进作用。① 同年 12 月，SEC 就特殊目的的经纪—交易商托管数字资产证券发表声明指出，如果经纪—交易商将业务限制在数字资产证券以隔离风险，并制定了评估给定数字资产证券的分布式账本技术和保护转移数字资产证券所需私钥的政策和程序，那么认可这种方式下对投资者的保护和潜在的资本形成创新。基于上述原则，满足本声明中具体条件的经纪—交易商在未来五年内将不会受 SEC 强制执行行动的约束。② 加密资产市场的爆发性增长，促使美国监管部门也在考虑出台具有针对性的新规则。2021 年 5 月，加密资产价格大幅下跌后，SEC 主席加里·金斯勒（Gary Gensler）在 FINRA 年会上表示，需加强对加密资产交易所的监管，包括只交易比特币，目前无须在 SEC 注册的交易所，以及对加密资产市场的监管，如零售经纪公司、财富管理公司在移动应用程序上提供的服务等。同月，美国财政部要求所有公允市场价值超过 1 万美元的加密资产交易都要向国税局（IRS）报告。

在立法方面，美国议员针对加密资产提出法案，目前已获国会众议院通过的法案有《2020 年加密货币法》和《消费者安全技术法案》。《2020 年加密货币法案》（Crypto-Currency Act of 2020）在 2020 年 3 月被提交美国国会众议院，4 月获得通过。该法案将数字资产分为三类：加密商品（Crypto-commodity）、加密货币（Crypto-currency）和加密证券（Crypto-security），分别由美国商品期货交易委员会（CFTC）、金融犯罪执法网络（FinCEN）和美国证券交易委员会（SEC）监管。《消费者安全技术法案》（Consumer Safety Technology Act）于 2021 年 6 月获得众议院通过，囊括区块链创新、数字分类和人工智能三个主题。其中，《数字分类法》要求政府应为美国的加密资产市场划分出更明确的管辖界限和范围；《区块链创新法》则要求相关部门就区块链如何减少诈骗行为、提高安全性等议题做出改善。这些法案还将继续上报参议院审议。

---

① Securities and Exchange Commission（SEC）. ATS Role in the Settlement of Digital Asset Security Trades［Z］. September 25, 2020.

② Securities and Exchange Commission（SEC）. Statement and Requests Comment Regarding the Custody of Digital Asset Securities by Special Purpose Broker-Dealers［Z］. 2020-12-23.

二、率先将数字稳定币纳入监管

美国是最早将数字稳定币纳入政府监管的国家，先后经历了从地方监管到部门监管再到国家立法的发展过程。这将促进美元稳定币的发展，使其在数字稳定币创新和全球稳定币竞争中占据先机。

2018 年 9 月，纽约州成为全美第一个批准数字稳定币发行的美国地方政府。两种基于以太坊 ERC20 发行的美元稳定币获得批准，分别是由 Gemini 公司发行的 Gemini Dollar 与 Paxos 公司发行的 Paxos Standard。根据纽约金融服务部的要求，这两家私人公司需要按照 1∶1 的兑换价在位于美国的托管银行账户存入美元，这些美元存款将得到联邦存款保险公司的存款保险。同时，两家企业还需要满足纽约州的反洗钱等监管标准，并履行化解风险的业务流程。此前，虽然泰达公司等私人机构已经推出了可以 1∶1 兑换法定货币的数字稳定币，但是它们并未得到官方认可、缺少审慎监管措施，可能面临挤兑风险，因此这些数字稳定币的"稳定性"其实是有限的。纽约州政府将前述两种美元稳定币纳入监管，显示出美国政府对这类稳定币的认可，将有助于提升市场对于美元稳定币的信心；而纽约作为最具影响力的国际金融中心，此举也将助力美元稳定币的全球发展。

2020 年以来，美国货币监理署（OCC）发布的几份解释函进一步显示了美国联邦政府对数字稳定币发展的许可态度。美国货币监理署是美国最早成立的联邦政府金融监管机构，隶属于财政部，是联邦特许银行和联邦储蓄机构的监管机构。其在 2020 年 9 月发布的解释函认可了数字稳定币大规模提高支付能力的潜力，允许前述两类金融机构合法持有数字稳定币的储备金，为稳定币发行机构提供相关服务。[①] 目前这两类金融机构每天涉及的数字稳定币相关业务已达数十亿美元，该解释函的发布将为联邦银行体系内的银行以安全、可靠的方式为其客户服务提供了更大的监管确定性，有助于让公众相信那些由受监管银行持有准备金的数字稳定币是安全的，也将鼓励更多金融机构开展数字稳定币相关业务。2021 年 1 月，美国货币监理署再次发布解释函，指出"银行可以使用稳定币来促进客户在独立节点验证网络上的付款交易，包括发行稳

---

① OCC Chief Counsel's Interpretation on National Bank and Federal Savings Association Authority to Hold Stablecoin Reserves［Z］. September 21，2020.

币，以及将该稳定币兑换为法定货币"。① 这意味着美国银行机构可以使用公有区块链和稳定币进行支付结算。

近年来，美国政府开始启动数字稳定币的立法。2020 年 12 月，三位议员向美国国会提交了《稳定币和银行许可执行法案》（*Stablecoin Tethering and Bank Licensing Enforcement Act*）草案。该法案将批准使用稳定币作为其他实时支付系统的合法替代品，建议大幅增加对稳定币的监管，如稳定币的发行方须获得银行牌照，应在发行前六个月向美联储、美国联邦存款保险公司（FDIC）及相关银行机构报告等。2021 年 11 月，拜登政府金融市场工作小组（PWG-FM）、联邦存款保险公司和美国货币监理署联合发布《稳定币报告》（*Report on Stablecoins*），该工作小组的成员包括美联储、美国证券交易委员会、美国商品期货交易委员会的负责人。报告指出，用于支付目的的稳定币在审慎监管方面存在关键漏洞，并从立法和风险缓释角度提出政策建议，包括以下三项：①为防范稳定币挤兑风险，稳定币发行人必须是受保的存款机构，在存款机构和控股公司层面上接受适当监管；②为缓解支付系统风险，稳定币的托管钱包供应商接受适当监管，对重要实体须符合风险管理标准；③为应对系统性风险及经济权力集中的风险，稳定币发行方应遵守与商业实体关联的限制，实施促进稳定币之间互操作性的标准，限制托管钱包供应商与商业实体的关联等。2022 年 3 月和 4 月，一名参议员向参议院提交《稳定币透明度法案》（*The Stablecoin Transparency Act*），旨在改善稳定币市场的透明度，并为储备资产设定储备标准。2022 年 4 月，美国参议院银行委员会成员帕特·图米（Pat Toomey）公布了《稳定币储备透明度和统一安全交易法案》（*The Stablecoin TRUST Act*）讨论草案。该法案专注于支付稳定币，将其发行方限定为以下三类机构：各州银行法授权的汇款业务、受保的存款机构以及一种被称为"国家有限支付稳定币发行商"的新型实体。

三、意图把控央行数字货币的国际规则制定

美国政府认为 CBDC 对于提升国内支付效率和美元国际地位的效果并不显著，所以长期以来对 CBDC 采取谨慎态度。然而，随着意识到 CBDC 在未来国际货币版图中的重要性，美国开始强调在 CBDC 国际规则制定中发挥主导作

---

① OCC Chief Counsel's Interpretation on National Bank and Federal Savings Association Authority to Use Independent Node Verification Networks and Stablecoins for Payment Activities［Z］. January 4, 2021.

用。近年来，美联储加速推进数字美元的研发，并联合盟友意图把控 CBDC 国际规则制定。

美联储一直对 CBDC 按兵不动，直到 2020 年才将相关工作提上日程。2020 年 8 月，波士顿联邦储备委员会联合麻省理工学院（MIT），宣布共同启动名为"汉密尔顿"（Hamilton）的央行数字货币合作研究项目。该项目计划分为两个阶段：第一阶段开发数字美元的原型平台，第二阶段将探索新的功能和替代技术设计。2022 年 1 月，美联储发布了一份题为"货币与支付：数字转型时代的美国"的政策框架文件，分析了美国数字货币的利弊，并收集公众对创建 CBDC 的意见。① 2022 年 2 月，波士顿联储和 MIT 联合发布了"汉密尔顿"项目的第一阶段白皮书——《为 CBDC 设计的高性能支付处理系统》，涉及系统模型和交易设计等方面。② 3 月 10 日，美国总统拜登（Joe Biden）签署了《关于确保负责任地发展数字资产的行政命令》，将研发美国 CBDC 选项置于"最紧迫"的位置。③ 这一系列举措表明，美国政府及美联储当前对于发行数字美元的具有较强意愿。④

实际上，在美联储内部一直存在关于是否应开发数字美元的争论，而掌控 CBDC 国际规则制定权成为其近期加速推动数字美元的重要原因。美联储理事沃勒（Christopher Waller）和美联储前监管副主席夸尔斯（Randal Quarles）曾经表示，发行数字美元弊大于利，不仅对于改善美国国内支付系统效果甚微，还可能破坏运作良好的金融体系。⑤ 不过，随着中国推出数字人民币并在多地试点，美国政府开始意识到争夺 CBDC 国际规则主导权的重要性。根据彭博社

① Board of Governors of the Federal Reserve System. Money and Payments：The US Dollar in the Age of Digital Transformation［Z］. January 2022.

② Federal Reserve Bank of Boston and Massachusetts Institute of Technology Digital Currency Initiative. Proiect Hamilton Phase 1：A High Performance Payment Processing System Designed for Central Bank Digital Currencies［Z］. February 3，2022.

③ The White House，Executive Order on Ensuring Responsible Development of Digital Assets［Z］. March 9，2022. https：//www. whitehouse. gov/briefing - room/presidential - actions/2022/03/09/executive - order-on-ensuring-responsible-development-of-digital-assets/.

④ 包宏. 美联储发行央行数字货币的基本概况、政策挑战以及对数字人民币的启示［J］. 经济学家，2022（6）：119-128.

⑤ Waller C. CBDC：A Solution in Search of a Problem?［R/OL］. At the American Enterprise Institute，Washington，D. C.（via webcast），August 5，2021，https：//www. federalreserve. gov/newsevents/speech/waller20210805a. htm；Quarles R. Parachute Pants and Central Bank Money［R/OL］. At the 113th Annual Utah Bankers Association Convention，June 28，2021，https：//www. federalreserve. gov/newsevents/speech/quarles20210628a. htm.

在 2021 年 4 月 12 日的报道，拜登政府正加紧审查中国建立数字人民币的计划，涉及财政部、国务院、五角大楼和国家安全委员会，这些部门的官员渴望了解数字人民币将如何分布、是否可能被用于规避美国制裁。2021 年 5 月，鲍威尔发表视频声明，表示希望美联储在 CBDC 国际标准方面发挥主导作用。在 2022 年 1 月美联储发布的政策文件中，保持美元的国际主导地位也被列为发行 CBDC 的潜在好处。美联储认为，许多国家和货币联盟引入 CBDC 可能给全球金融市场带来重大变化，影响美国 CBDC 的潜在风险和收益，因此美国需要在制定涉及 CBDC 的国际数字金融交易标准方面发挥主导作用。2022 年 2 月，美联储副主席布雷纳德（Lael Brainard）在演讲中指出，数字人民币的重大早期进展可能会对跨境支付以及跨境数字金融交易标准的发展产生影响，而美国"必须站在有关 CBDC 的研究和政策制定前沿"。[1] 从美联储多次表态来看，其并不寄望以数字美元拓展美元国际疆域，但对 CBDC 国际规则话语权极为重视。

美联储已经与其盟友展开合作，着手制定 CBDC 国际规则和标准。2020 年，美联储加入了 6 个发达经济体央行与 BIS 合作的 CBDC 研究小组。当年 10 月，他们共同发布题为《央行数字货币：基本原则和核心特征》的一阶段报告，分析了 CBDC 的动力、价值、机遇与挑战，在此基础上提出 CBDC 发行的基本原则与核心特征，并对相关技术选择予以阐述。报告强调了跨境支付的互操作性在 CBDC 初始阶段就需要考虑，各参与方表示将在这一领域进行协作。[2] 此后，BIS 与上述国家央行共同推进零售 CBDC 的研发工作，分析相关政策制定和具体实施细则，并于 2021 年 9 月发布三份研究报告。第一份报告探讨 CBDC 的系统设计和互操作性，概述了中央银行在设计受益于公私合作和互操作性的系统时需要的考虑因素；[3] 第二份报告针对用户需求展开研究，概

---

① Brainard L. Preparing for the Financial System of the Future ［Z/OL］. At the 2022 U. S. Monetary Policy Forum, New York, February 18, 2022. https：//www.federalreserve. gov/newsevents/speech/brainard20220218a. htm.

② Bank of Canada（BoC）, European Central Bank（ECB）, Bank of Japan（BoJ）, Sveriges Riksbank, Swiss National Bank（SNB）, Bank of England（BoE）, Board of Governors Federal Reserve System（FED）, and Bank for International Settlements（BIS）. Central Bank Digital Currencies：Foundational Principles and Core Features ［Z］. 2020. https：//www.bis. org/publ/othp33. pdf.

③ Bank of Canada, European Central Bank, Bank of Japan, Sveriges Riksbank, Swiss National Bank, Bank of England, Board of Governors Federal Reserve System, Bank for International Settlements. Central Bank Digital Currencies：System Design and Interoperability ［R］. 2021-09-30, pp. 1-15.

述了中央银行为满足当前和未来用户需求，在设计 CBDC 时应考虑的因素。[①]第三份报告探讨零售 CBDC 可能对金融稳定产生的风险，侧重于分析 CBDC 对银行系统中介能力和强韧性的影响。[②] 2021 年 10 月，美国在内的 G7 国家财长和央行行长对 CBDC 和数字支付发表联合声明，并发布了题为《零售 CBDC 的公共政策原则》的报告，从金融稳定、治理框架、数据隐私、网络安全以及跨境功能等 13 个方面为全球 CBDC 研发预设标准。他们在报告中指出，虽然 G7 中尚未有国家明确决定发行 CBDC，但是该报告对 CBDC 公共政策的考虑反映了 G7 在透明度、法治和经济治理方面的长期价值观，将对包括 G7 以外的国家和国际组织考虑 CBDC 时有所帮助。[③] 此外，一直负责数字美元技术开发的 MIT 也在 2022 年 3 月先后宣布与英格兰银行、加拿大央行在 CBDC 领域展开合作，预示着数字美元的技术架松和标准可能成为发达国家的范本。

第三节　欧盟的数字货币发展策略

欧盟注重把握数字货币创新为金融行业带来的新机遇，也时刻关注着数字货币发展可能带来的风险和挑战。虽然在数字货币发展早期，欧盟致力于为私人数字货币营造一个相对自由的创新环境，但是如今欧盟已经在私人数字货币的监管领域走在前面，可能成为世界上最早推出私人数字货币综合监管框架的经济体。面对全球稳定币可能给国家货币主权带来的挑战，欧盟对零售 CBDC 的认可度也逐渐增加，研发探索逐渐步入正轨。欧盟本身作为经济、政治的联合体，在国际治理领域具有丰富的经验，也成为数字货币全球治理的重要参与者。

一、从自由发展到综合监管的私人数字货币

欧盟对于私人数字货币的监管态度已从前期鼓励自由发展转向逐步完善监

[①] Bank of Canada, European Central Bank, Bank of Japan, Sveriges Riksbank, Swiss National Bank, Bank of England, Board of Governors Federal Reserve System, Bank for International Settlements. Central Bank Digital Currencies: User Needs and Adoption [R]. 2021-09-30, pp. 1-11.

[②] Bank of Canada, European Central Bank, Bank of Japan, Sveriges Riksbank, Swiss National Bank, Bank of England, Board of Governors Federal Reserve System, Bank for International Settlements. Central Bank Digital Currencies: Financial Stability Implications [R]. 2021-09-30, pp. 1-27.

[③] G7. Public Policy Principles for Retail Central Bank Digital Currencies (CBDCs), United Kingdom [Z]. 2021.

管体系，并有望率先推出覆盖私人数字货币的监管法案。其议会讨论中的加密资产及其衍生品市场指令（MiCA），是第一份由主要经济体公布的针对加密资产综合监管的法规草案。

私人数字货币发展早期，欧盟各监管机构就已经有所注意，不过其在研究后判断数字货币风险有限，因此仅采取了有限的监控措施。欧央行在 2012 年发表了题为《虚拟货币计划》的报告，系统地分析了虚拟货币对价格稳定、金融稳定和支付系统稳定的具体影响。[①] 该报告认为当时的虚拟货币发行规模有限，难以在中短期发展至足以破坏价格稳定的规模；虽然虚拟货币存在较大不稳定性，但由于其当时与实体经济的关联性弱、交易量较小且受众范围窄，因而对整体金融稳定不构成威胁；基于虚拟货币的支付系统具有与所有支付系统类似的信用风险、流动性风险、操作风险和法律风险等问题，但当时虚拟货币体系相对孤立，不足以引发系统性风险。因此，欧央行在这份报告中表示其将只对以私人数字货币为主体的虚拟货币进行监控，允许其自由发展。虽然2013~2014 年私人数字货币尤其是比特币的价格出现剧烈波动，同时近 500 种新型虚拟货币先后进入市场，促使欧央行重新审视其"虚拟货币计划"，但补充版计划依然保持了以监控为主的虚拟货币管理模式。[②]

此后私人数字货币的价格波动越来越剧烈、已有数字货币加 ICO 市场规模成倍增长，以欧盟三家金融监管局——欧洲银监局（EBA）、欧洲证监局（ESMA）与欧洲保险及职业养老金管理局（EIOPA）为主的欧盟监管体系在监控原则下主要通过发布警告和声明保护市场参与者。欧洲银监局最早于2013 年 9 月开始监控虚拟货币发展，[③] 并于同年 12 月发布《对虚拟货币消费者的警告》，[④] 提示虚拟货币交易存在包括交易平台缺乏监管、电子钱包安全无保障、支付活动无相关保护法律、价格波动以及潜在犯罪活动关联性等风险。同时，欧洲证监局也对虚拟货币市场广度和虚拟货币投资产品与服务提供

---

① European Central Bank (ECB). Virtual Currency Schemes [EB/OL]. https：//www.ecb.europa.eu/pub/pdf/other/virtualcurrencyschemes201210en.pdf? 941883c8460133b7758f498192a3ed9e，2012-10-29.

② ECB. Virtual Currency Schemes – a further analysis [EB/OL]. https：//www.ecb.europa.eu/pub/pdf/other/virtualcurrencyschemesen.pdf? fe92070cdf17668c02846440e457dfd0，2015-03-02.

③ EBA. EBA Opinion on "Virtual Currencies" [EB/OL]. https：//www.eba.europa.eu/sites/default/documents/files/documents/10180/657547/81409b94-4222-45d7-ba3b-7deb5863ab57/EBA-Op-2014-08%20Opinion%20on%20Virtual%20Currencies.pdf? retry=1，2014-07-04.

④ EBA. Warning to Consumers on Virtual Currencies [EB/OL]. https：//www.eba.europa.eu/sites/default/documents/files/documents/10180/598344/b99b0dd0-f253-47ee-82a5-c547e408948c/EBA%20Warning%20on%20Virtual%20Currencies.pdf，2013-12-12.

方进行了监测,① 并在 2017 年 11 月向 ICO 企业及其投资者分别发表声明:ICO 企业需寻求必要的监管机构许可以满足欧盟相关法规的适用性要求,防止此类活动违反欧盟现有法规;② 代币投资者有必要警惕自身可能面临的遭遇欺诈、被犯罪活动利用、损失全部投资本金、无法退出投资、价格波动超出可接受范围、投资品信息未充分披露以及产品存在技术漏洞等风险。③ 2018 年 2 月,三家金融监管局应欧委会要求发布联合警告,提醒消费者注意虚拟货币的风险,投资或用于支付的虚拟货币可能面临巨大的潜在损失。④

然而,随着数字资产市场迅速膨胀并带动其相关产业共同发展,欧盟对数字资产对金融稳定性的潜在影响越发担忧。2018 年,应欧盟委员会要求,欧洲银监局和欧洲证监局以支付型加密资产和非支付型加密资产为对象评估了当时欧盟金融服务法规的适用性。对于支付型加密资产,可以电子货币指令(EMD2)和支付服务指令(PSD2)中的电子货币部分进行监管;⑤ 对于非支付型加密资产,可以招股说明书指令(PD)、透明度指令(TD)、金融工具市场指令等金融工具市场法规限制具有金融工具职能的加密资产。⑥ 但是以上法规只能覆盖一部分加密资产活动,大多数私人数字货币都游离于欧盟已有监管框架之外。针对欧委会提出的加密资产活动的风险监管问题,欧洲银监局建议应将法规聚焦于特定的加密资产相关行业,以分析加密资产相关活动为出发点、以保护传统金融部门和消费者为目标、以技术中性和支持发展为原则制定加密资产相关提案,并与国际监管机构保持步调一致;⑦欧洲证监局建议应根据市场发展趋势将加密资产交易与 ICO 服务提供方纳入监管、加强风险警示与

---

① ECB. Virtual Currency Schemes – a further analysis [EB/OL]. https://www.ecb.europa.eu/pub/pdf/other/virtualcurrencyschemesen.pdf? fe92070cdf17668c02846440e457dfd0, 2015 – 03 – 02.

② ESMA, ESMA Alerts Firms Involved in Initial Coin Offerings (ICOs) to the Need to Meet Relevant Regulatory Requirements [EB/OL]. https://www.esma.europa.eu/sites/default/files/library/esma50 – 157 – 828_ico_statement_firms.pdf, 2017 – 11 – 13.

③ ESMA. ESMA Alerts Investors to the High Risks of Initial Coin Offerings (ICOs) [EB/OL]. https://www.esma.europa.eu/sites/default/files/library/esma50 – 157 – 828_ico_statement_firms.pdf, 2017 – 11 – 13.

④ ESMA, EBA and EIOPA warn consumers on the risks of Virtual Currencies [EB/OL]. https://www.eiopa.europa.eu/media/news/esma – eba – and – eiopa – warn – consumers – risks – of – virtual – currencies_en, 2018 – 11 – 30.

⑤⑦ EBA. Report with Advice for the European Commission [EB/OL]. https://www.eba.europa.eu/sites/default/documents/files/documents/10180/2545547/67493daa – 85a8 – 4429 – aa91 – e9a5ed880684/EBA% 20Report%20on%20crypto%20assets.pdf? retry=1, 2019 – 01 – 09.

⑥ ESMA. Advice Initial Coin Offerings and Crypto – Assets [EB/OL]. https://www.esma.europa.eu/sites/default/files/library/esma50 – 157 – 1391_crypto_advice.pdf, 2019 – 01 – 09.

风险披露机制建设，且不应急于制定一套固定不变的详细制度，而应建立足够灵活的监管体系以应对未来可能不断更新的特征与风险。①

于是，欧盟相关监管机构决定改变此前的监控原则，着手更新完善相关监管体系。2020 年 9 月，欧盟委员会发布新的数字金融战略，核心内容之一是加密资产市场监管（MiCA）草案，旨在为加密资产的发行和交易许可制定透明度和信息披露的要求，针对加密资产服务提供商、资产参考代币（ART）发行人和电子货币代币（EMT）发行人制定监管规则。② MiCA 将在欧盟层面建立统一的加密资产规则，包含四个目标：①提供加密资产的法律框架；②促进加密资产技术创新；③确保消费者/投资者保护；④增强金融稳定性。③ 欧盟委员会认为 MiCA 将提高加密货币市场对规则的确定性认知、支持创新、保护消费者、维系市场诚信、保护金融稳定以及控制货币政策传导和货币主权风险设定为主要目标。此前未被金融工具指令及电子货币指令监管的数字资产被纳入 MiCA 框架内，因此 MiCA 监管范围内的加密资产主要有三类：实用代币（包括主流私人数字货币）、资产参考代币（如锚定黄金或资产组合的代币）以及电子货币代币（如锚定单一法币的稳定币）。

2022 年 3 月，欧盟议会完成了关于该提案的报告以及 MiCA 的立法草案，基本上在欧盟委员会提交文件的基础上修订。MiCA 立法草案的主题包括明确加密资产交易平台上的加密资产发行和交易准入的透明度和披露要求；明确资产参考代币、电子货币代币及其他加密资产的发行方与服务提供方的授权要求和监督规范；明确资产参考型代币、电子货币代币和其他加密资产的发行方与服务提供方的运营、组织和治理规范；明确针对加密资产发行、交易、交换和保管的消费者保护规则；防止市场滥用行为以确保加密资产市场诚信，其中主要防止将加密资产用于非法活动，保护市场免受洗钱、恐怖主义融资和其他犯罪活动的相关风险。MiCA 对于加密资产服务提供方的界定非常宽泛，包括加密资产第三方保管管理机构、加密资产交易平台、加密资产间或与法币的兑换

---

① ESMA. Advice Initial Coin Offerings and Crypto-Assets［EB/OL］. https：//www. esma. europa. eu/sites/default/files/library/esma50-157-1391_crypto_advice. pdf，2019-01-09.

② European Commission. Proposal for a Regulation of the European Parliament and of the Council on Markets in Crypto-Assets，and amending Directive（EU）2019/1937（MiCA）［EB/OL］. https：//ec. europa. eu/info/sites/default/files/business_economy_euro/banking_and_finance/200924-presentation-proposal-crypto-assets-markets_en. pdf，2020-09-24.

③ European Parliament Think Tank，Markets in crypto-assets（MiCA）［EB/OL］. https：//www. europarl. europa. eu/thinktank/en/document/EPRS_BRI（2022）739221，2022-11-29.

平台、加密资产交易订单处理机构、加密资产储存机构、加密资产接收和传输代办机构以及加密资产咨询机构。

2022 年 6 月，欧盟委员会、欧盟立法者和成员国就 MiCA 达成协议。根据最新的规则，稳定币将被要求维持充足的储备，以满足大规模提款时的赎回要求；规模庞大的稳定币每日交易额被限制在 2 亿欧元以内。另外，MiCA 还将解决加密资产相关的环境问题，企业将被要求披露其能源消耗以及数字资产对环境的影响；为规避洗钱和逃脱制裁的风险，对于金额超过 1000 欧元门槛，则需要报告交易所与个人拥有的所谓"非托管钱包"之间的转账。2022 年 10 月，欧洲议会经济和货币事务委员会以 28 票对 1 票赞成这一立法。该法案后续将转交欧洲议会，在下一届议会会议上进行最后表决，预计将于 2024 年生效。

二、从谨慎观望到步入正轨的数字欧元

欧盟对于 CBDC 的态度较为审慎，在天秤币（Libra）引发各国强烈反响前一直未将发行数字欧元纳入计划。然而，随着越来越多国家启动 CBDC 计划或已着手发行 CBDC，欧央行也于近年表示将考虑发行零售 CBDC，并于 2019 年底组建了 CBDC 专家工作小组，以联合欧盟各成员国央行探讨构建欧元区央行数字货币的可行性及具体形式。同年 12 月，欧洲理事会同欧委会发表联合声明，表示将欢迎欧央行及各成员央行与有关当局合作，以继续研究 CBDC 的成本收益，同时邀请欧洲支付业务相关各方共同讨论私营部门在提升跨境支付效率、便捷性以及降低成本方面的作用。[1]

2020 年 10 月，欧央行的 CBDC 专家小组正式发布数字欧元报告，从欧元体系（Eurosystem）的角度研究了数字欧元的发行：数字欧元可以被理解为以数字形式提供给公民和企业用于零售支付的央行货币，将作为目前提供的现金和央行批发存款的额外补充。[2] 鉴于数字欧元的潜在优势和零售支付领域的快速变化，欧央行认为，欧元体系需要具备在未来发行这种货币的条件。数字欧元可以为公民在快速变化的数字世界中提供一种安全的货币形式，从而支持欧

[1] European Council and European Commission, Joint Statement by the Council and the Commission on "stablecoins" [EB/OL]. https：//www.consilium.europa.eu/en/press/press-releases/2019/12/05/joint-statement-by-the-council-and-the-commission-on-stablecoins/, 2019-12-05.

[2] ECB. Report on a Digital Euro [R/OL]. https：//www.ecb.europa.eu/pub/pdf/other/Report_on_a_digital_euro~4d7268b458.en.pdf, 2020-10-02.

元体系的目标，同时成为欧洲持续创新的动力。欧央行还表示，数字欧元应为外国支付服务提供商在欧洲及其他地区提供一个快速、高效的支付选择，从而提升欧元在跨境支付领域的战略自主权。数字欧元的主要功能包括补充现金和存款、打造支付体系产业链、支持欧洲经济数字化、确保央行资金可用性、规避使用不受监管支付系统的风险以及提高货币竞争力。数字欧元的设计应避免其发行可能产生的不良后果，从而限制对货币政策和金融稳定以及银行部门服务的任何不利影响，并降低可能的风险。数字欧元的制度设计同时应该避免过度将其作为一种投资形式，以及与之相关的从银行存款突然大规模转移到数字欧元的风险。数字欧元应该通过受监督的中介机构提供，以最小化项目风险（如项目延迟或意外成本）。欧元体系应以遵守监管标准为目标，即使在获得豁免的情况下也是如此，除非不这样做明显符合公众利益。与其他高流通货币相比，数字欧元应该是实现欧元体系目标的有效工具，应该为欧元在欧元区外流通创造有利条件，此外，数字欧元服务需对网络威胁具有高度韧性。

2021年7月，欧央行宣布启动数字欧元项目并展开为期两年的调查研究。2022年2月，欧央行董事会成员 Fabio Panetta 在演讲中指出，CBDC 可降低成本、带来支付公平性并促进普惠金融，欧央行已启动的工作流程涉及可保证机密性的设计选择、不同用例的优先级以及中介机构的业务选择，还将涵盖网络安全和运营弹性等领域。[①] 作为数字欧元调查阶段的一部分，欧央行于2022年3月发布了关于公民支付习惯及其对数字支付态度的研究报告，以更深入地了解用户偏好。该报告显示，人们强烈偏好泛欧洲范围、可在实体和在线商店中普遍接受的支付方式，喜欢方便、快速且易于使用的支付解决方案，寻求防止欺诈和黑客攻击的保障以及安全可靠的支付认证方式。[②] 5月，欧央行发布的一份工作文件探讨了数字欧元对欧元区银行的影响，总体上 CBDC 在正常时期对不同信贷机构的影响有所差异，在压力时期的影响可能更大；数字欧元影响系统性银行挤兑的能力取决于几个关键因素，如 CBDC 的利率和使用限制。[③]

① Panetta F. Central Bank Digital Currencies：Defining the Problems, Designing the Solutions ［Z/OL］. Speech at the US Monetary Policy Forum. New York, 18 February 2022. https：//www. ecb. europa. eu/press/key/date/2022/html/ecb. sp220218_1~938e881b13. en. html.

② Kantar Public. Study on New Digital Payment Methods ［R/OL］. https：//www. ecb. europa. eu/paym/digital_euro/investigation/profuse/shared/files/dedocs/ecb. dedocs220330_report. en. pdf, 2022-03.

③ Adalid R., Álvarez-Blázquez Á., Assenmacher K., et al. Central Bank Digital Currency and Bank Intermediation：Exploring Different Approaches for Assessing the Effects of a Digital Euro on Euro Area Banks ［R/OL］. Occasional Paper Series No 293, May 2022. https：//www. ecb. europa. eu/pub/pdf/scpops/ecb. op293~652cf2b1aa. en. pdf? 985167870ac2551e31097f06382d01d9.

7月，欧央行行长克里斯蒂娜·拉加德（Christine Lagarde）和董事会成员 Fabio Panetta 共同发表文章，首先是指出数字欧元的主要目标满足用户在广泛接受、易用性、低成本、高速度、安全性和消费者保护等方面的需求，其次还应支持金融包容性，最后是隐私保护必须达到最高标准。[1] 9 月，欧央行发布报告展示了数字欧元项目在调查阶段取得的进展，阐述了引入数字欧元的合理性，包括第一组基本设计选项。欧元体系将进一步探索交易验证机制的欧元解决方案，在线交易将由第三方验证，离线支付的采用点对点验证解决方案；通过探索不同选项，使数字欧元复制类似现金的特征，并为小额交易提供更大的隐私；对个人用户持有数量的限额将限制个人购买和存款转换速度，而基于利率的工具则可以使大量数字欧元持有相对于其他高流动性、低风险的资产不具吸引力。[2] 12 月，欧央行发布了数字欧元在调查阶段取得进展的第二份报告，探讨了数字欧元设计和发行的第二套选项。报告描述了欧元系统和受监管中介机构在数字欧元生态系统中的作用，涉及数字欧元的交易结算和发行模型。[3]

三、数字货币国际合作与治理的重要参与者

欧央行最早在数字货币领域开展的国际合作是与日本央行在批发 CBDC 领域的合作。早在 2016 年底，欧央行就与日本央行启动了名为 "Stella" 的合作项目，以评估分布式账本技术（DLT）应用于金融市场基础设施的可行性，先后开展了四个阶段试验：第一阶段试验旨在探讨双方各自的支付系统能否在 DLT 环境下有效且安全地运行。日本央行的 BOJ-NET 系统和欧央行的 TARGET2 系统[4]的流动性节约机制在一个公开可用的 DLT 应用程序 Hyperledger Fabric 0.6.1 版中进行了复制，结果显示基于 DLT 的解决方案可以满足 RTGS 系统当前的性能需求；DLT 解决方案对单个网络节点的故障具有韧性，且能够承受大

① Lagarde C., Panetta F. Key Objectives of the Digital Euro ［Z/OL］. https：//www. ecb. europa. eu/ press/blog/date/2022/html/ecb. blog220713～34e21c3240. en. html，2022-07-13.

② ECB. Progress on the Investigation Phase of a Digital Euro ［EB/OL］. https：//www. ecb. europa. eu/ paym/digital_euro/investigation/governance/shared/files/ecb. degov220929. en. pdf，2022-09.

③ ECB. Progress on the Investigation Phase of a Digital Euro-Second Report ［EB/OL］. https：// www. ecb. europa. eu/paym/digital _ euro/investigation/governance/shared/files/ecb. degov221221 _ Progress. en. pdf? f91e0b8ff8cbd6654d7e6b071a8f7071，2022-12.

④ 分别为两家央行的实时总额结算（RTGS）系统。

量格式错误的消息。① 第二阶段试验探索如何在 DLT 环境中对券款对付（DvP）进行概念设计和操作，Corda、Elements 和 Hyperledger Fabric 三个 DLT 平台被用于原型开发。试验结果显示，DvP 可以在 DLT 环境中运行，具体取决于不同 DLT 平台的特殊性；DLT 为实现账本间的 DvP 提供了一种新方法，而不需要账本之间的任何连接；根据其具体设计，DLT 上的跨账本 DvP 安排可能会带来一定的复杂性和额外挑战。② 第三阶段试验关注新技术能否使跨境支付得到改善，尤其是在安全方面。结果显示，无论是通过账本本身还是通过第三方，只有具备强制机制的支付方法才能确保交易各方在资金转移过程中不会面临本金损失的风险；应用 HTLC 支付方法的试验证明了不同类型账本之间（包括 DLT 和中心化账本之间）同步结算的技术可行性。③ 第四阶段试验研究在 DLT 环境中如何平衡保密性和可审计性，探讨隐私增强技术（Privacy‑Enhancing Technologies/Techniques，PETs）如何确保机密性，以及适应基于 DLT 的金融市场基础设施（FMI）的交易审计安排。试验结果表明，当审计人员从参与者那里获得必要的信息，满足可获得性、可靠性和高效性时，就可以实现有效的审计。在审计过程中存在可靠的中心化信息源有助于有效审计，但是此类信息源的存在可能使网络存在单点故障风险。④ 总之，DLT 对于实现上述四个试验目标具有可行性，但鉴于该技术处于早期发展阶段，因此有必要对其大规模适用性进行进一步分析，还需要考虑法律和合规的问题。

作为全球第二的发达经济体，自 2020 年起欧盟参与了一系列由 BIS、G7 等国际金融治理机构和发达国家多边平台组织的数字货币国际合作，在其中发挥着举足轻重的作用。如前面提到的 BIS 与 7 个主要发达经济体的央行联合开展的 CBDC 研究，以及 G7 财长和央行行长发表的关于 CBDC 和数字支付的联合声明和零售 CBDC 的十三条公共政策原则。欧央行在这些合作中发挥了重要的作用。例如，在 BIS 与 7 个发达经济体的 CBDC 联合研究中，欧央行行长拉加德就担任了零售 CBDC 政策研究工作小组的主席。在 2021 年 9 月该小组发

① European Central Bank （ECB）. Bank of Japan （BoJ）. Payment Systems：Liquidity Saving Mechanisms in a Distributed Ledger Environment ［R］. September 2017.

② European Central Bank （ECB）. Bank of Japan （BoJ）. Securities Settlement Systems：Delivery versus Payment in a Distributed Ledger Environment ［R］. March 2018.

③ European Central Bank （ECB）. Bank of Japan （BoJ）. Synchronised Cross‑border Payments ［R］. June 2019.

④ European Central Bank （ECB）. Bank of Japan （BoJ）. Balancing Confidentiality and Auditability in a Distributed Ledger Environment ［R］. February 2020.

布关于零售 CBDC 的三份报告后，她指出这些报告证明，政策制定者正通过国际合作加强国内项目，就最佳技术创新交流想法，以提供快速、简单和安全的支付方式。

第四节　英国的数字货币发展策略①

英国是世界上对数字货币态度最开放、探索最积极的国家之一。英国支持私人数字货币创新，并不断完善监管法规以维护私人数字货币市场的健康发展。同时，英国也是最早提出 CBDC 概念的国家，但是受限于本国的技术实力，至今尚未提出发行零售 CBDC 的明确计划。此外，英国积极参与发达国家间的 CBDC 合作，致力于推动发达国家的 CBDC 共识，以维护现有国际货币体系。

一、以私人数字货币支持国际金融中心地位

英国从维护自身世界金融中心地位的角度出发，对私人数字货币持开放态度，有意借助私人数字货币发展巩固英国的金融地位。英国政府于 2022 年 4 月 4 日在其政府官网中声明，其将推出一系列计划帮助英国成为全球加密资产技术创新中心。② 其监管当局致力于完善监管制度以营造加密资产的健康发展环境，已逐步建立起涵盖税收、反洗钱和投资者保护等方面的监管体系，并启动了"监管沙盒"的监管创新。

作为以金融业为重要收入来源的国家，英国对加密资产的监管探索以明确税收处理为起点。2014 年 9 月，英国税务海关总署（HM Revenue & Customs）发布了涉及比特币和其他类似加密资产活动的税务处理 9 号简报，明确了将从事加密资产活动获利的税收处理以及从事这些活动需缴纳的相关费用。2018 年 12 月，英国税务海关总署发布关于加密资产税收相关的政策文件，初步建立了加密资产的税收体系，该文件强调：加密资产交易将纳入英国资产交易税框架，同时加密资产行业企业（参与数字货币交易或分布式金融借贷服务）

---

① 本节内容已发表，详见刘朋辉，宋爽. 英国数字货币发展及启示 [J]. 世界知识，2023（3）：49-51.
② GOV. UK. Government Sets out Plan to Make UK a Global Cryptoasset Technology Hub [EB/OL]. https：//www. gov. uk/government/news/government-sets-out-plan-to-make-uk-a-global-cryptoasset-technology-hub，2022-04-04.

将被收取收入税和公司税。① 在 2021 年 3 月的更新中，"个人加密资产税"与"企业加密数字货币税"文件被整合为《加密资产手册》，该手册完全覆盖英国税务及海关总署关于加密资产的所有税务问题。②

同时，英国监管当局也非常重视加密资产的反洗钱监管和对投资者的保护。2015 年 5 月，英国财政部（HM Treasury）发布数字货币监管指导报告——《数字货币：信息征集》③。该文件明确，鉴于数字货币具有对从事非法活动的用户有利的特征，英国政府将反洗钱监管应用于数字货币交易所，以支持金融创新同时防范犯罪活动。2018 年 10 月，英国金融行为监管局（FCA）同英国财政部和英格兰银行共同发布了政策文件——《加密资产工作组：最终报告》（以下简称《报告》）。④ 该《报告》提出三项规定：①英国将保障其加密资产市场安全透明且监管完善；②英国加密资产立法将以保护消费者为要务，同时防止任何将威胁金融稳定性的潜在问题；③英国将积极鼓励加密资产领域创新。2021 年，FCA 表示由于交易性代币中比特币等加密资产波动性过高，为保护消费者利益禁止向消费者出售加密资产衍生物。

与其他发达国家相比，英国围绕稳定币的监管活动相对落后。英国央行在其 2021 年 6 月发布的工作论文《新数字货币形态》中指出，稳定币通常由法币或其他资产支持，并可作为全新的支付手段与价值贮藏工具。然而，由于私人公司发行的稳定币不可避免地存在风险，英国央行认为需要在其变得普遍并可能影响金融稳定之前，参考现有监管体系构建出针对稳定币的监管法规。英国央行对稳定币监管法规的构建将主要从三个层面入手：稳定币作为支付手段、稳定币作为价值贮藏工具以及稳定币市场发展对宏观货币财政政策的影响。⑤ 2022 年 1 月，英国财政部发布《英国对稳定币与加密资产监管方法：咨询意见及证据征集》，明确提出：2011 年颁布的电子货币监管规定及 2017 年颁布的支付工具规定的部分内容将适用于稳定币交易活动，2009 年银行

---

① HM Revenue & Customs. Cryptoassets [EB/OL]. https：//www.gov.uk/government/collections/cryptoassets，2018-12-19.

② HM Revenue & Customs. Cryptoassets Manual [EB/OL]. https：//www.gov.uk/hmrc-internal-manuals/cryptoassets-manual，2021-3-30.

③ HM Treasury. Digital Currencies：Call for Information [EB/OL]. https：//www.gov.uk/government/consultations/digital-currencies-call-for-information，2015-05-18.

④ HM Treasury. Cryptoassets Taskforce：Final Report [EB/OL]. https：//www.gov.uk/government/publications/cryptoassets-taskforce，2018-10-29.

⑤ Bank of England (BoE). New Forms of Digital Money [R/OL]. https：//www.bankofengland.co.uk/paper/2021/new-forms-of-digital-money，2021-06-07.

法将被更新以把稳定币交易活动纳入监管范围，2013 年金融服务（银行业改革）法也将获得更新以确保稳定币支付系统受到支付系统监管机构（PSR）的监督。

为鼓励金融科技创新，FCA 于 2015 年提出"监管沙盒"并于 2016 年正式启用，以鼓励金融企业积极将创新技术应用于市场并由消费者检验。[①] 数字货币交易所与区块链技术创新企业是申请进入监管沙盒的主体之一，这些企业主要希望能在申请通过后在英国合法从事金融服务。监管沙盒对所有金融行业的传统企业与新晋企业开放申请，让他们可以在受限制的"沙盒"环境中测试其创新产品和服务，以观察该金融商业模式是否对消费者、投资者具有吸引力或该新金融科技在市场中的具体运作方式，从而帮助企业以更低的成本改良其创新商业模式或技术并缩短其进入开放市场所需时间，同时也帮助监管机构确认该创新的潜在风险并构建针对消费者、投资者的保护政策措施。然而，监管沙盒也存在一定的风险，主要体现在两方面：一是奖励机制过于偏向创新而在一定程度上忽视了金融风险，二是通过监管沙盒审查的企业容易脱离 FCA 监控范围而引发潜在的违规风险。[②] 截至 2022 年 8 月，超过 550 家企业已向 FCA 申请进入"监管沙盒"，如稳定币企业"Moneyfold"、区块链技术服务平台"BlockEx"等都已通过审批并得到公示。

近年来，随着私人数字货币和稳定币市场的爆发式增长以及对相关领域调查研究的逐步深入，英国监管机构也逐渐将政策重心从鼓励发展转向风险防范。2021 年 10 月，英国央行副行长 Jon Cunliffe 在 SIBOS（SWIFT International Banker's Operation Seminar）年会上以"加密资产对英国金融系统稳定性的影响"为主旨发表演讲，称无担保的加密资产（如比特币）与有担保的支付加密资产（稳定币）已经开始连接到现存的金融系统，加密资产市场的规模是金融危机前夕美国次级债规模的两倍，因此急需监管，否则将构成威胁。2022 年 3 月 25 日，英国财政部发布了一份面向数字资产消费者关于加密资产和稳定币的一般性咨询和证据征集文件，以了解仍游离于监管体系之外的私人数字货币（如比特币、以太币等）的市场规模数据，尤其是对英国消费者的潜在

---

① Financial Conduct Authority（FCA）. Regulatory Sandbox［EB/OL］. https：//www.fca.org.uk/firms/innovation/regulatory-sandbox，2022−03−28.

② Chen C C. Regulatory Sandboxes in the UK and Singapore：A Preliminary Survey［R］. SSRN Electronic Journal，2019.

危害。①

二、率先提出却无力实现的央行数字货币

英国被认为是开启 CBDC 探索的国家，相关研究可追溯至 2014 年由 Robleh Ali 等共同发表的两篇论文——《数字货币的经济学》② 和《支付技术创新与数字货币的出现》③。2015 年 2 月 25 日，英格兰银行在启动其著名的"单一银行研究"议程（One Bank Research Agenda）时，宣布将对数字货币进行研究，作为其新研究议程"应对根本性变化"的一部分。④ 这项工作涵盖了这样做的潜在成本和收益，以及中央银行运行系统的经济影响、技术要求和必要的监管。2016 年，英国央行相关成员在多个场合提及了英国基于"单一银行研究"议程开展的央行数字货币研究，明确了"CBDC"这一名词并强调了其重要性。⑤

2016 年，英国央行表示将与伦敦大学学院共同推出英国央行加密数字货币，命名为 RSCoin，由伦敦大学学院的两位学者设计。⑥ 该数字货币与比特币的基础框架基本相同，但是比特币的内在机制限制了其可扩展性且无法进行中心化的宏观调控，因此 RSCoin 对比特币的基本机制进行了改良。主要体现在以下三个方面：首先，RSCoin 采取中心化发行，即取消了比特币分布式"采矿挖币"的发行方法，但保留分布式账本技术用于交易记录；其次，中央银行将能够直接进行中心化的宏观调控，并且向分布式账本管理员 mintettes 分配

---

① FCA, Cryptoasset Consumer Research 2020 [R/OL]. https：//www. gov. uk/find-digital-market-research/cryptoasset-consumer-research-2020-fca#citation，2022-03-25.

② Ali R., Barrdear J., Clews R., et al. The Economics of Digital Currencies [EB/OL]. https：// www. bankofengland. co. uk/quarterly-bulletin/2014/q3/the-economics-of-digital-currencies，Quarterly Bulletin 2014 Q3.

③ Ali R., Barrdear J., Clews R., et al. Innovations in Payment Technologies and the Emergence of Digital Currencies [EB/OL]. https：//www. bankofengland. co. uk/quarterly-bulletin/2014/q3/innovations-in-payment-technologies-and-the-emergence-of-digital-currencies，Quarterly Bulletin 2014 Q3.

④ Carney M. One Bank Research Agenda：Launch Conference-Opening Remarks by Mark Carney [Z/OL]. https：//www. bankofengland. co. uk/speech/2015/one-bank-research-agenda-launch-conference，2015-02-25.

⑤ Broadbent B. Central Banks and Digital Currencies [R/OL]. https：//www. bankofengland. co. uk/speech/2016/central-banks-and-digital-currencies，2016-03-02.

⑥ Zitter L. The Bank of England's RSCoin：an Experiment for Central Banks or a Bitcoin Alternative? [R/OL]. https：//bitcoinmagazine. com/culture/the-bank-of-england-s-rscoin-an-experiment-for-central-banks-or-a-bitcoin-alternative-1459183955，2016-03-28.

接入系统，授权其进行交易管理；最后，RSCoin 采取两阶段提交（Two-Phase Commit：2PC）的共识机制以提高 mintettes 分布式记账的效率，同时为系统提供可扩展性。姚前对于 RSCoin 这类"中心化比特币"的央行数字货币的优缺点进行了详尽的分析总结，指出其优点在于中心化发行与分布式账本维护的理念在理论上可以很好地兼容央行对中心化货币调控的需求与分布式账本高安全性与可靠性的特征，在保证交易记录高透明度和可审计性的同时理论上能解决比特币扩展性差的问题。但是，其缺点在于理想化程度较大，没有明确大量的对账工作如何由中央银行统一处理，也没有考虑到银行业使用复式记账法而非比特币分布式记账模式的习惯，作为一个概念原型需要在现实世界中实验其支付交易功能。① 该央行数字货币的理想最终停留在构思阶段，自 2016 年 RSCoin 消息传出后就再无音讯。英国对于 CBDC 的率先探索在此后一段时间内未有较大技术突破，在发表一些讲话与研究报告之后，英国央行于 2018 年初宣布不再推进央行数字货币项目。

直到 2019 年脸书公司发布 Libra 白皮书后，英国央行备受震动，才重新将 CBDC 纳入议程。Libra 第一版白皮书中提出的通过美元、英镑、欧元和日元计价资产抵押发行"追求实际购买力相对稳定"的稳定币的模式，在英国央行看来是挑战现有国际货币的行为。英国央行前行长 Mark Carney 在演讲中明确表示英国央行必须同第三方支付系统竞争，保护英国央行对英镑支付的完全监管权。② 英国央行 2019 年发布的金融稳定报告也明确提出："Libra 是稳定币未来发展的典型代表，可能成为具有系统重要性的金融产品，因此英国的监管机构必须在其发行前就明确并落实对此类数字货币的监管框架。"③同时，英国央行也将此次事件视为扩大数字货币时代英镑地位的机会，表示未来得到各国央行监管的一篮子法币合成的数字货币应成为国际储备货币。

来自稳定币的挑战促使英国央行重新启动对于 CBDC 的探索。2021 年 4 月 20 日，英国央行宣布同英国财政部共同成立央行数字货币工作组，组织对于

---

① 姚前. 中央银行加密货币——RSCoin 系统之鉴 [J]. 财经, 2017 (13).

② Carney M. Enable, Empower, Ensure: a New Finance for the New Economy-Speech by Mark Carney [Z/OL]. https://www.bankofengland.co.uk/speech/2019/mark-carney-speech-at-the-mansion-house-bankers-and-merchants-dinner, 2019-06-20.

③ Bank of England (BoE). Financial Stability Report, Financial Policy Committee Record and Stress Testing Results [EB/OL]. https://www.bankofengland.co.uk/financial-stability-report/2019/december-2019, 2019-12-16.

英国 CBDC 的研究工作。① 虽然英国尚未正式决定发行何种形式的 CBDC，但是已经组织了"CBDC 参与论坛"和"CBDC 技术论坛"两个外部研究论坛。"CBDC 参与论坛"主要组织金融机构、民间社会团体以及商业机构，探究 CBDC 的具体使用问题：已有使用范例、所需功能、在公共部门和私人部门中的作用、数字化金融相关问题以及数据和隐私保护。"CBDC 技术论坛"主要组织来自金融机构、大学、金融科技企业、金融基础设施平台以及其他科技企业中的技术专家，探究央行数字货币的技术问题：分布式账本设计、支付末端硬件技术、互操作性、用户体验、数据安全、API 标准、弹性 & 可用性以及可实现功能范例。②

三、活跃于发达国家间的数字货币治理与合作

英国作为传统的金融大国，对于数字货币的发展趋势有着很多精准的判断。然而，受限于本国的技术实力，英国很难凭一己之力推动 CBDC 的发展，因此活跃于发达国家间的数字货币治理与合作，希望凭借发达国家集团（如G7）的力量维护现有的国际货币金融秩序以及英镑的国际地位。

以英国的经济实力，其在数字货币国际治理中很难发挥领导作用，而是更多地扮演着发达国家内部的组织者、协调者的角色。2020 年初，英格兰银行就参与了 BIS 与主要发达国家建立的 CBDC 研究小组，其负责金融稳定的副行长乔恩·坎利夫爵士（Sir Jon Cunliffe）担任这项联合研究的主席。在 2021 年9 月，该小组就零售 CBDC 发布关于 CBDC 系统设计、用户需求、金融稳定启示的三份研究报告后，乔恩·坎利夫爵士表示："各国央行的这种合作投入将有助于确保在日益数字化的世界中的创新能力、私营部门推动 CBDC 系统满足未来支付需求的过程以及金融系统受此影响产生的演变。"此外，2021 年英国作为 G7 轮值主席国，还推动了 G7 国家财长与央行行长在当年达成了零售CBDC 的十三条公共政策原则，并发表关于 CBDC 和数字支付的联合声明。发达国家在 CBDC 标准和规则方面的紧密合作，体现出他们欲在数字时代继续主导国际货币秩序的意图。

此外，英国也在同个别发达国家展开双边的数字货币交流与合作。为弥

---

① Bank of England（BoE）. UK Central Bank Digital Currency［EB/OL］. https：//www. bankofengland. co. uk/research/digital-currencies，2022-03-13.

② Bank of England（BoE）. CBDC Engagement Forum Terms of Reference［EB/OL］. https：//www. bankofengland. co. uk/research/digital-currencies/cbdc-engagement-forum，2021-08-19.

补国内技术实力的限制，英国央行于2022年3月宣布与MIT联合开展CBDC研究，声称该项目为期一年，仅限于开展相关研究而不涉及开发可操作的CBDC。① 2022年6月，英国财政部与日本方面启动了首届金融监管论坛，其中的未来合作方向里涵盖了对数字货币及数字支付系统的监管立法研究。②

第五节　日本的数字货币发展策略

日本对私人数字货币一直持包容、开放的态度，从2014年起逐步完善加密资产的监管规则，致力于通过规范国内加密市场发展以促进金融创新、提升经济效率。与欧盟类似，日本最初对CBDC的态度也十分谨慎，直到2019年Libra白皮书发布和数字人民币（e-CNY）试点启动后，日本当局才正式开启国内的零售CBDC研究。为应对外部CBDC竞争带来的安全挑战，日本近年在国际上积极推进发达国家间的零售CBDC合作。

一、以私人数字货币带动国内支付创新

日本很早就看到私人数字货币发展对本国支付创新和经济发展的潜在促进作用，因此一直对私人数字货币采取支持态度。针对私人数字货币快速发展暴露的风险，日本监管当局及时修订监管法规，保障私人数字货币市场健康发展。

1. 日本对加密资产的监管

日本金融厅（FSA）是加密资产的主要监管机构，针对加密资产市场出现的重大风险事件及时制定监管法规。2014年日本的比特币交易平台Mt. Gox宣布破产，成为日本金融厅出台针对虚拟货币立法的重要导火索。2015年12月，日本金融厅发布《关于支付结算业务高度化的工作小组的报告书》（以下简称《报告》），对有关虚拟货币的立法工作提出针对性建议。《报告》指出，虚拟货币立法有两个直接目标：一是对虚拟货币持有者和交易平台用户进行保

---

① Bank of England（BoE）. Bank of England and Massachusetts Institute of Technology Joint Central Bank Digital Currency Collaboration［EB/OL］. https：//www. bankofengland. co. uk/news/2022/march/boe－and－massachusetts－institute－of－technology－joint－cbdc－collaboration，2022－03－25.

② HM Treasury. Inaugural UK－Japan Financial Regulatory Forum［EB/OL］. https：//www. gov. uk/government/publications/inaugural-uk-japan-financial-regulatory-forum，2022－06－10.

护；二是为加强国际协同合作，应对洗钱和恐怖融资等犯罪行为。基于这一报告，日本金融厅向日本国会提交了《资金结算法案》及相关法律的修正案。根据《资金结算法案》修正案，增设"虚拟货币"一章，对虚拟货币的定义做出规定，并针对虚拟货币交易机构制定了监管规则。2016 年 5 月，日本国会通过《资金结算法》《犯罪收益转移防止法》等修正案，正式将虚拟货币纳入法律框架体系。自 2017 年 4 月 1 日起，《资金结算法》修正案正式实施，日本金融厅在全球率先实行交易业者登记制度，对虚拟货币的现货交易进行审查。此后，虚拟货币的现货交易不断减少，作为新型交易模式的保证金交易迅速增长，到 2019 年保证金交易占比已超过 90%。[①]

随着虚拟货币交易的投机属性增强，日本金融厅进一步明确了虚拟货币的"资产"属性。2018 年虚拟货币交易平台 Coincheck 被黑客入侵事件，促使日本金融厅制定针对加密资产的监管法规。2019 年 6 月，日本国会通过《资金结算法》《金融商品交易法》等修正案，将保证金交易及以投资为主的首次代币发行（ICO）等纳入监管。这些修正案从法律上将"虚拟货币"的名称变更为"加密资产"，于 2020 年 5 月起正式实施。同时，对《金融商品交易法》登记审查设置期限，无法按时完成登记的交易所将被强制退场，不能再提供金融交易服务；取消了从业者为业务顺利进行而从客户账户预留加密资产总量 5% 上限的做法，改为赋予从业者将客户加密资产用高可信度的方式（glod wallet）加以操作的责任。2019 年 9 月，日本金融厅下属的日本加密资产交易业者协会颁布了《新币发售相关规则》及配套的《关于新币发售相关规则的指导方针》，允许公开发行和销售代币进行融资。

近年来，在西方国家不断加强金融制裁手段的背景下，日本进一步完善了加密资产立法。2022 年，日本当局对加密资产的监管重点在于加强反洗钱/反恐怖主义融资（AML/CFT）相关法规的修订，涉及《外汇法》《国际恐怖主义财产冻结法》《防止犯罪所得转移法》《打击有组织犯罪、毒品特别法》等，以更有效地实施金融制裁。

2. 日本对数字稳定币的监管

日本当局最初并没有对数字稳定币单独立法，而是将其作为加密资产的一种进行监管，直到 Libra 被提出后才考虑将稳定币独立纳入监管。2019 年 10 月，日本财务大臣麻生太郎在二十国集团（G20）财长和央行行长会后的记者

---

① 刘瑞. 日本央行数字货币的制度设计及政策考量 [J]. 日本学刊, 2021 (4)：83-117.

会上强调，有关稳定币和数字课税的讨论正在"向前推进"，需要对稳定币采取一些监管措施。2019 年 12 月，日本央行行长黑田东彦在金融行业信息系统中心成立 35 周年活动上指出，全球稳定币交易规模的扩大，将会引发其和传统金融之间的恶性竞争，最终两败俱伤。日本央行认为，数字稳定币在拥有完善决算服务潜力的同时，也产生了诸如洗钱、网络风险、数据保护、消费者/投资者保护等一系列问题，特别是一旦全球稳定币大量交易，将会减弱金融政策的效力，对金融系统的稳定造成冲击。2021 年 9 月，日本金融厅金融审议会专门成立了一个资金决算工作小组，该小组成员翁百合（Yuri Okina）此后表示，日本应致力于增强稳定币的可追溯性，保护其持有者免受巨额损失，并减轻出现"数字银行挤兑"的风险，同时强调日本必须确保对稳定币的监管措施不会扼杀私营部门的技术创新。2021 年 12 月，日本金融厅表示将在 2022 年把稳定币的发行限制在银行和电汇公司以降低风险。

2022 年 5 月，算法稳定币 TerraUSD（UST）及与之绑定的加密货币 LUNA 崩盘，成为日本通过稳定币立法的直接原因。2022 年 6 月 3 日，日本众议院通过了新的《资金决算法案》（以下简称《法案》）修正案，并于 6 月 17 日正式生效。新《法案》在加密资产领域对稳定币进行了分类，由此将稳定币的发行和交易纳入法规体系。根据《法案》要求，稳定币的发行人将仅限于持牌银行、注册过户机构和信托公司等，稳定币必须与日元或其他法定货币挂钩，并保证持有人拥有按面值赎回稳定币的权力。该《法案》还依赖于同行业的监管，规定行业需要共同建立外汇交易分析平台，防止洗钱等；引入同行许可制度；联合监管主要平台可疑交易和洗钱交易。因此，老牌银行、金融交易系统的巨头和支付平台仍然是稳定币行业的主力军。

二、在金融创新与金融安全的权衡下推进数字日元

由于重视私人部门的数字货币创新能力，日本央行对于零售 CBDC 的态度非常谨慎，虽然自 2020 年开始正式启动零售 CBDC 研究，但是至今尚未表达在国内发行数字日元的明确态度。

日本央行对 CBDC 的谨慎态度主要是出于国内经济发展需要的考虑，但是外部环境的压力使日本央行于 2020 年启动国内的零售 CBDC 研究。从国内需求来看，日本央行发行零售 CBDC 的必要性不大。日本央行副总裁雨宫正佳曾表示，因为日本民众对现金的需求意识十分强烈，国内非现金支付的方式尚非主流支付方式，同时日本央行重视非官方支付系统的数字化升级完善。日本央

行行长黑田东彦也曾表示，数字科技有助于提高跨境支付和结算效率，但应主要依靠私人部门力量推动创新，日本央行需注重提升私人部门创新效率。然而，2019 年发生的两个外部事件促使日本开始从国家经济安全的角度考虑零售 CBDC 的意义——先是 Libra 白皮书的发布使日本央行意识到私人数字货币可能给央行货币发行权带来的挑战，其后数字人民币的试点又使日本政界开始担心日元的国际前景。① 2020 年 2 月，日本央行在其结算机构局内组建 CBDC 研究团队，通过与国内专家和相关机构及其他国家央行的信息交流与讨论，就 CBDC 相关问题展开深入研究。同年 7 月 20 日，日本银行将前述研究团队改组为新的"CBDC 团队"，正式成为结算机构局内的六大研究团队之一，承接之前的 CBDC 相关课题并展开进一步研究。同月，日本央行发布题为《央行数字货币：与现金具有同等功能的技术课题》的报告，强调日本的 CBDC 需要克服两方面问题：一是普及性，即保证所有人（包括那些不使用智能手机的人）都能获取 CBDC；二是强韧性，指即便在停电或自然灾害发生时，人们依然可以在线下获取数字日元。2020 年 10 月，日本央行指出尽管其目前没有发行 CBDC 的计划，从确保总体支付结算系统的稳定性和效率来看，其有必要为应对环境变化做好充分准备，因此决定发布其关于零售 CBDC 的方法。就预设功能而言，这种 CBDC 应当成为与现金等同的支付工具，支持私人支付服务，并开发出适合数字社会的支付和结算系统；就核心特征而言，零售 CBDC 应具有普惠性、安全性、稳健性、及时支付能力和互操作性；需要考虑的要点应包括：CBDC 与价格和金融稳定的关系、促进创新、确保隐私以及与跨境支付的关系。②

自 2021 年起，日本央行开始对零售 CBDC 进行概念验证（PoC），但是对于是否会在国内推出数字日元仍未有明确态度。2021 年 4 月，日本央行宣布进行零售 CBDC 的第一阶段概念验证，工作重点在于对 CBDC 的核心功能进行技术可行性的实验分析，为期一年。日本央行为 CBDC 系统开发测试环境，并针对 CBDC 作为支付工具的核心功能，如发行、支付、汇款、接收和赎回，开展一系列试验。③ 在试验中，日本央行提出了 CBDC 账本系统的三种设计方

---

① 刘瑞. 日本央行数字货币的制度设计及政策考量 [J]. 日本学刊, 2021 (4)：83-117.

② Bank of Japan（BoJ）. The Bank of Japan's Approach to Central Bank Digital Currency [EB/OL]. https://www. boj. or. jp/en/about/release_2020/data/rel201009e1. pdf, 2020-10-09.

③ Bank of Japan（BoJ）. Commencement of Central Bank Digital Currency Experiments [EB/OL]. https://www. boj. or. jp/en/announcements/release_2021/rel210405b. pdf, 2021-04-05.

案，通过对系统处理性能、可靠性和易扩展性的试验工作和架构评估，对各种设计进行了比较。① 2022 年 4 月，日本央行启动第二阶段概念验证，基于第一阶段开发的 CBDC 账本系统构建更复杂的附加功能，探讨其技术可行性及其对系统处理性能的可能影响。2022 年 11 月，日媒报道称日本央行将在 2023 年与日本三大银行和地方银行协调一项发行"数字日元"的试验。自 2023 年 4 月起，日本央行启动零售 CBDC 的试点项目，除了确认三大行及地方银行的 CBDC 交易是否顺利进行外，也将会讨论引入银行客户参与试验的有关情况，这将成为日本央行是否发行 CBDC 重要的判断依据。

三、推动发达国家数字货币合作以维护本国金融安全

与在国内对 CBDC 的谨慎态度不同，日本积极推动发达国家间在零售 CBDC 领域的合作。日本此举也在于维护由发达国家主导的国际货币、金融秩序，但与英国略有不同，日本作为发达国家集团 CBDC 合作推动者的动机主要来自数字人民币可能带来的国际竞争和安全压力。

除了积极参与 BIS 组织的发达国家间 CBDC 研发合作之外，日本还是 G7 框架下零售 CBDC 合作的有力推动者。中国推出的数字人民币，是日本政客向政府动议推进 G7 国家央行间 CBDC 合作的重要动因。2020 年 2 月，日本前内阁府经济财政改革特命担当大臣甘利明及"自民党规则制定议员联盟"成员表示，数字人民币可能在新兴经济体广泛传播，对美元主导的国际货币秩序构成挑战，因此日本应与美国就数字货币问题保持密切合作，并呼吁美国将 CBDC 列入 2020 年的 G7 峰会议程。同年 12 月，自民党"新国际秩序创造战略本部"发布"'经济安全保障战略'建议"，提出为了维护国际货币体系的稳定和日本的国家利益，日本要同美国合作推进美元数字化和日元数字化，主导 CBDC 相关技术的国际标准制定。终于在 2021 年 10 月，G7 财长和央行行长发表了关于 CBDC 和数字支付的联合声明，并通过了零售 CBDC 的十三条公共政策原则。出于对自身金融安全的考量，日本将继续推动 G7 国家在 CBDC 技术标准和跨境运行规则等方面的合作。

---

① Bank of Japan（BoJ）. Central Bank Digital Currency Experiments：Results and Findings from "Proof of Concept Phase 1"［EB/OL］. https：//www. boj. or. jp/en/paym/digital/rel220526a. pdf, 2022-05-26.

第六节　俄罗斯的数字货币发展策略

为摆脱美国金融制裁，俄罗斯政府接受私人数字货币并推动区块链技术发展，近年来也在加紧央行数字货币的研发。

一、政府接受私人数字货币发展

俄罗斯对加密资产持开放态度，允许国内实体开展加密资产的挖矿和交易活动。面对隐匿性高、未被纳入监管的加密资产，俄罗斯政府在早期也曾发布禁令。2014年2月，俄罗斯总检察院发表声明，禁止在俄罗斯境内使用比特币，全面禁止以比特币为代表的数字货币交易。2015年1月，俄罗斯的媒体监管机构屏蔽了多家与加密资产相关的网站和社区。不过，俄罗斯国内很快出现了不同的声音，自2016年开始禁令就逐渐被废止，此后加密资产的合法化进程开始起步。2017年9月，俄罗斯第一家合法的数字货币交易所Voskhod获得央行批准。2018年6月，俄罗斯联邦储蓄银行（Sberbank）与俄罗斯阿尔法银行（Alfa-Bank）宣布将推出面向顾客的加密资产管理服务，涵盖比特币、以太坊等6种主流加密资产。

俄罗斯财政部与俄罗斯央行对加密资产的态度长期存在分歧，造成俄罗斯的加密资产监管法规出台缓慢。俄罗斯财政部对加密资产持支持态度，而俄罗斯央行则对一直加密资产可能对主权货币造成的挑战感到担忧。2018年1月，俄罗斯财政部完成《数字金融资产法》草案初稿，制定ICO规则并将挖矿行为合法化，但是俄罗斯央行却担心加密资产可能被当作货币替代品。双方的分歧使该法案在2018年杜马会议上未能获得通过，一直处于停滞状态。直到2020年7月，双方达成妥协后的《数字金融资产》法案才获得俄罗斯国家杜马通过，并由总统普京签署，于2021年1月1日生效。该法案的出台使加密资产在俄罗斯获得合法地位，但使用加密资产进行支付仍然被禁止。《数字金融资产法》并未终止俄罗斯财政部与央行之间的分歧，该法案具有很强的探索性质，许多条款需要俄罗斯央行的完善和修订，而俄罗斯央行尚未就发行数字金融资产的流程、流通和市场参与者之间的交易制定规则。2022年1月，俄罗斯央行又提议禁止在俄境内开发和使用加密资产，因为这可能威胁到金融稳定和货币主权；而财政部却不满央行的强硬态度，在总统普京的支持下于当年2月提交了"关于数字货币"的联邦法律草案，允许公民在获得许可和客户识别的情况下交易加密资产，但是不能使用加密资产作为支付手段。随着俄罗斯央行不断推进数字卢布的开发进程，预计俄国内对加密资产的定位和立法将会更加明确。

值得一提的是，俄罗斯确实具有发展加密资产与区块链产业的良好条件，特别是在挖矿领域，已经是比特币开采量世界排名第三的国家。俄罗斯资源丰富，电力资源尤其充裕；低密度的人口和寒冷的气候，对解决矿机噪声和散热问题有先天优势。据报道，俄罗斯的累计装机容量约为236吉瓦，如果从多余能源中将100吉瓦用于加密资产挖矿项目，那么俄罗斯经济可多出1.7万亿卢布（约300亿美元）的收入。2018年8月，俄罗斯地方政府宣布在列宁格勒地区开设国内最大的加密资产矿场，配备了3000多台采矿设备，占地面积约4000平方米，不仅自己挖掘数字货币，还向挖矿者提供服务。俄罗斯政府还向矿工抛出橄榄枝，给矿工们开出了免税、移民、低电价等利好政策。截至2021年8月，俄罗斯占据了比特币全网13.6%的算力。在2022年前，俄罗斯人拥有超过1200万个加密资产账户和价值约2万亿卢布（约合267亿美元）的加密资产。

二、央行积极推进数字卢布研发

俄罗斯央行早在2016年就建立了央行区块链工作小组，研究这一去中心化技术的应用，开发了名为"MasterChain"的项目。该项目是基于以太坊（Ethereum）进行的银行间区块链原型的研发和测试，参与该项目的企业都是俄罗斯的大型银行。Masterchain区块链平台旨在促进国家银行系统内部沟通，进而取代SWIFT实现俄罗斯境内银行间结算服务。Masterchain区块链平台是俄罗斯防范美国金融制裁的预备手段，即防范美国阻止SWIFT银行间结算系统为俄国服务而设立的备用金融通信系统。2014年美国和欧盟对俄罗斯的制裁引起后者担心可能会被从SWIFT系统中除名并因此启动了对备用金融通信系统的试验。该平台已在2018年4月开始正式试用，着手取代SWIFT银行间通信网络。俄罗斯金融科技协会、俄罗斯企业财务主管协会以及俄罗斯14家最大的银行（包括VTB在内）都已参与到该平台的建设和运营中。

同时，俄罗斯央行也开始积极探索国家数字货币。2019年4月，俄罗斯央行发布名为《中央银行数字货币是否存在未来?》的报告，对央行数字货币的优势和劣势展开了讨论与评估。该报告指出，与法定货币和借记卡相比，CBDC能够在一定程度上降低交易成本，提供一种风险较低、流动性较强的资产类型，但是这种优势须在CBDC能够提供更好的支付和储蓄功能的前提下才能实现。缺乏匿名性则是CBDC最大的劣势，因为其无法提供与现金同等级别的匿名性；CBDC在低通胀和利率适当的背景下还可能与商业银行形成存款竞争。2020年10月，俄罗斯央行提出数字卢布的设想，强调数字卢布将以唯一数字代码形式存储在特殊的数字钱包中，完全等同于现金卢布。2021年，数字卢布平台的原型建立。2022年初，俄罗斯央行开始数字卢布试点。3家银行已经可支持客户使用现有移动应用程序进行试点交易，另有9家银行正在升级技术线以便很快加入试点。以试点结果为基础，俄罗斯央行将确定数字卢布的工期规划图，预计需要两年的时间可建立起支持数字卢布的基础设施。

三、以数字货币规避金融制裁但作用有限

从技术、经济以及其他国家意愿三方面进行分析，可知俄罗斯想要利用数字货币大规模规避西方国家制裁，恐怕面临很大难度。

从技术层面来看，数字货币是否可用于规避制裁的关键在于相关技术能不能帮俄罗斯摆脱西方国家的监控。主要体现为以下三个观点：第一种观点认为，加密货币自成技术体系，可以绕开传统的银行和货币监管体系，因而交易可不受制裁约束。这种观点现在恐怕已无法成立，因为国际上针对加密货币的监管体系日趋完善。例如，反洗钱金融行动特别工作组（FATF）已经发布了加密货币的监管指南并在几十个国家执行，加密货币交易所作为加密货币网络的中心节点成为重要的受监管对象。而且，现在市场上很多区块链交易追踪工具，如Chainalysis等，完全可以监测到加密货币的大额资金流动。可见，俄罗斯至少无法通过加密货币交易所开展交易，而现实中多数加密货币交易都是通过交易所进行的。第二种观点认为，加密货币可以进行直接点对点交易，绕开加密货币交易所。第三种观点认为，全新的数字卢布系统将使美欧国家无法监测到卢布交易。后两种观点也许在技术上能做到，但是在经济上却未必值得。

从经济层面来看，数字货币交易能否有效规避制裁的关键，在于俄罗斯实体及其交易对手认为值不值开展此类交易。首先，加密货币存在价值风险。加

密货币价格波动剧烈，交易前后可能存在较大价差，从而造成损失。其次，加密货币和数字卢布均面临着流动性风险。通过去中心化交易获得的大量加密货币很难迅速变现，因为一旦通过加密货币交易所进行货币转换，巨额资金来源必然受到追查。而数字卢布的国际接受程度有限，向俄罗斯出口获得的数字卢布恐怕只能通过与俄罗斯开展进口贸易才能花出去。此外，去中心化的加密货币交易还因缺少第三方中介服务而面临其他风险。例如，由于没有银行提供信用证服务，交易一方可能会遭遇违约风险。以加密货币支付虽然可以实现快速到账，但是货物的交付却需要较长时间。在没有第三方担保的情况下，上述时间差可能会导致违约的发生。另外，缺少保险公司提供的保险服务，也有可能使交易一方承担货物在运输过程中的意外损失。由于上述种种不确定性，在以数字货币开展涉制裁交易时，他国实体一定会索要高风险溢价，而俄罗斯实体不得不承担相应的溢价损失。

从其他层面来看，以数字货币规避金融制裁能否成行，还要看其他国家敢不敢与俄罗斯进行交易。美国对俄罗斯的贸易监测绝不仅限于资金层面，而且可以落实到货物追踪。美国的卫星系统完全可以监测到出入俄罗斯边境的大规模货运信息，甚至汤森路透、彭博等商业信息提供商都可以提供货运信息服务。其他国家与俄罗斯开展交易很难不被察觉，一旦被发现不仅可能面临巨额经济处罚，还将对企业的业务造成重大打击。因此，目前各国与俄罗斯进行贸易的态度谨慎。

俄乌冲突后美国防止俄罗斯以数字货币规避金融制裁的举措

鉴于俄罗斯在数字货币领域的基础，美国政府担心数字货币可能被俄罗斯用于规避制裁。美国财政部在2021年10月编写的一份报告指出，加密货币等技术创新可能降低美国制裁的效力，因为加密货币交易为恶意行为者提供了在传统美元体系以外持有和转移资金的机会。2022年3月2日，美国几位参议员致函财政部部长珍妮特·耶伦（Janet Yellen），对财政部在监控和执行加密货币领域制裁合规性方面的进展表示担忧，特别是考虑到需要确保美国对俄罗斯制裁的有效性和完整性。3月7日，美国财政部金融犯罪执法网络（FinCEN）发布警告，要求所有金融机构识别并迅速报告与规避制裁有关的潜在努力，进行适当的基于风险的客户尽职调查或在必要时加强尽职调查。3月11日，美国财政部外国资产控制办公室（OFAC）发布指导意见，明确要求美国人，包括加密货币交易所、加密钱包和其他服务提供商，遵守对俄罗斯的制裁，采取基于风险的措施以确保他们不参与被禁止的交易。

为进一步探讨围绕制裁使用加密货币的问题，美国参议院银行委员会于2022年3月17日举办了一场名为"理解数字资产在非法金融中的作用"的听证会。参议员伊丽莎白·沃伦（Elizabeth Warren）宣布引入一项名为《2022年数字资产制裁合规增强法案》的新法案（以下简称《法案》），通过阻止外国加密货币企业与受制裁的俄罗斯精英开展业务、赋予当局暂停与俄罗斯相关加密货币地址交易的权力、提高持有加密货币的透明度，打击俄罗斯行为者利用数字资产逃避国际制裁的风险。该《法案》还要求在美国境外从事超过1万美元加密货币交易的美国纳税人提交FinCEN的114表格；要求财政部发布一份公开报告，确定在制裁规避、洗钱或其他非法交易方面存在高风险的外国数字资产交易平台。

美国白宫国家安全委员会和财政部已经要求全球一些大型交易平台的运营商，阻止任何绕过美国及其盟友对俄罗斯实施严格制裁的企图。2022年3月7日，美国最大的加密货币交易所Coinbase加入制裁行列，通过外部来源身份识别和自身广泛的审查和追踪过程，屏蔽了超过2.5万个与俄罗斯个人或实体有关的交易地址。Coinbase验证了涉及美国、英国、欧盟、联合国等制裁名单上的所有账户，符合受制裁身份或居住在受制裁地区的个人不得开立账户。Coinbase还利用其自身的区块链分析程序发现新出现的威胁、高风险行为等，这使该公司能够识别在Coinbase之外的个人持有的被制裁账户。Binance、FTX等总部不在美国的加密货币交易所也表示，愿意屏蔽OFAC制裁名单上实体的钱包。除美国以外，G7在联合声明中也提出要堵住对俄制裁的加密资产漏洞，日、韩等多国也加入了对俄加密领域制裁的队伍，对辖区内加密货币交易所采取强硬措施。

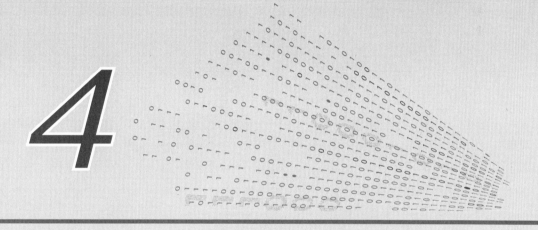

4

数字货币时代的
货币竞争

数字货币的出现对传统货币理论进行了发展，至少从三个维度引入了新的货币竞争问题：一是形态维度，即数字货币与普通货币（如纸币、电子货币等）的竞争；二是发行人维度，即私人发行的数字货币（包括加密资产、数字稳定币）与主权国家发行的法定（数字）货币的竞争；三是国际维度，即各主权国家之间的数字货币竞争。数字货币相关的货币竞争属于较新的研究领域，近年来文献才逐渐多起来。本章从上述三个维度系统梳理了当前这一领域的研究进展和主要结论，并在此基础上对数字时代的货币竞争趋势做出研判。

第一节　形态维度：传统货币与数字货币的竞争

货币自出现以来，在技术发展的支持下，已先后出现了数次形态演变，而数字货币可能成为未来的货币形态。在历史上，第一次重要的货币形态演变是从商品货币到金属货币，这主要得益于冶金技术的发展；第二次重要演变是从金属货币到纸币，随着制钞防伪技术的发展，纸币得到大范围应用；第三次演变则是从纸币向电子资金转变，计算机和互联网的发展使电子化的银行资金及以其为工具的电子支付得到普及。[①] 2008 年比特币诞生以来，数字货币发展可以被看作是货币的第四次形态演变，即可以脱离传统的银行账户体系、实现点对点支付的数字化货币。本节主要探讨纸币、基于银行账户的电子货币等传统形态的货币与数字货币之间的竞争关系。

一、不同形态货币的竞争背景

如今，在社会经济活动中发挥主要货币职能的还是纸币和基于银行账户的电子货币。如果以"M0"表示流通中的现金、"M2-M0"近似作为基于商业银行账户的电子货币、"基础货币-M0"近似表示中央银行持有的电子形式的货币

---

① 李建军，朱烨辰. 数字货币理论与实践研究进展 [J]. 经济学动态，2017 (10)：115-127.

(准备金)①，那么可以得到我国几种不同形态货币的发行量（见图4-1）。截至2022年第三季度，流通中的现金将近10万亿元，中央银行以电子形式存在的储备资金约24万亿元，依托商业银行账户体系、以电子形式存在的货币资金约260万亿元。从结构来看，上述三种货币的占比分别为3.4%、8.2%和88.4%，由银行体系创造的电子货币在当今的社会经济活动中发挥主要作用。从趋势来看，电子货币的发展非常迅速。在2000年第一季度，流通中的现金约为1.3万亿元，中央银行持有的电子形式的储备资金约1.9万亿元，后者仅为前者的1.5倍；商业银行创造的电子货币约12.3万亿元，约为现金的9.5倍。而到2022年，中央银行持有和商业银行创造的电子货币的规模分别为现金的2.4倍和26倍。由此可见，货币形态发展对于货币在社会经济活动中的规模和作用具有重要影响。

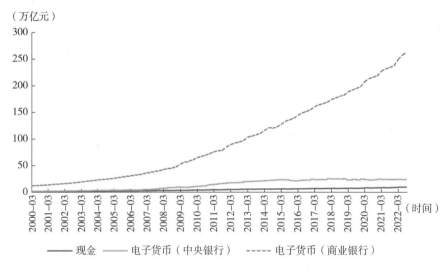

图4-1　中国不同形态的货币发行量

资料来源：中国人民银行。

我国的数字人民币在2019年末投入试点后，经历了快速的发展。到2022年10月，数字人民币已先后在15个省（市）的部分地区展开试点，在批发零售、餐饮文旅、教育医疗、公共服务等领域投入应用。截至2022年8月31日，数字人民币在试点地区的累计交易笔数已达3.6亿笔，金额达到1000.4亿元，支持

---

① 准确来讲，基础货币由银行体系的法定准备金、超额准备金、库存现金以及银行体系外的流通现金等四部分构成，但由于商业银行库存现金相比其他项目金额很少，所以可以近似忽略。

数字人民币的商户门店数量超过 560 万个，而在 2021 年 10 月末仅有 155 万商户支持数字人民币钱包。虽然发展迅速，但是目前数字人民币的交易规模仍不足流通中现金规模的 1%。

二、不同形态货币竞争的研究进展

目前，国际上对于普通货币与数字货币进行研究的文献，大体从三个视角展开分析：一是从货币职能的视角，探讨不同形态货币的优、劣势；二是从货币政策角度，主要分析 CBDC 相比纸币在货币政策方面的优势；三是从监管与隐私保护的视角，比较了不同形态货币的优势和劣势。

1. 货币职能视角

货币的三项基本职能为记账单位、交易媒介和价值贮藏。以此为理论基础，当前的研究基本体现为三种观点：第一种主要针对加密货币，认为加密货币不能承担货币的基本职能，无法与普通货币竞争；第二种观点认可 CBDC 的技术优势，认为其比传统货币能够更好地发挥货币的三项基本职能；第三种观点认为数字货币能够拆分货币的基本职能，并能够与平台功能重新捆绑，满足更加异质化的用户需求。

早期探讨加密货币的文献，基本都认为加密货币不能很好地承担货币的基本职能，因此无法与传统货币竞争，甚至不能称为"货币"①。美国学者大卫·耶麦克（Dawid Yermack）指出，比特币面临着一系列挑战，使其不能有效承担货币的三项基本职能。首先，比特币难以成为一种便捷的交易媒介。比特币没有内在价值，其价值最终取决于它在消费经济中作为货币的可用性。虽然比特币在交易所的投资交易规模日益庞大，但是其在日常消费中的交易仍然非常有限。而且，获得新比特币存在着一定的困难，除非消费者成功地成为比特币的挖矿者，否则其只能从在线交易所或经销商处获取比特币。通过交易所进行的比特币交易通常面临着流动性低、买卖差价大的问题，且存在一定的执行和保管风险。其次，比特币难以成为一种稳定的记账单位。比特币的价格波动性很大，与其他货币相比，比特币的价格每天都会发生巨大变化，接受比特币的零售商必须非常频繁地重新计算价格，这一做法对商家来说代价高昂，消

---

① 如 Lo, S., Wang J. C. Bitcoin as Money? Federal Reserve Bank of Boston ［J］. Current Policy Perspectives, 2014, 14 (4): 14; Ali R., Barrdear J., Clews R., Southgate. J. Innovations in Payment Technologies and the Emergence of Digital Currencies ［J］. Bank of England Quarterly Bulletin, 2014, 54 (3): 262-275.

费者也会感到困惑。而且，比特币的市场价格存在多样性，世界各地市场的比特币报价有着明显差异。由于缺乏统一的市场价值，商家或消费者在试图确定消费价格时很难获得一个有效的参考点。最后，比特币难以成为一种安全的价值贮藏工具。比特币必须存放在所谓被称为"数字钱包"的计算机账户中，这些钱包的安全性已经成为比特币行业的一大难题。尽管一些数字钱包公司与第三方保险公司签订了合同，提供了一种原始的存款保险机制，但这需要客户承担评估钱包公司和保险公司安全性的成本。即使用户找到了一种持有和保护自身比特币的方式，他还面临着管理比特币价值波动带来的风险。比特币还体现出与其他主要国际货币和黄金的价值分离，对各种货币价值产生相似影响的宏观经济事件似乎不会对比特币产生明显的影响。这意味着，比特币作为一种风险管理工具是无效的，同时影响比特币的风险也很难得到对冲。①

类似地，何东等人也提出，在经济上加密资产无法完全履行货币的三项基本职能。首先，加密资产价格的高波动性限制了其发挥价值贮藏的功能。加密资产一般既不是国家负债，也不是私人实体的负债，它们的价格非常不稳定，波动性远高于多数国家的法定货币。其次，加密资产仍面临着规模较小、接受程度有限的问题，限制了它们作为交换媒介的使用。加密资产不具有法定地位，只有在双方都同意使用时才被接受。尽管基于加密资产的支付业务增长迅速，但加密资产的交易的笔数和规模仍然很小。最后，虽然加密资产具有独立性，但是其在现实中很少被作为独立的计价单位使用。加密资产不会被用来直接衡量商品或服务的价值，接受加密资产付款的零售商将以法定货币报价，加密资产的价格基于特定时间点其与法币的汇率计算得到。②

虽然学术界普遍认为加密资产不能承担货币的基本职能，但是不乏学者认为 CBDC 能够改进传统货币系统，更好地发挥货币的三项基本职能。首先，CBDC 可以成为一种广泛使用且几乎没有成本的交易媒介。美联储文章指出，即使在美国这样具有庞大银行分支网络的国家，CBDC 仍然能够提高支付服务的可获得性。在美国，大约 93.5% 的家庭可以获得电子化的支付结算服务；而通过银行账户或智能手机作为切入点的 CBDC，可以覆盖 96.7% 的美国家庭；如果 CBDC 使用银行账户并在不需要使用智能手机的情况下通过移动网络运

① Yermack D. Is Bitcoin a Real Currency? An Economic Appraisal［R］. National Bureau of Economic Research,（NBER）Working Paper No. 19747. 2013.

② He D., Habermeierk., Leckow R., et al. Virtual Currencies and Beyond – Initial Considerations［R］. IMF Staff Diseassion No. 1b/03. 2016.

行，那么将能够覆盖98%的家庭。① Michael Bordo 和 Andrew Levin 则认为，基于账户的 CBDC 可以作为一种几乎没有成本的交易媒介。中央银行只需借记付款人的 CBDC 账户、贷记收款人的 CBDC 账户，即可处理每笔付款交易，因此基于账户的 CBDC 比基于代币的 CBDC 的交易验证成本更低。虽然 CBDC 账户在创建时需要遵循一定程序来验证账户持有人的身份，但此后支付交易可以快速、安全地进行，中央银行将能够监控任何异常活动，并根据需要实施额外的反欺诈安全措施。② 此外，建立基于账户的 CBDC 还能节约消费者从 ATM 机提取现金所需支付的费用，以及零售企业为现金分类、清洁、验证和因顾客刷卡所需支付的费用。③

同时，Bordo 和 Levin 还提出，有息的 CBDC 可以提供一种安全的价值贮藏工具和稳定的计价单位。中央银行持有的所有资金都应具有相同的名义利率，保持与其他无风险资产相同的回报率，无论这些资金属于个人、企业还是金融机构。④ 在价格水平稳定的增长型经济中，CBDC 的利率通常为正。然而，如果经济遭遇严重的不利扰动，对总体价格水平造成下行压力，中央银行就能够利用带息 CBDC 根据需要降低利率，以促进经济复苏和价格稳定。此时，现金会成为一种更有吸引力的价值贮藏工具。为了限制现金与 CBDC 之间的转换，可以将两者的转换设置分级收费，特别是对涉及规模较大或转换频繁的交易人征收高额费用，使其在名义利率为负的时期也不愿将 CBDC 转为现金，从而通过降低利率的政策更有效地促使价格水平回复平稳。

前面两类文献还是以货币同时具有三项基本职能作为分析前提的，近年来有学者对数字货币的货币职能进行了更加深入、细致的分析，指出数字货币不仅能够拆分货币的基本职能，还能与平台功能重新捆绑，因此在与普通货币竞争时将更加专业化，并可能满足更加异质化的用户需求。普林斯顿大学的教授 Markus Brunnermeier 等人认为，在货币的三项基本职能中，"记账单位"对于理解货币竞争起到基础性作用。传统上，货币体系围绕"锚"进行组织，目前大多数货币体系中的"锚"都是政府发行的法定货币。基于这个"锚"，货

① Wong P. , Maniff J. L. Comparing Means of Payment：What Role for a Central Bank Digital Currency [Z]. FEDS Notes，2020-08-13.

② Bordo M. D. , Levin A. T. Central Bank Digital Currency and the Future of Monetary Policy [R]. NBER Working Paper No. 23711，2017.

③ Khiaonarong T. , Humphrey D. IMF, Cash Use Across Countries and the Demand for Central Bank Digital Currency [R]. IMF Working Paper No. 19/46，2019.

④ Friedman. M. A Program for Monetary Stability [M]. New York：Fordham Press，1960.

币的发行者可以提供两种类型的货币：第一类具有完全且无条件的可兑换性，其发行人作出具有法律约束力的承诺，以固定汇率将该工具兑换为另一种支付工具。这类货币的典型例子是银行存款，可转换为同等数量政府发行的法定货币。第二类货币工具以其他资产为支持，其发行人拥有更大的自由度。虽然对发行人而言，对汇率进行管理可能是可取的，但是并不会因其偏离初始计划而面临法律后果。例如，稳定币就属于这类货币工具，通过扩大和收缩货币供应以保持其相对于官方货币的价值稳定。[①]

基于可转换性特征，可以对"独立货币"进行定义。如果一组支付工具能够满足两个条件——具有相同的记账单位且可以相互转换，则可被称为一种独立货币。例如，以官方货币计价的现金、储备和银行存款都属于同一种货币；比特币等加密货币、挂钩一篮子货币的稳定币以及部分由发行实体银行账户中资产支持的稳定币[②]，则可称得上是独立货币。[③] 另外，一些新出现的电子支付工具，如支付宝、微信支付等，虽然创新了价值的转移方式，却并不能算作独立货币。Brunnermeier 等人将独立货币之间的竞争称为完全竞争（Full Competition）；将同一计价单位的货币工具在其作为交换媒介角色上的相互竞争称为部分竞争（Reduced Competition），如银行账户资金与电子钱包中资金的竞争。可见，在数字货币出现前，货币体系内的竞争都属于部分竞争；数字货币出现后，则将数字货币与普通货币的竞争上升到完全竞争层面。

基于对"记账单位"的分析，Brunnermeier 等人进而探讨了数字货币的"交易媒介"和"价值贮藏"职能，指出数字货币能够降低网络外部性对传统货币竞争构成的阻碍，并减少货币之间的转换成本，因而将使货币竞争专业化：有些货币可能作为交易媒介，另一些货币则仅承担价值贮藏的职能。货币的使用表现出很强的网络外部性，由于采用多种货币并跟踪其相对价值非常困难，因此在以一种货币计价的交易网络中，其他货币很难参与进来。转换成本也会导致网络外部性，交易成本使货币之间的频繁转换变得困难，促使人们在自己的货币区内进行交易。这种网络外部性的存在，制约了传统货币在种类和疆域上的竞争。然而，互联网所支持的巨大商业/社交网络，可以实现低成本、

---

① Brunnermeier M. K., James H., Landau J. The Digitalization of Money［R］. NBER Working Paper No. 26300, 2019.

② 即使发行方单方面放弃对这类稳定币的支持，它们也可以继续被用于交易。

③ 目前各个国家和多边层面都在着手制定数字稳定币的监管框架。可以预见，虽然目前许多稳定币可被视为独立货币，但是待数字稳定币完全被纳入政府监管，那些得到官方认可的稳定币发行人将受到更大的法律约束，这些稳定币也将成为官方货币计价体系中的组成部分，而不再是独立货币。

近乎即时的信息传递，使无摩擦、无中介的点对点交易成为可能，由此降低了存在于传统货币体系的信息障碍，能够迅速形成跨越国界的交易系统。转换成本在数字环境下也显著降低，由于可以在网络中开展点对点实时交易，因此货币兑换过程中的中介参与程度及其收费都会大幅降低。数字货币打破了传统货币体系中货币类别与地理疆域的高度一致性，可以自由地在跨越国界的网络中流通。网络外部性障碍的缓解和货币转换成本的降低，使以一种货币同时承担货币三项基本职能的动机下降，在数字货币竞争中货币基本职能的分离成为可能。例如，平台开发的稳定币可能对于平台用户来说是一种很好的支付工具，但是在不进行交易时他们会倾向于将此类稳定币转换为价值受到政府背书的 CBDC 或利率水平较高的银行存款以实现价值贮藏。可见，进入数字时代，货币的竞争将呈现更高程度的专业化，这也意味着在每项职能下货币的竞争将更加激烈。

另外，数字货币可以促使平台功能与货币职能的重新绑定，满足用户更加异质性的偏好。Brunnermeier 等人认为，平台相关的数字货币将比当前的普通货币更具差异性，不仅在货币的基本职能上有所区别，而且在平台提供的功能上也有所不同。这类数字货币将不再仅是支付工具，还被赋予与其他平台用户交互的权限，因此数字货币与交易平台的特征密不可分。此时，货币的传统职能在决定其竞争成败的过程中可能不再发挥关键作用，而平台功能将会显著影响货币的吸引力，如平台的信息处理算法、数据隐私政策以及平台上的交易对手等，由此货币竞争将涵盖信息和网络服务的竞争。对于普通货币，大多数用户对货币的基本属性都具有一致的偏好，能够广泛使用并保持价值稳定的货币总是受到青睐。然而，与平台功能重新捆绑的数字货币，可以满足更加异质性的用户偏好。例如，一些用户可能需要绝对的隐私保障，而另一些用户则偏好一个能够充分利用其数据的平台。这种偏好的异质性将激励数字货币发行机构差异化其产品，从而形成不同平台迎合不同类型消费者的细分市场。

2. 货币政策视角

从货币政策视角探讨数字货币与普通货币竞争的研究，侧重于分析数字货币相对于现金在货币政策方面的优势。不少文献都提到以数字货币取代现金，有助于解决零利率下限问题。美国著名学者肯尼斯·罗格夫（Kenneth Rogoff）指出，纸币阻碍了货币政策的有效性，这是名义利率零下限存在的基础，因而主张逐步取消纸币。① Bordo 和 Levin 也认为，纸币对央行应对严重不利冲击而

---

① Rogoff K. S. The Curse of Cash: How Large-denomination Bills Aid Crime and Tax Evasion and Constrain Monetary Policy [M]. Princeton University Press, 2017.

降低政策利率的能力构成了重大制约。当名义利率为负时，零息的现金作为一种价值储备变得越来越有吸引力。事实上，如果银行存款和其他短期资产的利率被降得太低，金融系统可能会经历严重的脱媒。CBDC 的计息设计和纸币的过时将有助于提高宏观经济的稳定性，因为利率调整将不再受到应对严重不利冲击的任何有效下限的约束。该下限一直是许多央行以 2% 或更高的通胀率为目标的一个关键原因，而 CBDC 将基本上消除维持这种"通胀缓冲"或部署替代性货币政策工具（如量化宽松或信贷补贴）的必要性。①

在消除零利率下限的基础上，基于 CBDC 可以实现更稳定的价格目标和更具透明度的货币政策框架。Bordo 和 Levin 指出，央行在引入 CBDC 后可以采用以价格稳定为目标的货币政策，而非当前被广泛采用的通胀目标政策。通过采用有息的 CBDC，央行可以建立一个恒定的价格水平目标，作为持久、可信的名义锚。一种方法是价格目标规则（Price Level Targeting Rule），这种规则可以用价格水平偏离目标和经济活动偏离其可持续的长期路径来表达，不会明确涉及 CBDC 的利率。另一种方法是根据简单基准规则（Simple Benchmark Rule）来制定央行的政策策略，类似于泰勒规则②，但旨在稳定价格水平，而不是通货膨胀率。这种基准不会以纯粹机械的方式被遵循，而是用来阐明央行的总体战略并解释其具体的政策决定。CBDC 的推出还为提高央行货币政策框架的透明度提供了机会。由于央行能够通过利率政策提供适当程度的货币调节，而不必采取旨在改变其资产负债表规模或成分的措施（即量化宽松或信贷宽松），央行的资产负债表可能变得非常透明。特别是，央行通常会持有与其数字货币负债等量的短期政府债券，这使其操作程序相应地透明化：只需购买和销售短期政府证券，便可实现 CBDC 的供给根据 CBDC 的需求变化而变化。

3. 监管与隐私保护视角

监管和隐私保护是货币使用中的一对矛盾，数字货币与传统货币在这方面的优、劣势常被放在一起比较。纸币和加密货币具有相似性：一是交易都是点对点进行，支付即结算，不存在中间的验证环节；二是都具有匿名性，交易本身不涉及收付款双方的身份信息。因此，纸币和加密货币的优势在于可以很好

---

① Bordo M. D. , Levin A. T. Central Bank Digital Currency and the Future of Monetary Policy [R]. NBER Working Paper No. 23711, 2017.

② Taylor. J. Discretion versus Policy Rules in Practice [A]. Carnegie-Rochester Conference Series on Public Policy [C]. 1993 (39): 195-214; Taylor. J. An Historical Analysis of Monetary Policy Rules [A]. in John Taylor, ed. , Monetary Policy Rules [M]. Chicago, IL: University of Chicago Press, 1999.

地保护隐私，但是缺点在于难以被监管，因而常被用作违法交易。博科尼大学教授 Emanuece Borgonovo 等指出，纸币基于去中心化的实物交易链，具有完全的第三方匿名性（Third Party Anonymity）①，可以有效保护个人隐私权，防止国家滥用通过支付系统收集的信息。② 加密货币基于区块链技术，所有交易使用付款人和收款人的公共电子邮件地址公开记录，但这些地址是基于假名的，不必透露交易人的任何信息，③ 因此加密货币至少可以部分地保证第三方匿名性，以保护交易对手的隐私。

然而，纸币和加密货币却面临着难以被监管的问题。Rogoff 指出，纸币促进了非法经济的增长，并造成相应的税收损失，还会引起其他的社会负面溢出效应，因此 100 美元、50 美元等大额钞票应停止流通。不少针对加密货币的研究文献则指出，相当一部分加密货币的用户看重其匿名性，这一特征使其常被用于非法交易。④ 何东等人认为，加密货币的跨境属性进一步放大了匿名性带来的监管难度。由于加密货币交易可以掩盖或伪装资金的非法来源或受制裁的目的地，从而为跨境洗钱/恐怖主义融资（AML/CFT）和逃避制裁提供了便利。用户的匿名性和匿名的服务提供商模糊了交易链条，使交易的可追溯性受到限制，因此在网络犯罪活动中，加密货币往往成为首选的交易媒介。另外，加密货币也可能被用来规避资本管制。基于速度、低交易成本和匿名性的去中心化方案，加密货币可以绕过传统的支付系统，成为法定货币跨境转移的媒介。此外，参与者无须披露身份、交易点对点进行并能够跨境发生的特点，还使加密货币有潜力成为一种逃避税收的工具。⑤

电子货币和 CBDC 虽然可以较好地被监管，但是却难以保证用户的隐私权益。由于电子货币和 CBDC 均为中心化发行，交易信息分别由受监管的商业银行（或第三方支付机构）和中央银行管理，这些机构在处理交易时需要遵循

① 严格的第三方匿名意味着支付方对所有其他各方都是不可见的，包括运行支付系统的实体。

② Borgonovo E., Caselli S., Cillo A., Masciandaro D. Beyond Bitcoin and Cash: Do We Would Like a Central Bank Digital Currency? A Financial and Political Economics Approach [R]. Bocconi Working Paper No. 65, 2017.

③ Bech M., Garratt R. Central Bank Cryptocurrencies [R]. BIS Quarterly Review, September 2017.

④ 如 Hendrickson J. R., Hogan T. L. and Luther W. J. The Political Economy of Bitcoin [J]. Economic Inquiry, 2016, 54 (2): 925-939; Bohme R., Christin N., Edelman B., Moore T. Bitcoin: Economics, Technology, and Governance [J]. Journal of Economic Perspectives, 2015, 29 (2): 213-238.

⑤ He D., Habermeier K., Leckow R., Haksar V., Almeida Y., Kashima M., Kyriakos-Saad N., Oura H., Sedik T. S., Stetsenko N., and Verdugo-Yepes C. Virtual Currencies and Beyond: Initial Considerations [R]. IMF Staff Discussion Note (SDN) No. 16/03, January 2016.

一整套合规性流程，因此可以有效地遏制非法交易。Kiff 等人指出，对于一个完全透明的 CBDC，其用户及所有交易信息都可由相关部门访问，具有监督优势（可被用于侦查、监督、监测和执法工作）；但作为匿名现金的替代方案，CBDC 对合法用户的吸引力可能会降低。① 美联储的 Paue Wong 和 Jesse Maniff 撰文指出，大多数电子支付系统不允许匿名，因为这些支付服务的提供商必须遵守规则和规定，包括反洗钱（AML）、银行保密法（BSA）、了解你的客户（KYC）和电子记录保存要求。CBDC 几乎肯定需要遵守上述法规，不可能提供与现金相同程度的匿名性。此外，CBDC 作为数字支付系统，还要维护交易的电子历史记录。虽然可能存在为 CBDC 提供匿名性支持的技术，但是考虑到洗钱和其他非法金融活动的潜在可能性，任何央行都不太可能接受完全匿名的工具。② Borgonovo 等人专门针对不同形态货币的信息存储职能（隐私成本）进行了研究，指出采用中心化交易处理方式的电子货币和 CBDC 不具有匿名性，因而面临着较高的隐私成本。③

三、主要结论和趋势判断

由以上研究进展，可以得到不同形态货币竞争的三点主要结论：一是加密资产难以承担货币职能，但是锚定法币的数字稳定币和 CBDC 在一定程度上发展了货币职能，将对传统货币构成竞争和挑战。二是 CBDC 有潜力突破零利率下限，有利于实现负利率、价格稳定等货币政策，较纸币体现出更大的优势。三是纸币和加密资产可以保护隐私但难以被监管，电子货币和 CBDC 易于被监管却存在隐私风险，因此，虽然后者更易受到官方青睐，但是前者也仍将有市场空间。

根据以上结论，可对数字货币时代形态维度的货币竞争趋势做出如下判断。虽然围绕传统货币建立的货币体系已经很成熟，但是凭借在货币职能和货币政策等方面的优势，具有价格保障的数字货币（即 CBDC 和锚定法币的数字稳定币）可能与电子货币一起成为未来货币的主要形态，并对现有支付系统

---

① Kiff J., Alwazir J., Davidovic S., Farias A., Khan A., Khiaonarong T., Malaika M., Monroe H., Sugimoto N., Tourpe H., Zhou P. A Survey of Research on Retail Central Bank Digital Currency [R]. IMF Working Paper 20/104, June 2020.

② Wong P., Maniff J. L. Comparing Means of Payment: What Role for a Central Bank Digital Currency? [Z]. FEDS Notes, 2020-08-13.

③ Borgonovo E., Caselli S., Cillo A., Masciandaro D. Beyond Bitcoin and Cash: Do We Would Like a Central Bank Digital Currency? [R]. A Financial and Political Economics Approach, Bocconi Working Paper N. 65, 2017.

做出技术升级。加密资产和非抵押类稳定币由于价格不稳定，难以与传统货币竞争，无法作为货币实现大规模发展。但是，鉴于加密资产与纸币同样在隐私保护方面具有优势，两者仍将在很长一段时间被使用。

第二节　发行人维度：私人货币与官方货币的竞争

数字货币的出现所引发的第二个维度的货币竞争，是私人货币与官方货币的竞争。数字货币使得私人发行的独立货币成为可能，并引发了其与政府发行的法定货币之间的竞争问题，这也是哈耶克所倡导的货币竞争。① 此外，针对CBDC 的应用，中央银行与商业银行的潜在竞争受到广泛讨论；针对全球稳定币的应用，大型平台企业相对传统金融机构的优势在文献中屡被提及；对于加密货币相关竞争问题的研究已经拓展到区块链经济和加密共产主义，不仅涉及货币竞争，还触及经济治理结构层面的竞争。

一、不同发行人属性货币的竞争背景

当今货币体系基于"中央银行—商业银行"的双层架构建立，中央银行和商业银行是两类主要的货币发行人。如果以基础货币表示中央银行发行货币，以"M2-M0"近似表示商业银行发行货币，则可对我国这两类机构的货币发行情况进行大致比较（见图 4-2）。截至 2022 年第三季度，中央银行货币（含现金和储备）为 34 万亿元，商业银行货币约为 260 万亿元。实际上，在这一以法定货币为"锚"货币体系中，彼此可兑换的中央银行货币和商业银行货币本质上属于同一种独立货币。因此，这两类实体更像是伙伴关系，而非竞争关系。

根据中国人民银行发布的《2022 年第三季度支付体系运行总体情况》，在电子支付领域，金融科技公司等非银行支付服务提供商正在成为来自私营部门的新竞争者。2022 年第三季度，商业银行共处理电子支付业务 753.75 亿笔，金额 806.68 万亿元，同比分别增长 6.14% 和 9.43%。其中，网上支付业务270.39 亿笔，金额 660.45 万亿元，同比分别增长 0.77% 和 12.47%；移动支付业务 35.93 亿笔，同比增长 11.56%，金额 125.09 万亿元，同比下降

---

① Hayek F. A. Denationalization of Money [M]. London：Institute of Economic Affairs，1976.

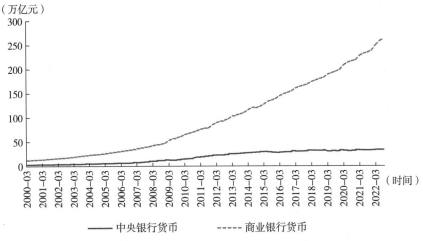

图 4-2　中央银行和商业银行发行货币

资料来源：中国人民银行。

1.36%；电话支付业务 0.63 亿笔，金额 2.50 万亿元，分别同比下降 18.52%
和 22.89%。非银行支付机构处理网络支付业务 2777.30 亿笔，同比增长
3.56%，金额 87.53 万亿元，同比下降 3.51%。非银行支付机构处理的电子支
付业务数量占比达 78.7%，但金额占比仅为 9.8%。由此可见，非银行支付机
构已成为处理小额零售支付业务的主体。

二、不同发行人属性货币竞争的研究进展

1. 传统视角：私人货币与政府货币之间的竞争

国际上对于私人发行货币与官方发行货币之间竞争的讨论由来已久，英国
经济学家哈耶克于 1976 年出版的《货币的非国家化》(*Denationalization of Money*)
无疑是这一领域最具代表性的著作。在这本书中，哈耶克主张解决政府发行货
币管理不善的一个办法，是引入私人发行货币与之竞争。然而，自 19 世纪中
央银行垄断货币发行权的制度建立以来，[1] 在以中央银行为中心、商业银行参
与货币创造的货币体系中，实际上只有一种独立货币——法定货币，因此哈耶
克所倡导的私人发行货币与政府发行货币的竞争在最近两个世纪基本上不存
在。直到脱离主权货币"锚"，甚至游离于主权货币体系之外的数字货币出

---

① Redish A. Anchors Aweigh：The Transition from Commodity Money to Fiat Money in Western Economies
[J]. Canadian Journal of Economics, 1993, 26 (4)：777-795.

现，哈耶克所倡导的私人货币竞争问题才再次引发关注。

　　一类文献从货币历史演进的角度进行分析，如 Barry Eichengreen 指出，信息成本是决定私人发行货币与政府发行货币竞争结果的关键原因，而私人数字货币的信息成本将对其广泛应用构成障碍。① 在市场上存在多种货币的情况下，使用者需要获取充分的信息以做出选择。统一的货币将使此类交易成本最小化，由于只有一个发行人，货币使用者没有必要了解多个发行人的信用状况。这一货币最终一定是由政府发行的，因为政府发行货币的信息敏感最低，② 因而信息成本也是最小的。就私人数字货币而言，产生和获取私人数字货币实际和预期价值变化信息的成本是其更广泛使用的障碍。加密资产的信息问题和价格波动，使其无法发挥货币的基本职能。数字稳定币中只有锚定法币的一类稳定性最好，凭借与官方货币挂钩的稳定机制可以实现信息的相对不敏感。但 Barry Eichengreen 认为这类稳定币的运营成本较高，与银行存款类似，作为交易媒介的优势并不明显。CBDC 可以解决货币规模和稳定性的双重挑战，但是也面临着其他成本和收益。因此，私人发行数字货币与政府发行数字货币的竞争结果目前还难有结论。

　　另一类文献基于货币搜寻理论展开研究，指出私人部门发行人追求利润最大化的动机可能使经济无法实现价格稳定的最优配置。美国学者 Jesús Fernández-Villaverde 和 Daniel Sanches 假设纸币已经过时，而中央银行不生产任何形式的数字货币，因此所有付款都使用私人发行的货币（包括虚拟货币）。模型推导结果表明，在上述假设下，经济可能会受到不确定性的影响，可能不存在任何表现出稳定价格的均衡。相反，通过发行 CBDC 和适当的货币政策框架，则可以确保价格稳定。③ 加拿大学者 Aolib Rahman 则论证了在私人发行的数字货币与政府发行的法定货币共存的经济中，私人机构追求利润最大化的动机使其货币供给无法得到控制，因而难以通过通胀政策实现社会有效的

① Eichengreen B. From Commodity to Fiat and Now to Crypto：What Does History Tell US ［R］. NBER Working Paper No. 25426, 2019.

② Berentsen A., Schär F. The Case for Central Bank Electronic Money and the Non-case for Central Bank Crypto-Currencies ［J］. Federal Reserve Bank of St Louis Review, 2nd Quarter, 2018, 100 (2)：97-106.

③ Fernández Villaverde J., Sanches D. Can Currency Competition Work ［J］. Journal of Monetary Economics, 2019 (106)：1-15.

分配；只有在纯法定货币的安排下，竞争性货币均衡才对应于弗里德曼规则①下的有效分配。②

2. CBDC 视角：中央银行与商业银行的潜在竞争

虽然在当前的货币体系中，中央银行与商业银行相互合作、各司其职；但是 CBDC 作为银行存款的替代品，将引发中央银行与商业银行的竞争。

这一领域的主流文献关注 CBDC 对商业银行存、贷款业务的影响。③ 一些文献指出，由于中央银行的信用水平更高，存款人可能会倾向于将商业银行存款转为 CBDC，从而损害商业银行的资金来源，造成金融脱媒。例如，BIS 的 Raphael Auer 和 Rainer Böhme 指出，电子形式的银行存款是存款人对中介机构的债权，CBDC 是存款人对中央银行的债权，而中介机构可能会破产、遭遇欺诈或技术故障。此外，如果中央银行货币的使用量一再减少以致失去普遍可接受性，在金融危机期间一些金融机构可能会冻结零售客户的存款，导致其客户无法进行支付。如果可以预见到这些问题，存款人很可能在 CBDC 推出时，就将所有存款转换为 CBDC。④

不过，目前的理论研究文献大多认为，在正常时期商业银行可以通过提高存款利率等措施避免金融脱媒。圣路易斯联储研究部的 Dalid Andolfatto 以一个垄断银行为对象，研究了计息 CBDC 产生的影响。在均衡状态下，该银行将均衡存款利率提高到与 CBDC 利率相等的水平，从而使储户认为存款和 CBDC 无差别。该研究的一个重要结果是，由于 CBDC 为存款人带来了更有利的合同条款，它通过集约边际（鼓励现有存款人储蓄更多）和扩展边际（本来不存钱的个人将被鼓励接受银行服务）增加了存款需求。因此，CBDC 施加的竞争压力最终可能会扩大银行的存款人基数。然而，CBDC 的利率可能会导致银行的利润被侵蚀，但这并不一定会导致贷款利率的上升；只要商业银行能够从中央银行借入准备金（通过中央银行的贷款机制），其便可以继续贷款，从而避免

① Friedman M. The Optimum Quantity of Money and Other Essays [M]. Aldine Transaction, Chicago, 1969.

② Rahman A. J., Deflationary Policy Under Digital and Fiat Currency Competition [J]. Research in Economics, 2018（72）：171-180.

③ Carapella F., Flemming. J. Central Bank Digital Currency：A Literature Review [Z]. FEDS Notes. Washington：Board of Governors of the Federal Reserve System，2020-11-09.

④ Auer R., Böhme R. Central Bank Digital Currency：The Quest for Minimally Invasive Technology [R]. BIS Working Papers No. 948, 2021.

脱媒。① 加拿大央行的 Jonathan Chiu 等也建模将 CBDC 作为与银行存款竞争的有息资产,研究了 CBDC 对银行贷款的影响。其基本结果的经济机制与 Andolfatto 的研究类似,但分析了银行可以持有 CBDC 以满足其准备金要求的情况,并考虑了不同于固定其支付利率的政策工具的 CBDC 设计,因此在理论上有所发展。Chiu 等人还基于美国的数据对模型进行了校准,发现在合适的利率水平下,CBDC 的引入可以使银行贷款增加 6%。贷款的变化程度取决于模型所涉及参数的取值:如果 CBDC 的利率低于支票存款的利率,那么其对银行的活动没有影响;如果 CBDC 的利率高于存款利率,但又不太高,那么银行的反应会是提高存款利率和扩大贷款规模,因为较高的存款利率会导致更大的存款基数;如果 CBDC 的利率过高,银行就会缩减存款和贷款。②

还有一些研究指出 CBDC 和银行存款对于经济配置具有等价性,不过在挤兑时期 CBDC 会体现出明显的优势。Markus Brunnermeier 和 Dirk Niepelt 将 CBDC 视为与银行存款具有相同流动性财产的资产。研究发现,只要满足(i)中央银行向商业银行的贷款取代了后者的存款负债,(ii)CBDC 的引入对家庭面临的约束或家庭间的财富分配没有影响,那么家庭存款被转换成 CBDC 就不会对均衡配置产生影响。对家庭而言,如果 CBDC 不影响家庭的支出,也不放松或收紧家庭所面临的约束,那么每个家庭的投资组合选择以及家庭间的财富分配都将不受影响。对私人银行而言,只有负债水平不变,均衡才不会受到影响,这可以通过明确央行的隐性最后贷款人担保来实现。③ Fernández - Villaverde 等建立了一个银行挤兑模型,也得到了等价性结果:在 CBDC 完全取代银行存款的条件下,在正常时期私人银行存款实现的配置与 CBDC 达到的配置相同。但是,在银行挤兑时期,如果中央银行能够承诺不清算其长期资产,那么 CBDC 的存在可以降低挤兑的可能性,导致在均衡下所有储户都会持有 CBDC 而非银行存款。④

不同于前述基于各经济部门一般均衡展开的研究,费城联储银行的 Daniel

① Andolfatto D. Assessing the Impact of Central Bank Digital Currency on Private Banks [J]. The Economic Journal, 2021, 131 (634): 525-540.

② Chiu J., Davoodalhosseini M., Jiang J., Zhu Y. Bank Market Power and Central Bank Digital Currency: Theory and Quantitative Assessment [R]. Bank of Canada Staff Working Paper, No. 20, 2019.

③ Brunnermeier M. K., Niepelt. D. On the Equivalence of Private and Public Money [J]. Journal of Monetary Economics, 2019 (106): 27-41.

④ Fernández - Villaverde J., Sanches D., Schilling L., Uhlig. H. Central Bank Digital Currency: Central Banking for All? [R]. NBER Working Paper, No. 26753, 2020.

Sanches 和 Keister 基于货币搜寻理论的去中心化交易思想建模，发现在经济中引入 CBDC 可能会导致贷款减少，但却未必会降低福利。引入 CBDC 会带来如下权衡问题：商业银行贷款的减少和经济中交易活动的增加。如果 CBDC 在交易中被广泛接受，买家将持有更多的 CBDC，从而增加买家和卖家之间的交易，导致更高的交易量，进而增加消费。与此同时，消费者的组合选择意味着存款余额减少，从而银行贷款减少，导致投资减少。如果 CBDC 接受度增加产生的消费效应大于贷款减少产生的投资效应，那么 CBDC 的引入将增加福利。[1]

除了探讨 CBDC 对商业银行存、贷款业务影响的主流文献，第二类文献从贷款和货币创造理论的角度，指出即使引入 CBDC，商业银行的货币创造职能在经济中仍是不可取代的。IMF 的经济学家 Marco Gross 和 Christoph Siebenbrunner 基于对从中央银行到商业银行再到私人部门代理的资产负债表分析，论述了商业银行通过贷款创造货币的动态过程。由于 CBDC 属于中央银行货币，在 CBDC 以贷款方式从中央银行向商业银行，进而向私人部门代理的资产负债表转移的过程中，商业银行不能创造新的 CBDC。因而，CBDC 贷款类似于 100% 准备金的贷款，这将使经济转变为"完全货币"体系（"full money" system）。相比于 CBDC 贷款规模的局限性，商业银行贷款仅受监管要求和贷款需求的制约，其贷款的创造和供给能力更有弹性。[2]

第三类文献则认为在 CBDC 系统中，中央银行与商业银行具有不同的比较优势。IMF 在 2019 年发布的金融科技报告中指出，中央银行在运营基础设施和监管方面具有优势，而商业银行在 KYC、客户尽职调查等与用户的互动方面存在优势，因此在 CBDC 的发行和流通过程中保持银行业双层架构，有助于发挥中央银行和商业银行各自的比较优势。[3] Auer 和 Böehme 认为，当前由中央银行负责稳定核心、商业银行开展所有面向消费者活动的双层架构，有着悠久的历史和充分的理由。私人部门在货币系统中承担上述职责的合理性在于其承诺遵循基于市场的解决方案：良好的投资决策往往需要特定的知识，而有效提供服务则需要开放和竞争的市场。一方面，通过贷款进行投资的银行必须知

① D. R. Sanches. Keister T., Should Central Banks Issue Digital Currency? [R]. Federal Reserve Bank of Philadel-phia Working Papers 21-37, November 2021.

② Gross, Siebenbrunner. Money Creation in Fiat and Digital Currency Systems [R]. IMF Working Paper No. 285, 2019.

③ Adrian T., Mancini-Griffoli T. The Rise of Digital Money [R/OL]. IMF FinTech Notes No. 19/001. 2019. https://www.imf.org/en/Publications/fintech-notes/Issues/2019/07/12/The-Rise-of-Digital-Money-47097.

道或能够估计债务人的偿付能力以进行风险定价，而公共部门机构可能不具备这类专业知识；另一方面，竞争性市场应当允许任何企业开展竞争，以促进竞争、提高经济效率。因此，CBDC 的经济设计应允许商业银行在储蓄者和投资者之间发挥中介作用。[1] 此外，不少其他文献也都指出，零售支付相关的客户服务，包括支付账户的注册、授权、清算、结算、争议解决、遵守 AML/CFT 规则等，由私营部门处理比由中央银行处理更为适合。[2]

3. 数字稳定币视角：大型平台企业与传统金融机构的竞争

数字稳定币通常相对于某特定资产或一篮子资产保持价值稳定，未来最有前景的数字稳定币应是锚定法币、由大型平台企业发行并可以在平台上自由使用的。通过这类稳定币，平台企业可与传统金融机构在支付领域展开激烈竞争，并进一步向其他金融业务延伸。这一领域的研究文献大多关注到网络外部性在平台企业与传统金融机构竞争中的重要作用。

一方面，平台的网络外部性及由此产生的垄断优势，使平台企业在支付业务中比传统金融机构更具优势。BIS 在 2019 年的年度经济报告中刻画了平台企业通过网络外部性扩大用户规模并获得竞争优势的机制。由于平台能够帮助解决买方与卖方之间的信任问题，因此支付常常是平台企业最初进入的金融服务业务，如阿里巴巴的支付宝、易趣的贝宝。随着时间的推移，平台企业提供的支付服务作为传统支付手段（如信用卡、借记卡）的替代品被越来越广泛地使用，不过许多这类支付业务的处理和结算还需要依托传统金融机构的基础设施，如信用卡或传统机构运营的零售支付系统。然而，一旦平台企业开发出自己的数字稳定币系统，则可以直接在该系统上进行支付结算，使整个交易流程绕开传统金融机构，与传统金融机构在支付业务领域展开更加全面的竞争。平台企业的一大优势是网络外部性，具体体现为平台一侧用户（如卖家）在平台上获得的收益随着另一侧用户（如买家）的数量上升而增加。相比传统金融机构，平台企业在金融业务与其核心非金融业务之间的互补性，使其能够更有效地利用网络外部性。特别是在商业平台上，买卖双方在平台上开展交易的过程中很可能倾向于使用平台提供的支付工具，而平台支付工具在交易媒

① Auer R., Böhme R. Central Bank Digital Currency: The Quest for Minimally Invasive Technology [R]. BIS Working Papers No. 948, 2021.
② 如 Borio C. On Money, Debt, Trust and Central Banking [R]. BIS Working Paper No. 763, 2019; Bank for International Settlements (BIS), Central Banks and Payments in the Digital era [R]. BIS Annual Economic Report 2020, 2020-06-30.

介、价值贮藏等职能的优越性也可能吸引更多客户参与平台交易。网络外部性使平台用户数量不断增加，为用户带来更多价值，并进一步吸引更多用户参与，逐渐形成规模效应——服务用户的平均成本随着用户总数的增加而下降。由此，平台企业的支付业务将会挤占传统金融机构的市场空间和利润。[①]

平台的网络外部性带来了支付效率的提高、降低了支付服务的障碍，但也可能产生与市场力量相关的风险和成本。随着稳定币使用规模的上升以及规模回报的增加，平台企业可能形成准垄断，[②] 凭借已建立的庞大生态系统，使传统金融机构几乎很难与之竞争。占主导地位的平台可以通过提高门槛来巩固其地位，利用市场力量和网络外部性来增加用户的切换成本或排除潜在的竞争对手，还可以通过"服务捆绑"、交叉补贴等手段来排除竞争。鉴于支付系统作为公共基础设施的重要性，随着平台稳定币的逐渐成长并获得系统重要性，其交易活动将涉及更广泛的公共利益问题。

另一方面，平台的强大数据能力与网络外部性相互增强的作用机制，也给平台企业带来竞争优势，并对传统金融机构形成挑战。前述 BIS 报告指出，平台使大量用户彼此之间形成直接互动，由此得到的一个重要副产品就是大量的用户数据，这些数据被用以提供一系列基于自然网络效应的服务，进而产生更多的用户活动，而用户活动又将生成更多的数据，从而形成"数据—网络—活动循环"（Data-Network-Activities loop，简称"DNA 循环"）。"DNA 循环"使平台企业能够向更广泛的金融服务领域拓展，从而形成范围经济。例如，支付交易能够生成资金发送方和接收方之间交易网络的详细数据，这些数据可用于增强其他金融服务，如贷款的信用评分。利用大数据分析，平台企业可以评估借款人的风险，减少担保品的需求，以确保还款。尽管大型商业银行也拥有众多客户，并能提供广泛的服务，但是它们无法像平台企业一样有效利用"DNA 循环"（见表 4-1）。通过将先进的技术与更丰富的数据和更强的客户关注相结合，平台企业擅长开发、营销新的产品和服务，基于稳定币的支付业务可进一步拓展至货币管理、贷款等金融服务领域，从而对传统金融机构形成更加全面的竞争。

基于数据的"DNA 循环"可以通过降低信息和交易成本来缓解提供金融

---

① Bank for International Settlements（BIS）. Bigtech in Finance：Opportunities and Risks［R］. BIS Annual Economic Report 2019，2019-06-30.

② Bordo M. D.，Levin A. T. Central Bank Digital Currency and the Future of Monetary Policy［R］. NBER Working Paper No. 23711，2017.

服务的障碍，但是也可能带来滥用数据等风险。鉴于平台企业的规模和技术，其能够以近乎为零的成本收集大量数据，这将导致"数字垄断"。一旦确立了在数据中的主导地位，平台企业就可以进行价格歧视并获取租金。他们不仅可以使用数据来评估潜在借款人的信誉，还可以识别借款人愿意支付的最高贷款利率或客户愿意支付的最高保险费。价格歧视不仅具有分配效应，即在不改变生产和消费总量的情况下，以增加消费者支出为代价提高平台企业的利润；还可能对经济和福利产生不利影响。个人数据的使用可能导致高风险群体被排除在社会期望的保险市场之外。还有一些迹象表明，平台企业用来处理个人数据的复杂算法可能会对少数群体有偏。由于平台企业能够掌握更丰富的客户信息并将之融入客户的日常生活，已有证据表明平台企业可能会在用户不知情的情况下左右用户的偏好以获取商业利益。

表 4-1　传统金融机构与平台企业的竞争优势和劣势

	商业银行	平台企业
数据	优势：历史悠久的可验证/可靠的客户数据；来自与客户的个人互动的"软"信息；高度重视数据隐私以赢得客户信任 劣势：客户数量少，收集数据的非金融活动有限；交易数据通常是"单方面的"（如另一家银行为交易对手）；传统技术限制了数据处理能力	劣势：可验证数据和可能不太可靠数据的混合；客户数据的历史较短；数据隐私和保护的优先级较低 优势：大量客户的数据；为收集和合并数据而建立的技术和商业模式；客户交互网络是关键的数据维度
网络	优势：已提供大量金融活动和服务 劣势：对活动和数据使用的严格监管限制；服务额外客户的边际成本更高	劣势：需要庞大客户群以利用网络外部性 优势：由于广泛的非金融活动，网络外部性显著；具有潜在高退出成本的生态系统
活动	优势：与个人互动相关的高利润、复杂产品方面（如公司金融、投资银行）的优势；更广泛的金融服务；可获得大规模、相对廉价的资金来源；风险管理经验 劣势：遗留 IT 系统是使用现有数据提供新服务的障碍（低范围经济）；仅限于金融服务的活动	劣势：至今对关键金融服务（如抵押贷款、向中大型公司贷款、保险）的涉足有限；资金限制；缺乏监管和风险管理的经验和专业知识 优势：可以几乎为零的边际成本提供可商业化的服务；预先存在的商业活动产生的数据可用于支持新服务（高范围经济）

资料来源：BIS Annual Economic Repart 2019.

4. 加密资产视角：区块链经济与加密共产主义

一些研究加密资产的文献强调加密资产所采用的分布式结构，认为这一结构不仅使加密资产具有优于其他货币的特性，还可被用于重组社会经济结构。这类文献所涉及的竞争不仅局限于货币竞争层面，而且触及社会经济治理结构层面。

不少学者关注到加密资产所依托的区块链技术带来的经济问题，提出区块链经济学的概念，指出分布式社会经济治理结构相比传统的中心化结构更具优势。阿里巴巴罗汉堂的陈龙等学者撰文指出，区块链通常旨在为去中心化或多中心代理/机构创建一个基础设施，以实现各方交互、共同记录和维护信息，而没有任何一方能够行使持续的市场权力或控制权。因此，区块链架构的一个关键特征是去中心化共识，即能够让去中心化的记录管理者保持对事物状态和事件顺序的统一看法。[①] 这种计算机科学所塑造的"可信"，对于考虑区块链经济及其与信任的联系带来了全新的视角。例如，去中心化的信任系统可以在共享存储或计算世界中实现更好的搜索和匹配，而无须高昂的中介成本；还可以协调各利益相关方，而无须担心某方在背后运作或某个政治/法律框架具有隐秘的动机。通过提供去中心化的共识，区块链允许各交易节点在交互、交易和订约过程中保持距离且彼此匿名，而无须依赖于单个集中可信的第三方。相比中心化的治理结构，基于区块链的分权式治理结构还具有防止单点故障、降低市场力量并赋权网络参与者等优点，并能够有效实现价值交换、资产追溯和信息交互。[②] 在加密资产领域，区块链技术通过创建用于点对点交易的金融架构和一系列去中心化网络来组织交易活动；而非依赖于传统的通常围绕中心方（如银行和支付结算系统等）的金融体系。如今，区块链及其分布式架构已经被用于货运追踪和贸易信贷、供应链交付、医疗保险等领域，[③] 有可能在未来从更多方面改变社会、经济的治理结构。

近年来，更有学者将加密资产的分权式思想与政治信仰结合起来，提出"加密共产主义"。他们认为人们对中央货币当局及法币体系的不信任促使了加密资产的诞生，并逐渐演变为一种对国家新型社会组织形式的信仰。David

① Cong L. W. , He Z. Blockchain Disruption and Smart Contracts [J]. Review of Financial Studies, 2019, 32 (5): 1754-1797.

② Chen L. , Cong L. W. , Xiao Y. A Brief Introduction to Blockchain Economics [A]. in Kashi R Balachandran (eds.). Information for Efficient Decision Making: Big Data, Blockchain and Relevance [M]. World Scientific Publishing Company, 2020.

③ 如 Yermack D. Corporate Governance and Blockchains [J]. Review of Finance, 2017, 21 (1): 7-31; Yue X. , Wang H. , Jin D. , Li M. , Jiang W. Healthcare Data Gateways: Found Healthcare Intelligence on Blockchain with Novel Privacy Risk Control [J]. Journal of Medical Systems, 2016, 40 (10): 1-8.

Yermack 认为，比特币主要吸引两类不同的客户：一是技术爱好者，二是具有伪自由主义政治信仰的团体。后者认为比特币的吸引力在于其缺乏与任何政府的联系，其中一些人公开不信任世界金融体系，而比特币推出的时机恰处于上一轮全球金融危机的最低点，也有助于这种思想的传播。[①] Mark Alizart 专门针对"加密共产主义"展开研究。在 2008 年美国房地产泡沫破灭引发金融危机，美国政府决定以政府资金吸收私营银行债务、将经济和社会危机转嫁给社会大众的背景下，分布式的加密货币系统为保护私人储蓄、抵御联邦政府用公共资金救助私人银行构成的新威胁做出努力。加密货币旨在通过算法排除中央银行的影响，通过创建一个共同拥有并向所有人开放的货币系统来实现这一目标，为"货币生产资料的集体占有"提供了机会。加密货币所依托的区块链技术摆脱了"可信赖的第三方"，形成了去中心化的信任机制；其所提倡的匿名性和个人主义，使其完美融入了反国家的意识形态，为自由主义提供了基础。这当中蕴含的政治性要素催生了不同于任何现有种类和形式的法律信仰和国家的新型社会组织。在理想化的区块链世界中，人与人之间的关系不再受剥削的支配，这种本体论的共产主义可以被称为"加密共产主义"。[②]

三、主要结论和趋势判断

基于前述研究，可以得到数字货币时代发行人维度所涉及各种货币竞争的四个主要结论。一是无论从信息成本还是社会最优均衡的角度，数字货币时代政府发行货币仍将占据主导地位。二是在 CBDC 领域，中央银行仍应与商业银行保持合作，并采取措施避免金融脱媒。三是在稳定币领域，大型平台企业因网络外部性可能对传统金融机构形成竞争优势，当局将注意防止平台企业垄断导致的经济效率损失。四是加密资产的分布式架构可能与当前中心化的治理结构存在潜在竞争，虽然其可能被应用于部分经济、社会领域，不过还很难对国家治理结构构成竞争和挑战。

根据以上结论，可以对未来不同发行主体数字货币竞争的趋势做出判断。数字货币时代的国家货币体系仍将以官方发行的法币为中心，即 CBDC 将占据未来各国数字货币体系的核心地位。为了更好地运作 CBDC 体系，中央银行与

---

① Yermack D. Is Bitcoin a Real Currency? An Economic Appraisal [R]. National Bureau of Economic Research (NBER) Working Paper 19747. 2013.

② Alizart M., R. Mackay (Translation). Cryptocommunism [M]. Polity Press, 2020.

商业银行将继续保持合作，中央银行负责核心基础设施的建设、运营以及交易流程的监管，商业银行负责与用户互动的环节。鉴于平台企业在支付领域的优势，其所开发的稳定币有望被接纳成为数字货币体系中的重要组成部分，但是这类稳定币一定是锚定法币的；平台企业将受到反垄断监管，以防止市场不公平竞争并保护消费者权益。在更广泛的经济、社会领域，区块链的分布式架构可能会取代中心化的治理模式以实现治理的公平性和高效性；但是在国家治理层面，分权式的思想恐怕在很长一段时间也难以成为现实，以政府为中心的治理模式仍将占据主导地位。

第三节　国际维度：（超）主权货币之间的竞争

主权货币竞争一直是货币竞争研究领域的主要内容，不过在对数字货币的研究中，国际竞争维度的研究还处于起步阶段，文献明显少于对前两个竞争维度的研究。从近年来国际上对数字货币国际竞争的研究来看，主要可概括为四个方面：主权货币的国际竞争、货币替代（数字美元化）、数字货币区理论以及超主权数字货币。

一、主权国家货币的竞争背景

在当前的国际货币竞争中，美元无疑处于主导地位（见图4-3）。在计价单位职能下，根据国际货币基金组织（IMF）在2022年7月发布的《2021年汇率安排和汇率限制的年度报告》，在72个锚定单一货币的国家中，有37个国家锚定美元，占比51.4%；26个国家锚定欧元，占比36.1%。在交易媒介职能下，根据环球银行金融电信协会（SWIFT）的统计，在2022年9月，美元在国际支付中的占比约为42.6%，排名第一；欧元占比为35.2%，排名第二；其后依次为英镑、日元和人民币，占比分别为6.5%、2.9%和2.4%。在价值贮藏职能下，根据IMF发布的"官方外汇储备货币构成"（COFER）数据显示，截至2022年第二季度末，美元在国际储备中的占比为59.5%，欧元占比为19.8%，其后依次为日元、英镑和人民币，占比分别为5.2%、4.9%和2.9%。

从目前CBDC的全球进展来看，以美国为代表的发达国家都还处于积极探索的阶段，仅有少数发展中国家率先推出了CBDC。根据BIS的调研，截至2022年5月，全球已经有4个经济体推出了零售CBDC，分别是巴哈马的Sand

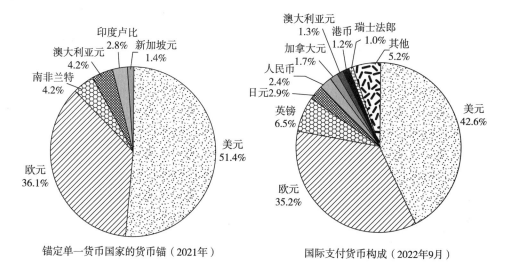

锚定单一货币国家的货币锚（2021年）　　国际支付货币构成（2022年9月）

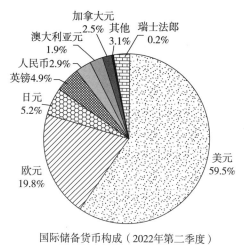

国际储备货币构成（2022年第二季度）

图4-3　从货币的三项基本职能看当前的国际货币竞争格局

资料来源：IMF、SWIFT。

Dollar、尼日利亚的 eNaira、东加勒比海的 DCash 以及中国的 e-CNY。[①] 还有一些国家为比特币确立了法定货币的地位，如萨尔瓦多在 2021 年 9 月正式为比特币立法，使其与美元一起成为国家法定货币。而像委内瑞拉这样饱经恶性通货膨胀的国家，则有大量居民选择以比特币替代本国货币。

---

　　① Kosse A. , Mattei. I. Gaining Momentum-Results of the 2021 BIS Survey on Central Bank Digital Currencies［R］. BIS Papers No. 125, 2022.

二、（超）主权数字货币竞争的研究进展

1. 主权货币的国际竞争

Lin William Cong 和 Simon Mayer 构建了两国动态博弈模型，一国拥有强势货币，为国际货币主导国（简称"强势货币国"），一国的货币相对弱势（简称"弱势货币国"），系统探讨了两国法定货币、加密资产和 CBDC 之间的货币竞争关系。[①]

首先，他们探讨了加密资产对主权货币竞争的影响。具有交易便捷性的加密资产的使用增加会损害强势货币的地位，但是可能对弱势货币有利。一方面，加密资产的增长会减少人们对两种主权货币的需求，这是加密资产带来的直接竞争效应；另一方面，随着强势货币贬值，以其计价的弱势货币国的国际支出将会下降，使弱势货币国的通货膨胀下降而弱势货币受益，即加密资产的出现会降低两种主权货币的竞争程度。当第二种效应占主导地位时，加密资产的崛起就会有利于弱势货币。换言之，加密资产市场充当了主权货币竞争的缓冲区，削弱了货币使用和通货膨胀/贬值之间的反馈机制。

其次，他们重点关注了主权国家间的 CBDC 竞争，指出各国启动 CBDC 的顺序满足"啄食顺序"（Pecking Order）。从开发 CBDC 的竞争效果来看，相对较强的弱势货币，即通胀率较低但非主导货币，将通过开发 CBDC 获得更大收益；强势货币国的货币价值因竞争对手率先开发 CBDC 受到的损害，比其率先开发 CBDC 给竞争对手带来的损害更大。从开发 CBDC 的动机来看，各国开发 CBDC 主要是出于两点考虑：一是抵御加密资产市场增长带来的竞争，二是获得先发优势、掌握技术前沿。相比强势货币国，弱势货币国受到加密资产带来的竞争冲击更大，而且率先开发 CBDC 可获得的技术先发优势更明显，因此货币相对弱势的国家率先开发 CBDC 的动机更强烈。由此，可以得到各国实施 CBDC 的"啄食顺序"如下：货币相对较强但不占主导地位的国家推出 CBDC 的动机最强，所以很可能首先启动（大规模）的 CBDC；货币占主导地位的国家推出 CBDC 的动机次之，可能在货币出于非主导地位的国家之后实施 CBDC；具有非常弱势货币的国家（通货膨胀率很高），几乎难以因开发 CBDC 获得优势。因此，一个国家开发 CBDC 的动机遵循其货币（相对于其他货币）

---

① Cong L. M. , Mayer S. The Coming Battle of Digital Currencies [R]. Cornell University Applied Economics and Policy Working Paper Series No. 04, 2022.

的强度，呈倒"U"形。

最后，他们还研究了稳定币对主权货币竞争的影响。研究发现，以强势货币为抵押的稳定币的使用增加，会削弱强势货币面临的来自加密货币的竞争，从而降低强势货币国开发 CBDC 的动机。同时，弱势货币国实施 CBDC 的动机上升，因为以强势货币为抵押的稳定币的增加，实际上增加了强势货币的使用和价值，这给弱势货币带来压力并促使其发行国启动 CBDC 以对抗来自强势货币的竞争。上述结果表明，要求盯住强势货币的稳定币以强势货币计价的资产为抵押，能够强化强势货币的主导地位，同时削弱其他国家货币的地位。当稳定币由强势货币计价的资产支持时，稳定币发行所产生的铸币税将部分归强势货币国所有。通过对强势货币的稳定币进行监管，强势货币国可以将其法币的数字化"委托"给私人部门，同时获取部分铸币税收入。通过稳定币，强势货币国可将其法币的数字版本输出到允许加密货币的其他国家或数字经济体，以扩大强势货币的使用范围和全球影响力（过度特权）。

2. 货币替代（数字美元化）

主权货币的竞争可在两个范畴下讨论：一是在国际交易中使用，二是在国内使用外国实体发行的货币。[1] 第二种情况强调在国内交易中外国货币取代了本国货币，这种情况通常被称为货币替代。传统上，货币替代主要表现为在一些通胀率很高或波动很大的国家，美元取代了当地货币，因此"美元化"常作为货币替代的同义词。不过，一些文献对"美元化"与货币替代进行辨析，认为"美元化"可以涉及货币的三个基本职能，而货币替代仅针对交易媒介的职能，[2] 通常是"美元化"过程的最后一个阶段。[3] 在数字货币时代，外国货币的数字化使其作为交易媒介的功能得到加强，因此其所产生的货币替代问题值得研究。

一些文献指出数字货币的发展可能会加剧货币替代，并使传统"美元化"的影响进一步恶化。IMF 在 2020 年对数字货币跨境使用的宏观经济影响展开研究，指出 CBDC 并没有从质量上改变导致国际货币使用的经济力量，但是在数量上加强了货币替代和货币国际化背后的激励，与法币挂钩的全球稳定币的

① IMF. Digital Money Across Borders: Macro-Financial Implications [R]. 2020.

② Levy-Yeyati E. Financial Dollarization and De-dollarization in the New Millennium [R]. YPFS Documents Senes (1) No. 14629, 2021.

③ Calvo G. A., Végh C. A. Currency Substitution in Developing Countries: An Introduction [R]. IMF Working Papers No. 92/40, 1992.

影响与 CBDC 相似。文章设定了 CBDC 和全球稳定币发展的四种情景，其中的第二种情景描述了在通货膨胀水平高且波动性大、汇率不稳定的国家，外国的 CBDC 或盯住外币的全球稳定币被启用，会导致外币被更多地使用。由于这类国家的货币政策制度缺乏可信度、价格不稳定，CBDC 和全球稳定币的出现可能会由于增加了外币的可获得性而加剧货币替代的问题。在这种情况下，货币替代的增加未必会导致福利的减少。支付系统不发达的国家可以将更多采用外国的 CBDC 和挂钩外币的全球稳定币作为一种跨越式发展，以获得更好的支付和结算服务，即使对于本地交易也是如此。但是，货币替代问题的加剧可能在货币政策传导、金融稳定、资本流动、国际储备等方面产生不利影响。①

CPMI、BIS 创新中心、IMF 和世界银行在 2021 年对 CBDC 的跨境应用展开合作研究，其中专门探讨了 CBDC 可能产生的货币替代风险。CBDC 的跨境使用可以降低获取、存储和消费外币的成本，较低的成本可能会使已有的国际货币更具吸引力。这些国家央行发行 CBDC 可以提高其法币的国际地位，而以牺牲其他国家的货币为代价。这可能使向外国 CBDC 开放的国家面临更广泛的货币替代，特别是在通胀率高和汇率波动的国家。虽然货币替代的根本原因是对本国货币缺乏信心，但是快速的货币替代可能会破坏各国纠正国内政策的努力。广泛的货币替代将破坏货币政策的独立性，并使发行国和接受国都面临风险。对于发行国来说，CBDC 外国需求的变化可能意味着资本流动的大幅变化，这也可能会干扰货币政策。对接受国而言，货币替代降低了本国央行可直接影响的国内流通货币的比例，从而降低了其对国内流动性的控制；还降低了货币需求的稳定性，② 这可能会削弱货币的传导机制。货币替代也会削弱国内央行履行最后贷款人职责的能力，这是因为广泛的货币替代可能导致国内银行拥有大量的非本币计价债务，而本国中央银行无法创造外币来提供流动性援助，必须依赖外国中央银行的货币储备或流动性支持。基于 CBDC 开展更加便宜、便捷的跨境交易，还可能增加国内银行部门和货币的挤兑风险。在许多新兴市场和发展中国家，资金大量流出引发的银行系统挤兑通常也是对本国货币的逃离，③ 而 CBDC 引发的货币替代将加速这一过程。④

① IMF. Digital Money Across Borders：Macro-Financial Implications ［R］. 2020.

② El-Erian M. Currency Substitution in Egypt and the Yemen Arab Republic：A Comparative Quantitative Analysis ［R］. IMF Staff Papers，1988.

③ Laeven L.，Valencia F. Systemic Banking Crises Revisited ［R］. IMF Working Paper No. 206，2018.

④ CPMI，BIS Innovation Hub，IMF and World Bank Group. Central Bank Digital Currencies for Cross-border Payments：Report to the G20 ［R］. 2021.

也有研究从理论上对发达国家发行 CBDC 可能产生的货币替代效应进行了探讨。美国加州大学伯克利分校的 Sebastian Edwards 教授指出，允许外国人持有发达经济体的 CBDC，会促进货币替代。如果可转换货币，如美元或欧元，在新兴国家可以通过数字方式获取，那么使用外币作为交换媒介和/或价值存储的交易成本将大大降低。这对那些有着外币与本国货币并行流通传统的国家的监管机构和中央银行来说是一个挑战，对于有着（倾向于）高通胀历史的国家来说尤其如此。根据货币替代的传统文献构建的简单模型，前述交易成本的降低将导致高通胀国家的本国货币需求相对于持有本国货币成本的半弹性显著上升，即因通胀水平提高产生的货币替代效应更加明显。这会进一步引起货币被替代国家的铸币税减少。支付铸币税的基础是本国货币存量相对于 GDP 的比率，使用外币的成本降低将使这一比率下降，从而该国征收的铸币税金额将下降。[1] Cong 和 Mayer 也指出，如果一国的货币非常弱势，其很容易发生"数字美元化"（Digital Dollarization）。也就是说，该国的货币流通价值在强势货币国实施 CBDC 后显著下降、遭受巨大损失。这些国家很难通过发行 CBDC 获得收益，因为不管底层技术如何，它们的货币都很脆弱。无论是否发行 CB-DC，这些国家的 CBDC 都无法对强势货币国和加密货币市场产生显著影响。对于这类国家而言，在本国境内将加密货币作为合法支付手段可能是更有益的选择，而非通过开发 CBDC 作为逃避（数字）美元化的一种方式。[2]

还有一些文献专门针对全球稳定币产生的货币替代影响进行了研究。鉴于目前主要国家对稳定币的监管态度，预计未来能够大规模流通的全球稳定币将主要是以主权国家法币为抵押的稳定币，因此这类货币替代实际上也属于主权货币竞争的维度。G7 联合 IMF 和 CPMI 等在 2019 年对全球稳定币的经济影响展开系统研究，其中涉及了全球稳定币可能产生的货币替代问题及其对货币政策传导的影响。在本币币值不稳定、支付基础设施不发达的国家，与其他国家法币计价资产挂钩的全球稳定币可能会被广泛用作支付和储蓄工具，从而降低该国货币政策的有效性，同时导致该国央行的铸币税收入（以及相关的政府财政收入）减少。而且，由于国内储户能够在本币存款和持有全球稳定币之间进行转换，全球稳定币的利息可能影响本币存款的规模，从而影响本国货币

① Edwards S. CBDC and the Emerging Markets：The Currency Substitution Challenge ［C］. NBER Working Paper No. 29489, 2021.

② Cong L. M. , Mayer S. The Coming Battle of Digital Currencies ［C］. Cornell Umversit Applied Economics and Policy Working Paper Series No. 04, 2022.

金融系统的存贷款利率，进一步减弱货币政策利率渠道的有效性。此外，因国内居民大量持有全球稳定币所导致的商业银行零售存款下降，可能会增加银行对批发融资的依赖。由于批发存款通常比零售存款对利率更为敏感，这将放大货币政策传导。更多依赖批发融资还可能使面临更不稳定存款基础的银行对放贷更加谨慎，尤其是对长期贷款。如果出现中介机构接受全球稳定币存款并将之放贷给借款人，那么将进一步削弱国内货币政策的传导，因为国内储蓄者的回报和借款人支付的利息对本国货币政策的反应都将减弱。这些影响与一些已经发生美元化国家所经历的类似，但对于目前不受美元化影响的其他国家，这种影响也可能会成为现实。①

3. 数字货币区理论

数字货币区（Digital Currency Areas）的概念由普林顿大学的 Harold James 等三人首次提出，为主权货币竞争引入了新的视角。与传统上主权货币竞争主要围绕地理边界展开不同，数字货币区理论提出货币竞争可以通过互联网平台展开。②

数字货币区实际上是一个网络，在其中人们使用特定于该网络的货币进行数字化的支付和交易。"特定"是指至少满足以下两个特征之一：一是网络运营着一种只能在其参与者内部使用的支付工具（交易媒介）。即使网络使用官方法定货币作为记账单位并支持其支付工具，该工具也不能用于网络之外的交易和兑换。例如，微信支付和支付宝虽然都开发了基于人民币的支付工具并形成了庞大的支付网络，但是彼此之间不能互联。二是网络使用独立的记账单位，不同于任何现有的官方货币。例如，脸书（Facebook）公司在天秤币（Libra）第一版白皮书中计划将其设计为挂钩一篮子法定货币的稳定币，于是便形成一个新的记账单位。

数字货币区参考了最优货币区（Optimum Currency Areas）的理念，但两者存在明显的差异。最优货币区理论的典型特征是地理位置的临近以及参与者能够将汇率作为调整工具，从而在区域内部实现宏观经济冲击的某种共性和足够程度的要素流动性。③数字货币区则强调数字化的相互连接，当参与者共享同一数字形式的货币时，无论该货币是否具有独立的记账单位，都会产生强大

① G7, IMF, CPMI. Investigating the Impact of Global Stablecoins [R]. 2019.

② James H. Landau J. Brunnermeier M., Digital Currency Areas [R/OL]. https://voxeu.org/article/digital-currency-areas, 2019b.

③ Mundell R A. A Theory of Optimum Currency Area [J]. American Economic Review, 1961, 51 (4): 657-665.

的货币联系。在网络内部，价格的透明度更高，价格发现更容易，转换为其他支付工具的可能性更小，有时在技术上是不可能的。这些货币联系将进一步激发该网络货币的使用和积累。虽然存在上述差异，但数字货币区和最优货币区也有很强的相似性，即两者都旨在最大限度地降低交易成本，或者说减少交易摩擦。

数字货币区往往体现为综合的商业和社交平台，基于大量的数据使用和不同活动之间的互补性产生规模经济和范围经济。添加支付功能能够增强这些互补性，因为支付、社交和消息传递活动都依赖于网络外部性，一种共同的数字货币使网络参与者能够充分利用互联性的所有好处。数字网络不受国界限制，其经济体量甚至比许多国家都要大。未来，数字货币可能通过加剧货币竞争、拓展现有货币的国际化路径来重塑国际货币体系，数字货币区可能成为其中重要的组成部分。数字网络为国际交易开辟了新的可能性，使一种交易媒介能够在国界之外迅速推广。平台生态系统的封闭性进一步激励了以平台货币计价，因此一个拥有大型数字网络的国家可以通过数字货币区，为其法币找到获得国际认可的新途径。不过，数字货币的采用却未必意味着国际货币体系可以实现更大程度的一体化，由于不同国家对数字货币所涉及的支付和数据服务的不同监管方式，在不同的司法管辖区使用同一种的数字货币几乎是不可能的。从技术上来讲，数字货币更容易打破竞争壁垒并跨越国界；但在其他方面，数字货币可能导致国际货币体系更加支离破碎。

基于数字货币区的国际货币竞争，也会产生货币替代的问题。随着主要国家通过数字货币区促进其法币的国际化，其他国家将不得不面临更激烈的货币竞争。Brunnermeier 等指出，在大规模数字货币区的支持下，相同的数字支付工具很容易在多个司法辖区内使用，从而促进该支付工具所挂钩的法币在其发行国以外使用，逐步渗透其他国家的经济。一般而言，小型经济体（尤其是国内通胀高或不稳定的经济体）很容易受到传统的和数字的美元化影响；但是，在经济上或社会上对大型网络平台开放的经济体将尤其容易受到数字美元化的影响。也就是说，即使是货币稳定的经济体，如果其公民发现自己经常需要使用稳定币与数字平台的用户进行交易，也可能会被数字美元化。随着数字交付服务的重要性增加以及社交网络与人们的价值交换方式变得更加紧密，大型数字货币在较小经济体中的影响力将增加。防范货币替代的有效方式是推出本国货币的数字形式，因此各国可能加速开发本国 CBDC，以使本国货币适应新的技术状态并在此过程中保护本国货币免受基于数字优势的外部竞争。[①]

4. 超主权数字货币

在数字货币时代，网络外部性壁垒和货币间转换成本的下降使超主权货币的可行性上升。许多文献已经涉及对超主权数字货币的探讨，不过目前尚未见到理论上的分析。

英格兰银行前行长马克·卡尼（Mark Carney）在 2019 年的一次研讨会上首次提出基于多国 CBDC 打造合成霸权货币（Synthetic Hegemonic Currency）的设想，认为此举可能有助于缓解美元体系存在的问题。[②] 他认为数字技术有潜力打破传统货币竞争中的网络外部性，这种网络外部性是阻止现有全球储备货币被替代的重要原因。鉴于私人发行的稳定币面临着一系列监管问题，通过多国 CBDC 形成的网络打造一种新的合成霸权货币可能是重塑国际货币体系的更好选择。合成霸权货币可能会削弱美元对全球贸易的影响，以之计价的贸易份额上升，将使美国国内冲击通过汇率产生的溢出效应减弱，令各国之间的贸易同步性下降；同时全球贸易对合成霸权货币的篮子货币中其他货币发行国的条件变化将会更敏感。如果围绕合成霸权货币发展的金融架构取代美元在信贷市场的主导地位，美元对全球金融条件的影响也可能会下降。通过减少美国对全球金融周期的影响，流向新兴市场国家的资本流动的波动性将会降低。合成霸权货币在国际贸易和国际金融中的广泛使用，意味着其篮子货币可能会逐渐成为可靠的储备资产，从而鼓励新兴市场经济体将其持有的安全资产多样化。这将减轻均衡利率的下行压力，有助于缓解全球流动性陷阱。

Mark Carney 的观点引发了一些学者的关注。Brunnermeier 等指出，数字美元化的前景可能会推动由多种官方货币支持的合成数字货币的国际化，这种合成国际货币的崛起将对宏观经济产生深远影响。美元体系导致安全资产稀缺和货币政策溢出效应，合成国际货币可以在弥补安全资产短缺方面发挥作用，因为以多种官方货币计价的债务价值将随着合成国际货币的价值而波动。然而，没有一种官方货币是绝对安全的，这意味着以合成货币计价的债务发行人的资产如果以当地货币计价，则其可能会承担汇率风险。如果国际贸易以合成国际货币作为计价单位，贸易流量的全球相关性将会降低，减少美元所受冲击对国

---

① Brunnermeier M. K., James H., Landau J. The Digitalization of Money [R]. NBER Working Paper No. 26300, 2019.

② Carney, M. The Growing Challenges for Monetary Policy in the Current International Monetary and Financial System [Z]. Remarks at the Jackson Hole Symposium, 2019.

际贸易效率的不利影响。虽然合成国际货币受到的冲击会对其基础货币产生溢出效应，但是由于各国面临的冲击存在差异性，多样化将会抑制这些溢出效应。[1] 三十人小组（G30）[2] 在 2020 年的一份报告中强调了超主权货币高昂的协调成本，但指出数字货币的外部性增加了国际协调的可能性。全球货币的大量使用可能会导致货币政策的溢出成本以及与竞争性支付网络外部性相关的效率损失。根据系统性的合成霸权货币需要弹性供应的程度，考虑到各国不同的货币条件，各国央行可能会面临巨大的协调成本。鉴于欧元所面临的挑战，目前很难判断在现有货币体系中尚未出现的全球货币如何能够实现数字化发展。尽管如此，数字货币带来的显著外部性，有可能实现以前无法想象的国家间协调水平。[3]

三、主要结论和趋势判断

基于前述研究，可以得到国际维度数字货币竞争的四个主要结论：一是数字货币的到来将率先与弱势的主权货币发生竞争，促使弱势货币国率先开发 CBDC，而强势货币国则在其后开发 CBDC 以应对竞争。二是数字货币的易跨境属性增加了弱势货币国发生货币替代的可能性，使其在不得已的情况下会倾向于选择被加密资产而非主权数字货币替代。三是数字货币时代的货币竞争不仅围绕国家的地理边界展开，还会围绕数字货币区展开，拥有平台优势的国家可以通过数字货币区为推动其法币国际化创造新的条件。四是数字货币时代，超主权货币的可能性上升，将有助于减缓美元体系存在的问题。

综上所述，可以对数字货币时代国际维度的货币竞争趋势做出判断。发展中国家会率先开发 CBDC 以抢占先发优势；具有强势货币的发达国家则会首先利用本国平台企业在国际上推广锚定其法币的稳定币，而在主要发展中国家开发 CBDC 并对其货币的国际地位构成竞争以后才考虑开发 CBDC。数字货币导致的更严重货币替代，将促使货币极端弱势的国家选择被加密资产替代，以避免被其他国家的主权货币替代，从而加密资产（特别是比特币）可能在少数国家获得法定货币的地位。为避免数字货币时代可能加剧的国际货币体系美元化问题，超主权数字货币可能被提上日程。

---

① Brunnermeier M. K., James H., Landau J. The Digitalization of Money［R］. NBER Working Paper No. 26300, 2019.

② 三十人小组（group of thirty）是由部分国家中央银行行长和国际金融领域组成的非盈利性国际组织。

③ G30 Working Group on Digital Currencies. Digital Currencies and Stablecoins：Risks, Opportunities and Challenges Ahead［R］. 2020.

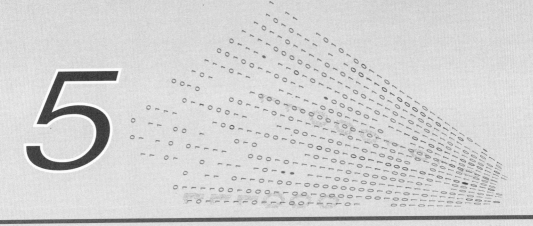

5

数字货币与全球
金融治理

数字货币天然具有跨境属性，其竞争和发展需要在不同机构、部门和司法辖区之间进行规范和协调。为了确保各国对数字货币风险做出全球一致的反应并对数字货币运作采取可互操作的标准，数字货币全球治理框架亟待建立。① 目前，数字货币在全球金融治理中已经受到高度重视，主要的全球金融治理机构均已在数字货币领域展开治理活动，以约束数字货币的国际发展。

此外，数字货币及区块链技术所采用的分布式架构，也可能对未来的全球金融治理结构产生影响。国际货币体系是全球金融治理的重要内容，自"二战"以来就体现为以美国为中心的治理结构。作为国际货币体系重要载体的跨境支付系统 CHIPS 和 SWIFT，也受控于美国，为美元的国际主导地位提供有力支撑。以数字货币打造分布式的跨境支付网络，可能打破传统跨境支付体系的中心化治理结构，有助于实现国际货币体系的多元化和公平化。

第一节　全球金融治理规范数字货币发展②

数字货币的全球治理框架分为核心平台、支柱机构和国际标准制定机构三个层级，各层级机构已经在加密资产风险识别与监管、全球稳定币监管框架制定、央行数字货币标准合作和加强跨境支付路线图等议题下展开治理活动，以规范数字货币的发展和竞争。

一、数字货币的全球治理框架

全球金融治理是指用于管理国际上活跃的金融机构的广泛的规则与程序体

---

① 陈伟光，明元鹏. 数字货币：从国家监管到全球治理 [J]. 社会科学，2021（9）：13-27.
② 本节内容已发表，详见宋爽，熊爱宗. 数字货币全球治理的进展、挑战与建议 [J]. 国际经贸探索，2022（9）：96-112.

系，其支撑要素为对这些规则和程序做出权威性决定的公共机制。① 通常，全球金融治理可从三个层面进行研究：宏观层面强调理论解释和战略分析、中观层面侧重于组织结构和规则体系，微观层面聚焦特定行为体解决具体问题的经验分析。②。其中，中观视角提供了在特定领域里分析全球治理具有操作性的方向，既考虑到作为一种理念或宏观领域的全球治理，又兼顾全球治理的具体内容。③ 因此，本章对数字货币全球治理的研究主要在这一层面展开。

在现有全球金融治理框架下，数字货币的治理工作稳步推进。当今全球金融治理体系由 G20 主导，可分为三个层次：核心平台、支柱机构和国际标准制定机构。④ 数字货币的全球治理工作已在这三个层次展开，参与平台和机构如图 5-1 所示。

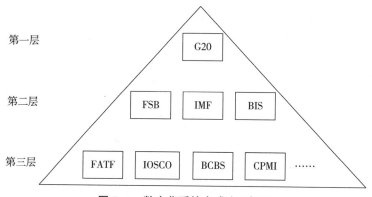

图 5-1　数字货币的全球治理框架

资料来源：笔者绘制。

第一层是全球金融治理的核心平台 G20。G20 在金融危机背景下形成，前身是 G7 财长会议在亚洲金融危机后倡议成立的 G20 部长级会议，于 2008 年全球金融危机后升级为国家领导人级别的论坛，正式成为全球金融治理体系的核心。作为发达国家和新兴市场国家就世界经济稳定开展对话与合作的平台，G20 在数字货币治理领域的主要职能包括设定和讨论数字货币与全球金融稳

---

① Germain R. Global Financial Governance and the Problem of Inclusion [J]. Global Governance, 2021 (7)：411-426.

② 张发林. 全球金融治理与中国 [M]. 北京：中国人民大学出版社，2020.

③ 张发林. 全球金融治理体系的演进：美国霸权与中国方案 [J]. 国际政治研究，2018（4）：9-36.

④ 谭小芬，李兴申. 跨境资本流动管理与全球金融治理 [J]. 国际经济评论，2019（5）：57-79.

定、监管体制改革的相关议题，引导各国当局和其他国际金融治理机构进行数字货币的政策协调。

第二层是全球金融治理的支柱机构，如金融稳定委员会（FSB）、国际货币基金组织（IMF）和国际清算银行（BIS）等。这些机构主要对金融稳定、宏观经济等领域的重要问题进行跟踪和研究，及时识别风险并在必要时协调相关领域的国际标准制定机构和各国当局完善监管措施。FSB 的前身是 1999 年设立的金融稳定论坛（FSF），在 2008 年全球金融危机后扩展并更名为 FSB，是 G20 治理框架下对全球金融体系进行监管和提供建议的最高级别国际组织，成员包括所有 G20 成员以及荷兰、新加坡、中国香港、西班牙、瑞士等经济体及其他在全球金融治理中发挥重要作用的国际机构。在数字货币领域，FSB 贯彻执行 G20 工作部署，通过协调各国监管当局和国际标准制定机构加强数字货币的监管规则和政策来实现促进国际金融稳定的使命。IMF 成立于 1945 年，从布雷顿森林体系建立之初便是全球金融治理的核心机构，现有成员涵盖全球 189 个国家。其首要目标是确保国际货币体系，即汇率体系和国际支付体系的稳定，2012 年被授权处理影响全球稳定的所有宏观经济问题和金融部门问题。在数字货币领域，IMF 主要关注数字货币的国际宏观金融影响及其对国际货币体系的影响。BIS 成立于 1930 年，当前成员包括 62 家中央银行（货币当局）。其使命是服务于各国央行达到货币和金融稳定的目标，促进各国央行在货币和金融稳定方面的国际合作，以及充当中央银行的银行。BIS 主要在央行数字货币领域展开研究并协调各国央行开展国际合作。

第三层是具体领域的国际标准制定机构，典型的有 BIS 下设的支付和市场基础设施委员会（CPMI）和巴塞尔银行监管委员会（BCBS）、国际证监会组织（IOSCO）、反洗钱金融行动特别工作组（FATF）等。CPMI 是促进和监督支付、清算、结算及相关安排的安全和效率并提出建议的国际标准制定机构，为中央银行在该领域的监督、政策和操作事务等方面开展合作提供平台；截至 2018 年 3 月成员已扩至 28 家中央银行。在数字货币领域，CPMI 主要研究数字货币对支付技术及国际支付体系的影响，并制定相应规则。BCBS 成立于 1974 年，是银行审慎监管的全球标准制定者并为银行监管事务合作提供平台，成员包括来自 28 个国家（地区）的 45 个中央银行和银行监管机构。BCBS 主要关注加密资产对银行业及其监管机构的影响，研究并制定银行加密资产风险的审慎处理办法。IOSCO 成立于 1983 年，是各国证券监管机构的主要国际政策论坛和全球证券监管标准制定者，其主要职能是制定、实施和促进国际证券市场监管标准、加强投资者保护以及促进全球和区域层面的经验交流；成员涵盖 115 个司法管辖区，监管着世界上 95% 的证券市场。在数字货币领域，IOSCO 近年的工作重点是研究加密资产交易风险并针对加密资产交易平台完善监管措施。FATF 在 1989 年的 G7 峰会上正式建立，作为全球洗钱和恐怖主义融资的监督机构，负责制定国际标准以阻止非法活动及它们对社会的危害；现有 37 个国家（地区）成员和 2 个区域组织成员。FATF 是最早注意到数字货币风险的国际机构，先后出台了针对虚拟货币和虚拟资产的反洗钱/反恐怖主义融资（AML/CFT）监管建议。

二、数字货币的全球治理进展

本部分将分别在加密资产风险的识别与监管、全球稳定币监管框架的制定、CBDC 的研发合作与标准制定以及加强跨境支付路线图四个议题下，梳理全球治理三个层级下数字货币的治理进展。图 5-2 显示了数字货币全球治理的基本发展脉络。

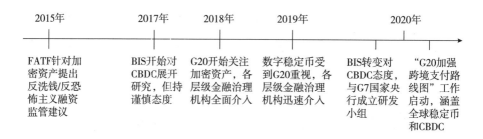

图 5-2　数字货币全球治理的基本发展脉络

资料来源：笔者整理。

1. 加密资产的风险识别与监管

G20 自 2018 年开始关注加密资产的风险和应对。2018 年 3 月和 7 月召开的 G20 财长和央行行长会议，均强调了加密资产发展可能带来问题，呼吁国际标准制定机构依据各自职能监测加密资产风险并评估必要的多边措施。2018 年 12 月，G20 领导人在峰会公报中正式承诺将依据 FATF 标准对加密资产实施 AML/CFT 监管。2019 年 G20 领导人峰会公报强调将密切关注加密资产发展，对现有和新出现的风险保持警惕，并欢迎 FSB 和其他标准制定机构在该领域开展治理工作。

在支柱机构层面，FSB 自 2018 年正式进入数字货币治理领域，加密资产为其早期研究重点。早在 2017 年，FSB 在探讨各国当局应注意的金融科技监管问题时就涉及了加密资产。[①] 在 G20 开始关注到加密资产风险后，FSB 专门对加密资产展开研究，指出加密资产市场存在低流动性、杠杆使用、价格波动等风险，可能通过信心效应、财富效应、金融机构风险敞口等渠道对金融稳定产生影响，并提出了一个以公共数据为基础的加密资产监测框架。[②]

从具体的国际标准制定工作来看，FATF、IOSCO 和 BCBS 都在加密资产治理上取得进展。FATF 针对加密资产的 AML/CFT 风险提出监管建议。2015 年，FATF 发布了旨在将虚拟货币纳入其现有监管框架的指南，虚拟货币交易所成为重点被监管对象。[③] 2019 年 6 月，新版 FATF 建议（FATF Recommendations）获得通过，监管范围从虚拟货币扩大至虚拟资产。[④] 从证券市场监管视角来看，IOSCO 研究了加密资产交易平台的有关问题、风险和监管方法，涉及加密资产交易平台准入、参与者资产保护、利益冲突、平台运营、市场诚信、价格发现和技术等方面，并逐一给出监管"工具箱"建议。BCBS 正着手制定银行业对加密资产风险的审慎处理办法。[⑤] BCBS 在 2019 年给出了高风险加密资产的资本和流动性要求示例，就相关监督审查程序和披露要求提出建议，向利益相关方征求意见。[⑥] 2021 年，BCBS 提出加密资产风险敞口审慎处理办法，将加密资产分为两组、三类，对于以比特币为代表的第 2 组加密资产赋予 1250% 的最低风险权重。[⑦]

---

① FSB. Financial Stability Implications from FinTech：Supervisory and Regulatory Issues that Merit Authorities' Attention［EB/OL］. https：//www. fsb. org/wp-content/uploads/R270617. pdf，2017.

② FSB. Crypto-asset Markets：Potential Channels for Future Financial Stability Implications［EB/OL］. https：//www. fsb. org/wp-content/uploads/P101018. pdf，2018.

③ FATF. Guidance for a Risk-Based Approach to Virtual Currencies［EB/OL］. https：//www. fatf-gafi. org/media/fatf/documents/reports/Guidance-RBA-Virtual-Currencies. pdf，2015.

④ FATF. Guidance for a Risk-based Approach to Virtual Assets and Virtual Asset Service Providers［EB/OL］. https：//www. fatf-gafi. org/media/fatf/documents/recommendations/RBA-VA-VASPs. pdf，2019.

⑤ IOSCO. Issues，Risks and Regulatory Considerations Relating to Crypto-Asset Trading Platforms：Consultation Report［EB/OL］. https：//www. iosco. org/library/pubdocs/pdf/IOSCOPD627. pdf，2019；IOSCO. Issues，Risks and Regulatory Considerations Relating to Crypto-Asset Trading Platforms：Final Report［EB/OL］. https：//www. iosco. org/library/pubdocs/pdf/IOSCOPD649. pdf，2020.

⑥ BCBS. Designing a Prudential Treatment for Crypto-assets［EB/OL］. https：//www. bis. org/bcbs/publ/d490. pdf，2019.

⑦ BCBS. Prudential Treatment of Cryptoasset Exposures［EB/OL］. https：//www. bis. org/bcbs/publ/d519. pdf，2021.

2. 全球稳定币国际监管框架的制定

自"天秤币"被提出后，全球稳定币于 2019 年底受到 G20 关注。2019 年 10 月，G20 财长和央行行长会议指出，全球稳定币可能引发一系列严重风险，要求 FSB、FATF 和 IMF 分别在各自治理领域展开研究。2020 年，G20 领导人峰会宣言强调，全球稳定币在所有法律、规则和监管问题完全解决后才能运作，期待国际标准制定机构在 FSB、FATF 和 IMF 的报告指导下审查现有标准并进行必要修改。2021 年，G20 峰会公报重申全球稳定币法律和监管问题的重要性。

在支柱机构层面，FSB 和 IMF 承担着全球稳定币的治理职能。FSB 对全球稳定币的治理侧重于协调国际监管框架。FSB 在 2019 年研究了稳定币的监管问题，认为需要在合理的场景和用例下识别、监控和解决稳定币的潜在风险。[①] 2020 年，FSB 对全球稳定币安排进行了监管审查并提出十条高级别监管建议，计划在三年内协调相关国际标准制定工作。[②] IMF 主要关注全球稳定币对全球金融稳定和国际货币体系的影响。2019 年，IMF 与 G7 和 CPMI 成立稳定币工作组并共同发布全球稳定币研究报告，系统分析了全球稳定币给公共政策和监管带来的挑战和风险，以及现有监管框架对全球稳定币的适用性。报告指出由于具有迅速在全球扩展的能力，全球稳定币不仅会扩大数字稳定币在法律确定性、治理健全性、金融诚信、数据保护、消费者/投资者保护、税收合规等方面的风险，还可能对货币政策传导和金融稳定构成重大不利冲击，并对国际货币体系产生广泛影响。因此，各机构、部门以及国家之间的协调至关重要，各国应支持负责任的支付创新并确保对风险做出全球一致的反应。[③]

在国际标准制定机构层面，FATF、IOSCO 和 CPMI 均已开始全球稳定币的治理工作。2020 年，FATF 指出其现有关于 AML/CFT 的建议适用于稳定币，稳定币可能被视为虚拟资产或传统金融资产，相关实体应承担 AML/CFT 义务。[④] IOSCO 认为，稳定币具有受监管证券的特征，从"前端"和"后端"分

① FSB. Regulatory Issue of Stablecoins ［Z］. 18 October, 2019.

② FSB. Regulation, Supervision and Oversight of "Global Stablecoin" Arrangements. Final Report and High-Level Recommendations ［R］. 13 October 2020.

③ G7. IMF, CPMI, Investigating the Impact of Global Stablecoins ［R］. October 2019.

④ FATF. Report to the G20 Finance Ministers and Central Bank Governors on So-called Stablecoins ［EB/OL］. https://www.fatf-gafi.org/media/fatf/documents/recommendations/Virtual-Assets-FATF-Report-G20-So-Called-Stablecoins.pdf, 2020-06.

别探讨了其现有原则和标准对假设案例及与之相似结构稳定币的适用性。^①CPMI 和 IOSCO 在 2021 年共同研究了现有金融市场基础设施原则（PFMI）对稳定币安排的适用性，涉及综合风险管理、结算最终性、货币结算等方面。^②

3. 央行数字货币的研发合作与标准制定

CBDC 因主权明晰、监管框架相对明确，并非全球金融治理关注的紧迫议题，相关治理工作主要由 BIS 承担。BIS 对各国发展 CBDC 的建议经历了从"谨慎行事"到"加紧行动"的转变。BIS 最早在 2017 年第三季度报告中对 CBDC 进行了初步探讨，指出各国央行需要考虑 CBDC 可能给金融体系带来的风险以及对货币政策的影响，目前很多风险还很难评估。^③ BIS 进一步指出，CBDC 可能在中央银行的三个核心业务领域（支付、金融稳定和货币政策）产生深刻影响，带来巨大的金融脆弱性，需要谨慎行事。然而，"天秤币"被提出以后，BIS 对各国研发 CBDC 的态度出现反转。^④ BIS 在 2020 年发布的年度经济报告中提出，CBDC 有望成为一种安全、可信、广泛使用的新型支付手段，促进私营部门中介机构的竞争、提高安全和风险管理的标准并提供健全支付创新的基础。^⑤

2020 年，BIS 开始与主要国家展开 CBDC 合作项目，共同研究 CBDC 标准。2020 年 1 月，六个主要发达经济体的央行宣布合作开展数字货币研究，并与 BIS 成立 CBDC 研究小组，共同探讨 CBDC 在各自辖区内的潜在应用场景，以及共享 CBDC 技术性课题的知识和经验。2020 年 10 月，BIS 与前述 6 家央行及美联储共同发布第一阶段合作报告，分析了 CBDC 的动力、价值、机遇与挑战，在此基础上提出 CBDC 发行的基本原则与核心特征，并对相关技术选择予以阐述。各参与方在报告中强调跨境支付的互操作性在 CBDC 初始阶段就应予以考虑，并表示将就此展开协作。^⑥ 此后，该小组又于 2021 年 9 月发布了三份关于零售 CBDC 的研究报告，涉及系统设计和互操作性、用户需求和金

① IOSCO. Global Stablecoin Initiatives：Public Report ［EB/OL］. https：//www. iosco. org/library/pubdocs/pdf/IOSCOPD650. pdf, 2020-03.

② CPMI, IOSCO. Application of the Principles for Financial Market Infrastructures to Stablecoin Arrangements ［EB/OL］. October 2021, https：//www. bis. org/cpmi/publ/d198. pdf.

③ Bech M. , Garratt. R. Central Bank Cryptocurrencies ［A］. BIS Quarterly Review, September, 2017.

④ BIS. Cryptocurrencies：Looking Beyond the Hype ［A］. BIS Annual Economic Report 2018, 2018-06.

⑤ BIS. Central Banks and Payments in the Digital Era ［A］. BIS Annual Economic Report2020, 2020-06.

⑥ Bank of Canada, European Central Bank, Bank of Japan, Sveriges Riksbank, Swiss National Bank, Bank of England, Board of Governors Federal Reserve System, and BIS. Central Bank Digital Currencies：Foundational Principles and Core Features ［R］. 2020.

融稳定等方面。

4. G20 加强跨境支付路线图

2020 年，G20 将改进全球跨境支付安排提上日程。G20 领导人峰会宣言强调，疫情表明加强全球跨境支付安排的必要性，要求 FSB 与其他国际治理机构共同开展 "G20 加强跨境支付路线图"（G20 Roadmap for Enhancing Cross-border Payments）工作。2021 年举行的数次 G20 财长和央行行长会议，均强调了该项工作对改进跨境支付框架的重要性，讨论了支付及其他金融服务加速数字化对脆弱群体金融包容性的正、负面作用。

在支柱机构层面，"G20 加强跨境支付路线图" 的治理职能主要由 FSB、IMF 和 BIS 承担。FSB 负责路线图制定并协调各方贯彻落实路线图。2020 年 4 月和 10 月，FSB 向 G20 分别提交了第一、第三阶段报告，并给出跨境支付路线图的具体时间表。其中，全球稳定币模块的工作将于 2023 年 6 月前完成，CBDC 模块的工作则将于 2022 年 12 月前完成。① 2021 年，FSB 为应对跨境支付在成本、速度、可得性和透明度四方面的挑战设定了量化目标。② IMF 则重点考察数字货币跨境使用的宏观影响。IMF 在 2020 年针对全球稳定币和 CBDC 的跨境使用展开研究，认为两者并未从质上改变导致货币国际使用的经济力量，但是可以从量上强化货币替代和货币国际化背后的动力。③ 2021 年，IMF 与 BIS 创新中心、CPMI 和世界银行共同向 G20 提交 CBDC 在跨境支付中应用的报告，指出其国际宏观金融影响将体现在跨境资本流动的增加、潜在的金融稳定风险和货币替代、储备货币的配置和支持等方面。④

在 "G20 加强跨境支付路线图" 框架下，BIS 创新中心与各国央行合作开展了一系列基于 CBDC 的跨境支付合作项目。2021 年 2 月，BIS 创新中心香港中心、人民银行数研所和阿联酋央行加入由香港金管局和泰国央行合作的多边 CBDC 结算平台项目，后更名为多边央行数字货币桥（mBridge）项目。2021 年 9 月，上述合作方共同发布项目中期报告，介绍了项目的设计

① FSB. Enhancing Cross-border Payments：Stage 1 Report to the G20［R］. Basel：FSB, 2020；FSB. Enhancing Cross-border Payments：Stage 3 report to the G20［R］. 2020.

② FSB. Targets for Addressing the Four Challenges of Cross-Border Payments：Final Report［R］. 2021.

③ IMF. Digital Money Across Borders：Macro-Financial Implications［R］. 2020.

④ CPMI, BIS Innovation Hub, IMF and World Bank Group. Central Bank Digital Currencies for Cross-border Payments：Report to the G20［R］. 2021.

选择、技术权衡和未来路线图。① 截至 2023 年 10 月，BIS 创新中心组织或参与的 CBDC 跨境合作项目已达 12 个。例如，BIS 创新中心瑞士中心与瑞士国家银行（SNB）和金融基础设施运营商 SIX 合作开展了探讨中央银行在未来利用基于分布式账本技术的代币化金融资产提供中央银行货币结算的海尔维蒂项目（Project Helvetia）；BIS 创新中心新加坡中心与澳大利亚储备银行、马来西亚中央银行、新加坡金融管理局和南非储备银行合作开展了旨在探讨多边 CBDC 通用平台如何实现更便宜、更快和更安全跨境支付的邓巴项目（Project Dunbar）。

作为支付基础设施的国际标准制定机构，CPMI 承担着"G20 加强跨境支付路线图"的重要工作。2020 年 7 月，CPMI 完成了该议题的第二阶段报告，确定了全球跨境支付安排的工作模块。在涵盖五个领域、19 个模块的跨境支付系统架构中，第五个领域主要探讨新型支付基础设施和安排的潜力，具体包括三个模块：跨境支付的新型多边平台和安排、全球稳定币安排的稳健性、CBDC 设计的国际维度。② 未来，CPMI 将同其他国际标准制定机构一起执行 FSB 设定的具体工作计划。

三、数字货币全球治理的趋势特点

从前述分析可以看出，全球金融治理机构已经在数字货币领域展开广泛工作，而且数字货币全球治理逐渐呈现出以下四个趋势特点：

第一，全球化。数字货币的影响越来越广泛，数字货币的发展已经成为不可逆转的趋势。加密货币由于自身属性的制约，国际标准制定机构早期对数字货币的有限研究基本都认为它们不足以对经济产生显著影响，风险主要限于反洗钱/反恐怖主义融资、投资者和消费者保护等方面。直到全球稳定币被提出，全球金融治理机构开始意识到数字货币的全球推广潜力及其可能对全球经济产生的广泛影响。因此，自 2019 年全球稳定币在 G20 层面受到关注以来，成为 G20 峰会和 G20 财长与央行行长会议上热议的问题。在全球稳定币的驱动下，主要国家央行纷纷将 CBDC 提上日程。于是，全球稳定币和 CBDC 均被纳入

---

① BIS Innovation Hub, Hong Kong Monetary Authority, Bank of Thailand, Digital Currency Institute of People's Bank of China, and Central Bank of the United Arab Emirates. Inthanon–LionRock to mBridge: Building a Multi CBDC Platform for International Payments [R]. 2021.

② CPMI. Enhancing Cross-border Payments: Building Blocks of a Global Roadmap: Stage 2 Report to the G20 [R]. Basel: CPMI, 2020.

"G20 加强跨境支付路线图"，体现出在全球层面这两种数字货币作为跨境支付工具的潜力已经获得认可，它们的全球推广将进一步对金融稳定、货币政策、跨境资本流动、国际货币体系产生深远影响。

第二，全面化。数字货币的全球治理工作已全面展开，全球金融治理机构均已参与到相关工作中。早期数字货币的全球治理工作主要由国际标准制定机构在具体领域展开，如 FATF 针对虚拟货币相关反洗钱/反恐怖主义融资风险更新其监管标准，BCBS 研究银行机构涉及加密资产风险的审慎处理办法，IOSCO 从证券市场角度探讨加密资产交易平台的监管对策等。FSB、IMF 等高级别国际组织对加密资产的研究相对有限，以观望态度为主，并不涉及对具体监管规则的讨论。在全球稳定币被提出后，FSB、IMF 等国际组织开始全面参与到数字货币的全球治理工作中。根据 FSB 的报告，BCBS、FATF、CPMI 和 IOSCO 等国际标准制定机构均已在各自领域开展全球稳定币的规则制定工作。而在 CBDC 方面，IMF、BIS 和 CPMI 等机构也都积极参与到影响研究、规则探讨和标准制定等各项治理工作中。

第三，体系化。数字货币全球治理呈体系化趋势，正在从单一领域分别开展转向各领域相互融合。无论是 FATF 对虚拟货币反洗钱/反恐融资的指南，还是 BCBS 对银行业加密资产风险敞口的审慎监管建议，早期数字货币的治理工作都是由各国际标准制定机构在单一领域独立完成的。然而，随着数字货币影响的扩大和复杂化，其治理工作越来越需要不同领域的相互融合以及各机构间的相互协作。当前数字货币各领域治理工作已经开始整合。如 IMF 对数字货币跨境支付宏观经济影响的研究中同时考虑了全球稳定币和央行数字货币的相互影响；FSB 在提交给 G20 峰会的全球稳定币报告中全面总结了 BCBS、FATF、CPMI 和 IOSCO 进行的相关工作，并将在其所主导的全球稳定币监管框架制定过程中继续协调这些机构的工作；"G20 加强跨境支付路线图"也同时将全球稳定币和 CBDC 作为新型支付安排纳入进来，FSB 负责协调 CPMI、FATF、IOSCO 和 BCBS 共同开展全球稳定币跨境支付安排的标准制定工作，CPMI 将与 BIS、IMF 和世界银行合作进行 CBDC 设计及其宏观影响研究等工作。

第四，集团化。虽然多边平台/机构是全球金融治理的主要参与者，不过鉴于数字货币在未来可能产生的重要影响，一些国家开始以集团为单位开展治理合作，意图主导未来数字货币发展和国际规则制定的方向。在天秤币被提出以后，G7 国家迅速邀请 IMF 与 CPMI 成立了数字稳定币工作组，探讨全球稳定币的监管框架。2020 年初，G7 中的 6 个发达国家与 BIS 成立了 CBDC 研究小组。几乎同时，以日本前经济部长甘利明为首的议员团体建议 G7 将 CBDC 列入当年峰会的日程，以对抗数字人民币可能在新兴经济体广泛传播并对美元主导的国际货币体系构成的挑战。2020 年 10 月，G7 与 BIS 共同发布的报告中提出 CBDC 设计的基本原则和核心特征，并强调将在这一领域开展深入合作。这些集团化工作的开展，将加速推动由西方主要国家主导的数字货币国际监管框架和标准体系的形成。

第二节 数字货币跨境应用推动国际货币体系改革①

国际货币体系是"二战"后全球金融治理的重要内容，呈现由美国主导、以美元为中心的治理结构。跨境支付系统是国际货币体系的关键基础设施，美国在当前的核心系统 CHIPS 和 SWIFT 中均掌握绝对话语权，这也成为国际货币体系治理结构失衡的原因之一。以数字货币和区块链技术打造分布式的跨境支付网络，可能打破现有跨境支付体系的中心化格局，给非美元货币的国际应用带来机遇，推动国际货币体系的多元化发展。

一、国际货币体系的定义与构成

国际货币体系的主要目标是支持国际贸易、投资等相关的货币支付活动，在"二战"后成为全球金融治理的核心内容。国际货币体系由一系列构件支撑，作为基础设施的跨境支付系统是重要构件之一。

1. 国际货币体系的定义与内涵

国内外很多学者都曾对国际货币体系的定义展开探讨。托马斯·梅耶（Thomas Mayer）等学者指出，国际货币体系是指在跨越国家疆域的交易活动中，为适应国际贸易与国际支付的需要所形成的一系列协定、规则、惯例和制度安排。② 巴里·艾肯格林（Barry Eichengreen）认为，国际货币体系是维护

---

① 本节内容已发表，详见王朝阳，宋爽. 一叶知秋：美元体系的挑战从跨境支付开始 [J]. 国际经济评论，2020（2）：36-55；刘东民，宋爽. 数字货币、跨境支付与国际货币体系变革 [J]. 金融论坛，2020（11）：3-10.

② 托马斯·梅耶，詹姆斯·S. 杜森贝里，罗伯特·Z. 阿利伯. 货币、银行与经济 [M]. 林宝清，洪锡熙，等译. 上海：上海人民出版社，2007.

外汇市场秩序与稳定，促进国际收支平衡，提供国际信贷应对外部冲击的联系各国经济的纽带。① 我国学者黄梅波认为，国际货币体系是适应国际经济活动的需要，各国政府对货币在国际间的支付、结算等货币职能及其他国际货币金融问题所确定的规则、惯例及机构安排的总成。② 黄梅波、熊爱宗对国内外学者关于国际货币体系的定义进行了总结，指出国际货币体系的主要目的是便于国际经济结算与支付的顺利进行，因此需要建立一套规则、惯例或制度加以保障。③ 黄薇认为，国际货币体系是指在习惯、历史、国家意愿等各种因素影响下形成的国家间金融关系之间的约定俗成的规则、程序和机构的总和。④ 高海红指出，国际货币体系是指支配国家间金融关系的约定、规则、程序和机构的集合，其功能是为国际贸易和投资活动提供稳定的价值尺度、充足的流动性以及国际收支的调节机制。⑤ 综上可知，国际货币体系的主要目标是为国际贸易、投资等国际经济活动相关的货币支付结算提供支持，表现形式是规则、机构或制度安排等。从表现形式来看，国际货币体系的定义与全球金融治理的定义存在相似性。实际上，"二战"后全球金融治理的核心议题就是国际货币体系；直到亚洲金融危机爆发后金融稳定逐渐成为全球金融治理的主要内容；近年随着新技术的发展和新问题的涌现，数字金融、绿色金融等成为全球金融治理关注的议题。

根据《新帕尔格雷夫经济学大辞典》对国际货币体系的介绍，国际货币体系主要包括三方面内容：汇率制度、国际储备货币和国际收支调节机制。汇率制度是国际货币体系的核心要素之一。在全球层面，汇率制度设计的主要目的是为国际贸易和投资提供稳定的价值尺度，⑥ 不同货币之间的比价即汇率决定着实际价值的转移。各国为了维护经济的公平发展，需要对本国汇率制度做出一定的安排，并且在特殊情况下，需要联合其他国家货币共同遵守，从而在世界范围内形成一种稳定合理的汇率变动协调体系。⑦ 国际储备是指为满足国际收支的融资需求、干预外汇市场以影响货币汇率以及其他相关目的（如维

① ［美］巴里·艾肯格林．资本全球化：国际货币体系史（第二版）［M］．彭兴韵，译．上海：上海人民出版社，2009．

② 黄梅波．国际金融学［M］．厦门：厦门大学出版社，2009．

③ 黄梅波，熊爱宗．国际货币体系改革：困境与出路［M］．北京：经济科学出版社，2012．

④ 黄薇．汇率制度与国际货币体系［M］．北京：社会科学文献出版社，2014．

⑤ 高海红．变化中的国际货币体系：理论与中国实践［M］．北京：经济科学出版社，2021．

⑥ 高海红．布雷顿森林遗产与国际金融体系重建［J］．世界经济与政治，2015（3）：4-29．

⑦ 黄薇．汇率制度与国际货币体系［M］．北京：社会科学文献出版社，2014．

持对货币和经济的信心、作为对外借款的基础），由货币当局自由使用并控制的外部资产。当今世界的国际储备以外汇储备为主，即各国央行持有的外国资产，主要是美元和美国国债，还包括黄金、特别提款权以及成员方在 IMF 的头寸等。[①] 无论采取何种形式，国际储备的主要职能是为国际贸易和投资提供国际支付手段。国际收支是一个国家对外国货币的收入与支出之和。[②] 由于国际交易发生在众多国家之间，因此由各种因素导致的国际收支失衡常存在于国际经济活动中。程度较高的国际收支失衡会给一国经济造成较大扭曲，需要国家或政府进行调整。综上，国际货币体系的三方面内容都是紧紧围绕国际贸易、投资相关的货币支付交易展开的，而国际货币支付交易需要标准统一、互联互通的基础设施的支持，这凸显了跨境支付系统的重要性。可以说，跨境支付系统是国际货币体系的重要构件和载体。

2. 国际货币体系是"二战"后全球金融治理的主要内容

国际货币体系是"二战"后全球金融治理的主要内容，经历了由布雷顿森林体系到牙买加体系的转变，但是美国始终处于体系中心地位。"二战"后，美国凭借强大的经济、军事实力，主导建立起以 IMF 和世界银行为核心治理机构的全球金融治理体系，其主要议题就是建立以美元为核心的国际货币秩序。美国在战后不仅积累起无可比拟的军事力量，而且在全球工业生产中占据 50% 的份额，拥有世界官方黄金储备总量的 63%，已然获得了其他国家无法企及的全球经济领导地位。[③] 于是，美国开始在国际事务中享有主导权，并按部就班地打造以美元为核心的国际货币体系。20 世纪 40 年代初，美国和英国为争夺未来国际货币体系主导权进行了激烈博弈，分别提出代表各自利益的"怀特计划"[④] 和"凯恩斯计划"[⑤]。美国凭借雄厚的经济实力，以

---

① IMF. Balance of Payments and International Investment Position Manual：Sixth Edition（BPM6）［Z］. 2009.

② 李晓耕. 权力之巅：国际货币体系的政治起源［M］. 北京：社会科学文献出版社，2017.

③ 李晓耕. 权力之巅：国际货币体系的政治起源［M］. 北京：社会科学文献出版社，2017：111.

④ "怀特计划"由美国财政部官员怀特提出，其核心是建立国际稳定基金，基金货币与美元和黄金挂钩，基金储备由各成员国缴纳。当成员国面临国际收支问题，成员国可以使用储备作为短期贷款，但会被要求放弃一部分经济主权，如调整汇率、废除外汇管制等。该方案的目的是确立美元的国际主导地位。

⑤ "凯恩斯计划"由英国经济学家凯恩斯提出，其核心是建立国际清算同盟，各成员国以"班科"作为记账单位开立账户，"班科"以黄金计值；国际收支顺差国将盈余存入账户，逆差国可申请透支或提存。由于美国是当时最大的顺差国，该计划意在减小美元的影响力，维持英镑的国际地位，使英美分享国际金融领导权。

《租借法案》作为施压工具，最终逼迫英国接受"怀特计划"。1944 年 7 月，44 个国家的经济特使在美国新罕布什尔州的布雷顿森林召开了联合国货币金融会议，通过了以"怀特计划"为基础制定的《联合国家货币金融会议最后决议书》以及两个附议，即《国际货币基金协定》和《国际复兴开发银行协定》①。这次会议确立了以美元和黄金为基础的"一确定两挂钩"② 体系，使美元获得了等同于黄金的地位，成为主要的国际储备货币，史称"布雷顿森林体系"。

在"特里芬两难"的作用下，布雷顿森林体系逐步瓦解，但美国依然竭力维护美元的国际地位，使国际货币体系进入牙买加体系时代。在金汇兑本位制下，储备货币发行国向世界提供储备货币与保证其币值稳定之间存在矛盾，即该国必须保持国际收支逆差以保证世界储备资产的净增长，而逆差的持续积累将有损其他国家对该国币值稳定的信心，这便是著名的"特里芬两难"③。进入 20 世纪 60 年代，随着美国国际收支状况的恶化，美元国际地位开始受到以法国为首的西方国家的挑战。美国倚仗强大的军事实力向作为欧洲经济中心的联邦德国施压，要求后者在国际货币问题上与法国分离并转而支持美国，否则就要撤销对联邦德国保护的承诺并从德国撤军④。最终，美国和德国之间形成了一种制度性的"货币—安全"安排，联邦德国在 1967 年的 IMF 年会上偏向了美国的方案⑤，使美元的地位得以维持和巩固⑥。20 世纪 70 年代初，美元与黄金脱钩，布雷顿森林体系就此宣告结束。此后，为维持美元在国际货币体系中的核心地位，美国动用经济和金融力量，与沙特阿拉伯签订了一系列秘密的"经济合作协议"，以换取后者承诺说服欧佩克组织所有成员国将美元作为石油出口的唯一计价和结算货币⑦。"石油—美元"计价机制的确立，为美元信誉提供了新的"货币锚"，使美元成功摆脱了黄金枷锁，国际货币体系由此进入后布雷顿森林体系或称牙买加体系时代。

---

① 基于这两个协定，国际货币基金组织和世界银行于 1945 年正式成立。
② 即美元与黄金汇率固定，美元与黄金挂钩，其他国家货币与美元挂钩。
③ Triffin, R. Gold and the Dollar Crisis: The Future of Convertibility [M]. Yale University Press, 1960.
④ 赵柯. 德国马克的崛起——货币国际化的政治经济学分析 [D]. 中国社会科学院研究生院博士学位论文, 2013.
⑤ 即通过创建特别提款权（SDR）来增加国际储备资产，以缓解美元兑换黄金的巨大压力。
⑥ 陈平，管清友. 大国博弈的货币层面——20 世纪 60 年代法美货币对抗及其历史启示 [J]. 世界经济与政治, 2011（4）：25-47.
⑦ 丁一凡，纽文新. 美元霸权 [M]. 成都：四川人民出版社, 2014.

3. 跨境支付系统是国际货币体系的重要构件

美元体系运转和维持的基本特征是美元的全球环流机制，主要由五大构件支撑，其中跨境支付系统为重要基础设施。进入牙买加体系后，经常项目成为美元对外输出渠道，美国向世界各国开放商品市场；资本项目则成为美元回流的主要通道，美元储备国需要购买美国的金融产品以实现外汇储备的保值增值。在这种机制下，对美出口的国家赚取美元后，还要将其中相当部分用于购买美国国债；美国则将回流资金继续投资于这些国家。半个多世纪以来，美元环流机制日益完善和巩固，得益于五个构件的共同支持：一是以美国发行的美元和国债等金融产品为交易对象；二是以纽约证券交易所和纳斯达克交易所等主要金融市场为交易场所；三是以有 200 年左右历史的摩根大通、美国银行、富国银行和花旗银行等金融机构为交易主体；四是以环球同业银行金融电讯协会（SWIFT）和纽约清算所银行同业支付系统（CHIPS）组成的跨境支付清算系统为渠道；五是以 IMF 和世界银行等多边机构为依托，并预设了相应的规则，例如，美国在 IMF 拥有一票否决权，美国评级机构在国际资本市场中有决定性话语权等。由这五大构件相互支撑，以全球环流机制为特征的美元体系，已经成为支持美国经济模式的基础。因为美元需要在全球流转，所以在这五个构件中跨境支付清算系统发挥着关键载体的作用。SWIFT和 CHIPS 是跨境美元支付清算体系中的核心基础设施，美国对两者均有绝对的影响力。

美国对全球主要跨境支付系统的掌控，成为其"国际货币权力"的重要来源。由于美元在国际货币体系的中心地位，美国获得了通过与其他国家的货币关系影响他国行为决策的能力，即"国际货币权力"。[①] 近年来，随着金融科技发展和互联网的普及，美国的国际货币权力不再局限于货币操控等传统方式；[②] 金融网络的武器化逐渐成为美国行使货币权力的重要方式，[③] 支撑美国对与其发生"最小关联"（Minimum Contacts）的实体或个人进行"长臂管辖"（Long-Arm Jurisdiction）。"9·11"事件后，美国便开始从 SWIFT 获取数据信息，并根据这些信息监控全球资金流动，对触犯其利益的国家和机构进行金融制裁。除了将朝鲜从 SWIFT 系统中除名、切断伊朗金融机构与 SWIFT 的连接，

---

① ［美］大卫·安德鲁. 国际货币权力［M］. 黄薇，译. 北京：社会科学文献出版社，2016.
② ［美］乔纳森·科什纳. 货币与强制［M］. 李巍，译. 上海：上海人民出版社，2013.
③ Farrell H. , Newman A. L. Weaponized Interdependence：How Global Economic Networks Shape State Coercion［J］. International Security，2019，44（1）：42-79.

美国还在中美博弈中将 SWIFT 作为潜在武器。诸多案例表明，由五大构件支持的美元体系巩固了美国的国际货币权力，特别是受控于美国的全球跨境支付清算系统成为其行使这一权力的重要工具。

技术发展背景下新型跨境支付系统的出现，可能成为推动国际货币体系改革的力量。当今世界正处于百年未有之大变局，在变动交织的国际政治经济环境下，国际货币体系也面临着变革。目前，至少有两方面的力量已经萌发，并开始对国际货币体系产生影响：一是改革国际货币体系的主观动机正在增强。由于美国不断利用美元优势左右国际事务，许多国家包括西方发达国家对美国的不满日益增长，越来越多的国家开始采取"去美元化"行动。比如，法国总统马克龙在 2019 年 8 月大使会议的演讲中直言，国际秩序发生了前所未有的颠覆，当前可能正在经历西方世界霸权的终结，西方长期低估的新势力正拔地而起；面对这场变革和颠覆，法国的选择是"成为其中一方的盟友、在不同的事件中选择不同的联盟，或是成为游戏的一分子并占据一定话语权"。① 二是改革国际货币体系的技术条件逐渐成熟。当前，以智能化、网络化、数字化为核心特征的新一轮工业革命正处于由导入期向拓展期转变的关键阶段；新工业革命将重塑国家间竞争格局，为后发国家的竞争与赶超提供窗口期。② 例如，在金融领域，金融科技的广泛应用和多种场景已经对传统发展模式形成冲击并挑战现行监管框架。以上两方面因素相结合，跨境支付清算系统可能成为最先受到变革的构件。各国对脱离或超越美元的跨境支付工具的追求，或将影响整个国际货币体系的运转。

二、现有跨境支付体系存在的问题

现有跨境支付体系以代理行模式为基础，不仅在经济效率方面面临瓶颈，还易在市场结构方面形成垄断，而对金融基础设施的垄断是国际货币体系权力失衡的重要原因之一。

1. 代理行模式限制经济效率

传统的跨境支付体系采用代理行模式，即对于跨国家（地区）、跨币种的支付活动，付款方和收款方开立账户的银行通常不能直接进行资金结算，因而

---

① 黄婧. 法总统马克龙提西方霸权或终结 主张扮演平衡角色［EB/OL］. 中国新闻网，http：// www. cssn. cn/gjgxx/gj_rdzx/201909/t20190902_4966186. shtml/. 2019-09-02.

② 谢伏瞻. 论新工业革命加速拓展与全球治理变革方向［J］. 经济研究，2019（7）：4-13.

付款行需要在其他能与收款行开展特定币种结算的银行（代理行）开立账户，由后者与收款行进行结算。这主要是因为大多数国家的支付系统都基于专有标准和协议，建立在传统基础设施之上，导致彼此之间缺乏互操作性。有时，一笔跨境汇款可能需要经过数层代理行才能最终完成。于是，以代理行为节点组成了众多资金链条，而这些链条相互交织就形成了今天的跨境支付体系。代理行模式是几个世纪以来跨境支付结算的基础，也是当前唯一普遍存在的跨境支付解决方案。[①]

然而，代理行模式的经济效率面临瓶颈，主要表现为跨境支付成本高、耗时长。现有跨境支付体系业务链条长、结算过程复杂，往往涉及多个实体参与跨境交易的执行，需要满足反洗钱/反恐怖主义融资（AML/CFT）、了解客户（KYC）等监管规定，而各国的技术和运营标准又存在差异，基础设施的条件和可得性也不同，这些都会增加跨境支付的成本。根据麦肯锡公司在2016年的估计，美国的商业银行通过代理行网络进行跨境支付的平均成本为25~35美元，是国内支付平均成本的10倍多。由于资金在到达目的地之前可能需要经过数个银行，而各国银行的营业时间不同，这会导致跨境支付处理的时间滞后。而且，资金流经的每个银行都要进行与反洗钱/反恐怖主义融资相关的流程，也会延长转账时间。如今，一笔跨境支付交易可能需要3~5天时间完成。

2. 中心化体系造就垄断格局

在现有跨境支付体系下，市场已经形成了一定的垄断格局。一方面，代理行业务越来越向少数大型商业银行集中。只有资产负债表足够庞大的银行才能承担来自大额国际支付的信贷风险，并维持外国账户流动性所需的资产负债表空间。而且，各种合规部门和处理索赔、争议以及协调付款指示的后台操作部门带来高昂的固定成本，只有大型银行才有能力承担。从网络外部性的角度，客户银行也更愿意与业务网络广泛、遍及多个国家、涵盖众多币种的大型银行合作。相比之下，规模较小的商业银行更加在意各种监管成本对其整体业绩的影响，因此许多银行已终止或限制在某些区域、国家或针对某类客户的代理行服务，以减轻成本并降低潜在的声誉、金融风险。另一方面，现有跨境支付体系造就了具有垄断地位的报文提供机构和美元清算机构。在金融报文传输领域，SWIFT具有绝对的垄断势力。SWIFT由欧洲和美国的部分银行于1973年

---

① Bank of Canada（BoC）. Bank of England（BoE）and Monetary Authority of Singapore（MAS）. Cross-Border Interbank Payments and Settlements：Emerging Opportunities for Digital Transformation ［R］. 2018.

合作建立，用于在从事金融交易的实体（包括银行、结算机构乃至中央银行）之间传递通用格式的报文信息，以实现不同支付系统的互操作性。如今，SWIFT 已经成为全球金融基础设施的核心部分，有 200 个国家的 11000 家机构使用，每天发送超过 2500 万条信息，在国际支付信息传输市场上处于垄断地位。另一家在跨境支付体系中具有垄断优势的机构 CHIPS 由纽约清算所协会（NYCHA）经营，是全球最大的美元私营支付清算系统，参与全世界银行同业间 95% 的美元清算。虽然 CHIPS 的垄断优势主要得益于美元在国际货币体系中的主导地位，但是代理行模式和 CHIPS 都是中心化结算和清算机制的产物，两者相辅相成、完美融合，因此可以说代理行模式为 CHIPS 的垄断地位提供了支持。

3. 基础设施垄断助长国际货币体系权力失衡

作为最重要的国际金融基础设施，跨境支付系统是国际货币体系的基本构件和载体。对于在传统跨境支付网络中具有绝对市场权力的 SWIFT 和 CHIPS，美国都拥有强大的影响力，这为美国在国际货币体系中获取主导权提供了有力支持。由于 CHIPS 是美国自己的支付清算系统，美国可以直接决定是否切断个别国家金融机构美元业务的资金往来通道，从而轻易地将这些国家排除在美元体系之外。在美元作为主要结算货币的国际货币体系下，一旦个别国家与 CHIPS 的通道被切断，SWIFT 提供的相关美元交易报文信息也失去意义。不过，这些国家仍可以在 SWIFT 的支持下开展非美元跨境交易，而美国对 SWIFT 的控制近年来不断强化。"9·11"恐怖主义袭击发生后，美国依据启动"恐怖分子资金追踪计划"（TFTP），授权美国财政部利用 SWIFT 追踪并冻结恐怖分子的资金流动，并要求 SWIFT 停止对被列入制裁范畴的个人、企业、金融机构提供服务。就这样，美国出于安全理由，顺利将 SWIFT 变为其收集其他国家资金往来数据、对触犯其利益的国家进行金融制裁的武器。[①] 可见，通过控制在传统跨境支付体系中具有垄断地位的 CHIPS 和 SWIFT，美国的国际货币权力已经延伸到美元体系之外。

三、传统技术改革跨境支付的力量有限

为了规避美国对跨境支付体系的控制，德国、法国和英国等欧洲国家与伊

---

① Farrell H., Newman A. L. Weaponized Interdependence：How Global Economic Networks Shape State Coercion［J］. International Security，2019，44（1）：42-79.

朗建立了跨境贸易的特殊结算机制,俄罗斯开发了独立的金融信息传输系统,中国则在推动自己的跨境支付系统。目前来看,基于传统模式的跨境支付系统对现行国际货币体系的改善作用有限。

1. 德法英三国的贸易往来支持工具

贸易往来支持工具(Instrument for Supporting Trade Exchanges, INSTEX)是由德国、法国和英国主导推出的一种绕开美元跨境支付系统的特殊结算机制,目的是支持欧盟境内企业与伊朗开展正常商贸活动。2018年5月,美国退出伊核协议并重启对伊朗经济制裁,此后又宣称将对帮助伊朗开发核武器或者从伊朗进口原油的国家进行次级制裁。2018年11月,SWIFT表示将遵守美国重启与伊朗核相关的次级制裁,暂时禁止某些伊朗银行使用SWIFT的金融信息传输网络,伊朗被正式排除在全球主流的跨境贸易活动和金融服务之外。为了维持与伊朗的正常贸易活动,以德国、法国和英国为首的欧洲国家着手建立绕开美元支付体系与SWIFT系统的特殊结算机制。2019年初,德法英三国出资设立INSTEX,实体机构设在巴黎;同年7月开始正式运作,以欧元结算交易。

INSTEX机制的突出特点是,欧盟与伊朗之间只开展货物交易,资金流转则在两个经济体内部进行(见图5-3)。按照设计,欧盟的进口商和出口商分别向INSTEX提供交易数据,伊朗的进、出口商则分别向伊朗对应实体"特别贸易和金融机构"(STFI)提供交易数据,INSTEX和STFI再就交易数据进行沟通协调。[1] 在欧盟内部,INSTEX根据交易数据协调与伊朗开展贸易的进口商与出口商之间的货款结算,而无须与伊朗进、出口商开展资金活动。类似地,伊朗内部则由STFI负责协调企业之间的资金流转。这种易货机制有效避免了欧盟与伊朗开展跨境支付所涉及的繁琐流程,但其有效运作的前提是双方的贸易差额大致相当。目前,INSTEX仅用于欧盟和伊朗间开展药品、医疗器械和农产品等人道主义物资的贸易,[2] 而欧盟对伊朗出口这些产品的金额要显著高于从伊朗进口产品的金额,这就大大降低了INSTEX的效果。

---

① 杨望. 独家解读! INSTEX支付系统真的能绕过SWFIT吗? [EB/OL]. 新浪金融研究院, https://baijiahao. baidu. com/s? id=1634103428764506043&wfr=spider&for=pc/2019-05-21.

② Peel M. Can Europe's New Financial Channel Save the Iran Nuclear Deal [EB/OL]. Financial Times, https://www. ft. com/content/bd5a5046-27ad-11e9-88a4-c32129756dd8/2019-04-02.

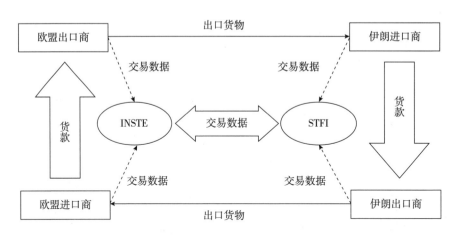

图 5-3　INSTEX 系统运作模式

资料来源：笔者根据杨望（2019）整理，参见上一页脚注①.

　　从欧盟目前的态度来看，为伊朗创建的这个特殊渠道更多被视为一种政治信号，而不是开展实际交易的重要渠道，① 短期内更难以直接挑战美元的国际地位。欧盟是 GDP 总量仅次于美国的第二大经济体。欧元是国际储备和国际外汇市场交易排名第二的货币，已经在国际上形成了具有深度的金融市场和相对成熟的配套制度，本有能力形成对美元的有效竞争。但是，欧盟目前并未将 INSTEX 视为挑战美元的工具，而是作为稳住伊朗的权宜之计，这使 INSTEX 的设计和运营存在先天不足。主要体现在以下三个方面：一是易货机制的可扩展性有限。INSTEX 系统在跨境贸易中采用以物易物的机制，效率显然无法与以货币作为媒介的交易效率相提并论，可见德法英三国并未想直接触碰美元在全球跨境支付体系的主导地位。二是 INSTEX 系统涉及的贸易种类有限。该系统目前处理的交易均属于美国制裁豁免的范畴，在美国的威胁和阻挠下，欧盟不会轻易将对伊朗至关重要的石油贸易纳入 INSTEX 系统。三是 INSTEX 系统的参与国数量有限。目前只有约 10 个国家加入 INSTEX，虽然欧盟发言人曾表示计划向其他合作伙伴开放该系统，包括向中国、俄罗斯等《伊朗核协议》的参与方开放，但是欧盟方面一直很谨慎，并未对他国发出明确邀请。受制于

① Leonard M., Pisani‐Ferry J., Ribakova E., Shapiro J., Wol. G. Redefining Europe's Economic Sovereignty [Z/OL]. Bruegel, 2019（25）. https：//bruegel. org/2019/06/redefining‐europes‐economic‐sovereignty/.

以上局限，INSTEX 自建立以来并未获得大规模应用，更难以对美元跨境支付体系产生显著影响。

2. 俄罗斯的金融信息传输系统

俄罗斯金融信息传输系统（SPFS）是为避免西方国家金融制裁而创建的。2014 年，俄罗斯和西方国家因克里米亚问题出现关系危机，一些西方政治家威胁切断俄罗斯与 SWIFT 的联系；当年 12 月，俄罗斯银行启动 SPFS 系统的开发工作，旨在为俄罗斯银行提供独立、安全的金融信息交换机制。SPFS 主要作为 SWIFT 的替代渠道，号称在 2020 年每月发送超过 200 万条消息，比 SWIFT 领先 20.6%。① 根据俄罗斯央行在 2021 年对 SPFS 的介绍，该系统有约 400 个用户，包括俄罗斯和外国的银行及其他实体。② 俄罗斯也已经开始与中国、伊朗、土耳其等国家的金融监管机构进行谈判，希望将 SPFS 系统与这些国家的金融信息系统对接；同时也在不断完善系统，使其更好地符合国际标准，以吸引外国企业连接和使用 SPFS 系统。

SPFS 系统可以被看作是俄罗斯版的 SWIFT，其主要目标是降低外部风险，确保金融信息业务平稳运行，维护统一的金融信息原则和规则。SPFS 的软件包被设计用于创建和处理 UFEBS 和各种 MT 格式的文件，③ 支持的消息类型列表目前涵盖 50 种。④ 虽然 SPFS 声称能比 SWIFT 提供成本更低、更加便捷的服务，但成为其成员面临较复杂的程序和较高的成本。从组织角度来看，加入过程还算顺利，相关协议可在 2~3 周形成；但技术法规问题比较突出，特别是在终端安装以及与银行网络连接的过程中。为了满足 IT 安全要求，SPFS 推荐成员银行使用与俄罗斯银行支付系统类似的配置，导致这些银行不得不采用额外的技术、硬件和软件以及数据保护密码设施。同时，这些银行还要遵守俄罗斯联邦内务部的安全要求，如果其交易对手的 IT 安全水平存疑，那么相关信息和支付文件不得通过 SPFS 发送。

可以预计，SPFS 的发展前景不会多么广阔。虽然该系统的设计参考了

① Shrivastava. A. Central Bank of Russia Launches Swift Replacement With 399 Users [N]. National Times Australia，March 2，2022.

② Bank of Russia. Financial Messaging System of the Bank of Russia (SPFS) [EB/OL]. 2021. https：//www. cbr. ru/Content/Document/File/72210/pres_11102021. pdf.

③ UFEBS 是 Unified Formats of Electronic Banking Messages 的缩写，意为电子银行信息的统一格式；MT 为 Message Type 的缩写，意为报文类型。

④ Cyber. F. T. Bank of Russia's System for Transfer of Financial Messages (SPFS)[EB/OL]. 2019. https：//cyberft. com/about/comprasion/spfs/.

SWIFT，能够支持多种不同货币的报文，但由于系统参与者主要是俄罗斯的银行和企业，SPFS 主要支持以俄罗斯卢布计价的跨境资金交易，这在很大程度上限制了外部机构参与该系统的兴趣。由于这类系统具有明显的网络外部性，一些与俄罗斯经贸往来密切的国家虽然会支持其金融机构接入 SPFS 系统，但并不会就此放弃 SWIFT，SPFS 相对于 SWIFT 来说是一种补充而绝不是替代。从制度安排来看，虽然俄罗斯资本账户开放，卢布采取浮动汇率制，有助于卢布的跨境资本流动；但无论是俄罗斯国内还是国际市场上，都不具备开展卢布交易的深度金融市场，无法为卢布提供充分的流动性和循环机制。由于配套制度和市场深度的欠缺，采用浮动汇率的卢布还存在着较大的汇率风险。俄罗斯央行的数据显示，近 10 年美元兑卢布的单日波幅最高达到 12%，月波幅最高达 22.5%。[①] 这些因素都会降低外国机构持有卢布的热情，即便是以卢布进行交易，也会在交易后迅速换作其他货币。因此，SPFS 的成员将主要限于俄罗斯机构以及与其经贸往来密切的外部机构，无法撼动 SWIFT 的国际地位，更无法支撑卢布成为国际货币。

3. 中国的人民币跨境支付系统

中国的人民币跨境支付系统（Cross-border Interbank Payment System, CIPS）在人民币国际化的大背景下应运而生。自 2009 年 7 月中国启动跨境贸易人民币结算试点以来，人民币国际化取得显著进展。SWIFT 数据显示，2012 年第一季度，亚太地区与中国（含香港）的跨境支付中 7.2% 采用人民币结算，欧洲的这一比例为 6.7%。[②] 卡塔尔、阿联酋、南非等中东和非洲国家也都积极接受人民币交易。人民币跨境支付结算需求迅速增长，使建设独立的人民币跨境支付系统、完善人民币全球清算服务体系成为必然要求。2012 年 4 月，中国人民银行决定组织开发独立的 CIPS，进一步整合现有人民币跨境支付结算渠道和资源，提高跨境清算效率，满足各主要时区的人民币业务发展需要。[③]

2015 年 10 月和 2018 年 5 月，CIPS 的一期、二期分别上线运行。一期主要采用实时全额结算方式，为跨境贸易、跨境投融资和其他跨境人民币业务提

---

① 数据来自万得数据库。

② SWIFT. Europe is Fuelling Offshore RMB［EB/OL］. http：//transactionbanking. theasianbanker. com/assets/media/dl/rmb/SWIFT_RMB_Tracker_April_2012. pdf/.

③ 央行释疑人民币跨境支付系统 首批参与者共 19 家［EB/OL］. 中国新闻网，2015-10-8. http：//www. chinanews. com/cj/2015/10-08/7557504. shtml/.

供清算、结算服务。二期采用更为节约流动性的混合结算方式，提高人民币跨境和离岸资金的清算、结算效率。① 二期较一期升级的功能特点包括六个：一是在实时全额结算模式基础上引入定时净额结算机制；二是支持金融市场业务；三是系统对外服务时间由 5×12 小时延长至 5×24 小时+4 小时；四是引入金融市场基础设施类直接参与者；五是增加报文类型和可扩展性；六是建成了 CIPS 备份系统。

CIPS 由跨境银行间支付清算（上海）有限责任公司运营，为其参与者的跨境人民币支付业务和金融市场业务等提供资金清算结算服务。CIPS 的参与者分为直接参与者和间接参与者两类。CIPS 为每个参与者分配系统行号作为其在系统中的唯一标识。直接参与者在 CIPS 开立账户，可以通过 CIPS 直接发送和接收业务。间接参与者通过直接参与者间接获得 CIPS 提供的服务。为了鼓励直接参与者为间接参与者提供更好的服务，CIPS 的业务规则和系统功能均支持一个间接参与者与多个直接参与者建立业务关系。② 截至 2022 年 12 月底，已有 77 家直接参与者，1283 家间接参与者。间接参与者中，亚洲 978 家（含境内 553 家），欧洲 188 家，非洲 47 家，北美洲 30 家，大洋洲 23 家，南美洲 17 家，覆盖全球 109 个国家和地区。③

以中国的经济实力为支撑，以上述交易规则为基础，CIPS 具有良好的发展潜力和应用前景，当然也存在一些制约因素。一方面，2021 年中国 GDP 达到美国的 75.9%，是日本的 3.5 倍；作为全球最大的货物贸易国，2021 年中国货物进出口总额的全球占比为 13.5%，美国为 10.5%，日本为 3.4%。④ 另一方面，中国国内金融市场改革不断推进，人民币离岸市场也在发展壮大。截至 2022 年 8 月上旬，国内市场熊猫债累计发行金额 5977.36 亿元，存量规模 2236.46 亿元，占同期我国债券市场存量规模 138.53 万亿元的 0.16%；⑥ 离岸市场未到期人民币债券共计 344 笔，存量总额约为 4208 亿元。⑤ 2018 年 5 月，人民币合格境内机构投资者（RQDII）重启，便利符合条件的机构投资者从事

① 余雪菲，马文婷. 人民币跨境支付系统正式上线 [N/OL]. 京华时报，2015-10-9. http：//jingji. cntv. cn/2015/10/09/ARTI1444347061112823. shtml/.

② 王观. 谁来运营 CIPS 系统？[N]. 人民日报，2015-11-09. http：//rmb. xinhua08. com/a/20151109/1573644. shtml/.

③ CIPS 新增间接参与者公告（第八十一期）[EB/OL]. CIPS 官方网站，2019-08-23. http：//www. cips. com. cn/cips/ywfw/cyzgg/58796/index. html.

④⑤ 数据来自万得数据库。

⑥ 刘琪. 熊猫债迎多项政策红利 有利于推动人民币国际化 [EB/OL]. 中国经济网，2022-08-04. Http：//bgimg. ce. cn/xwzx/gnsz/gdxw/202208/04/t20220804_37933251. shtml.

境外证券投资活动；2019 年 9 月 10 日，国家外汇管理局宣布取消合格境外机构投资者（QFII）和人民币合格境外机构投资者（RQFII）的投资额度限制，同时取消 RQFII 试点的国家和地区限制。但与此同时，一些因素也制约着 CIPS 的发展，如人民币汇率机制还要进一步完善、资本账户开放程度有待进一步提高等；表现在统计数据上，截至 2022 年第一季度末，人民币在国际外汇储备中的占比仅为 2.88%；① 2022 年 6 月，人民币在国际支付中的占比仅为 2.17%。② 这既说明 CIPS 系统的影响力还很有限，同时也意味着人民币跨境结算还有很大的发展潜力和成长空间。可以预计，随着中国金融市场改革的不断深化和高水平对外开放的不断推进，人民币在国际市场上的接受程度将进一步提升，CIPS 将有望吸引更多成员参与。

四、数字货币对跨境支付和国际货币体系的影响

基于数字货币和区块链技术打造跨境支付系统，能够避免繁冗的中间环节，在提高效率、促进竞争等方面较传统支付系统体现出优势，为国际货币体系改革注入动力。

1. 数字货币最有可能取得成功的领域是在支付领域

第一，采用分布式账本技术的数字货币，能够有效提升支付效率。利用数字货币系统，支付活动可以在终端与终端之间直接进行，避免了中介机构的参与。在宏观层面，分布式系统改变了支付体系的治理结构，提升了治理效率。传统货币网络采用树状层级架构，中央银行管理商业银行节点，商业银行管理个人用户节点。层级架构在参与节点较少时具有较高效率，但随着节点数量的级数增长，数字货币所采用的扁平式架构的效率优势就越发凸显。在微观层面，分布式系统使交易过程更加直接、简便，能够有效缩减交易时间，提升交易效率。传统模式下，一笔支付交易常常涉及多个中介机构，业务流程较长，系统分散；而数字货币系统可以实现资金的点对点转移，且与记账过程几乎同步完成。

第二，数字货币能有效降低货币发行和流通的成本以及各类交易成本。去中心化的数字货币，无须收、付款人同时在场进行交易，也无须中介方参与协调交易，而是由买卖双方随时随地直接完成交易。对商业银行而言，数字货币可以避免现金所涉及的生产、运输、核算、储存、安保等方面的成本以及安装

---

① 数据来自 IMF COFER 数据库。
② 数据来自 SWIFT 统计。

ATM 等实物基础设施的费用。对个人用户而言，现金在使用过程中涉及的携带、存取、保管、验伪等成本，电子货币涉及的账户开立成本，以及不同类型账户、不同银行和不同国家之间转移资金的交易成本，都可以有所下降。此外，数字货币还可以降低其他金钱和非金钱的交易成本，如信用卡中介费、在线输入银行卡信息的时间成本等，从而减少交易摩擦，① 使许多原本比较困难的交易变得可行。

第三，分布式的数字货币系统不再受制于中心节点，使支付系统更具稳定性。一方面，去中心化的系统可以避免单点失败带来的不利影响。在传统以银行为中心的系统中，一旦中心节点出现故障，整个系统将陷于瘫痪。在分布式系统下，即便个别参与节点出现机器故障或网络问题，系统仍可以对不需要失败节点参与的所有交易进行操作；而且，在分布式系统下还可以主动设计相应机制，关闭和重启故障节点，同时确保数据不会丢失，使资金进程得到保护。另一方面，分布式技术使系统不易受到攻击，因为分布式的交易系统中不存在易成为攻击目标的中心节点。在完全分布式的网络下，攻击者需要破坏或篡改至少一半以上交易节点的数据才有意义。即便是在联盟链下，黑客同时攻击数个节点也比攻击单节点的难度要大得多。

第四，数字货币的加密技术保障了支付过程的安全性。主要体现在以下三个方面：一是资金的安全性。数字货币通过公钥和私钥相结合的不对称加密方式确保用户之间资金转移的安全，不同于传统货币需要依托第三方的账户管理来保障资金安全。二是账本的安全性。数字货币采用哈希算法，能够以不可逆的方式将一个区块中的交易信息转化为一段长度较短、位数固定的散列数据，从而保证数字货币的交易数据生成后便无法被篡改，较传统货币依托中介机构生成和保存账本更具安全性和公信力。三是支付确认的安全性。数字货币在支付过程中可通过时间戳进行确认，时间戳记录了数字货币创建和在不同用户间传递的确切时间，确保了交易的有效性和真实性。记入区块链的时间戳不可篡改，由此数字货币可以实现不依托中介机构的支付确认机制。

2. 以数字货币打造分布式的跨境支付网络

基于区块链技术，以数字货币打造分布式跨境支付网络，不仅能提升经济效率，还有助于改进市场结构。

分布式的跨境支付系统可以实现集成、即时和点到点的支付结算过程，从

---

① Fung B. S. C., Halaburda. H. Central Bank Digital Currencies: A Framework for Assessing Why and How [R]. Bank of Canada Staff Discussion Paper No. 22, 2016.

而促进经济效率。在这种模式下，跨境支付不再需要代理行链条来承载信息传输和资金结算，因而变得更便宜、更便捷。分布式的跨境支付系统还可以自动跟踪支付、优化流动性和风险管理，大幅降低传统系统涉及的各项运营和操作成本。区块链技术与其他技术相结合，还能有效降低跨境支付的合规成本。[1]特别地，在分布式平台上实行 KYC 程序和数字身份可以促进信息共享，有助于降低合规成本，包括与反洗钱/反恐怖主义融资监管相关的成本。通过与生物识别、人工智能等技术相结合，在分布式平台上还能创建和维护标准化客户信息及其数字身份的登记注册，这将为客户信息的访问和共享提供便利。总之，基于分布式的跨境支付系统，跨境支付全程有望缩短到 1 天之内，交易费用降至1%以下。[2]

由分布式跨境支付系统形成的网络呈现更加扁平化、松散化的组织关系，可能打破传统跨境支付体系因规模经济和范围经济而形成的进入壁垒。在分布式跨境支付网络中，支付链条的缩短甚至消失将使传统服务提供商（如代理行）面临巨大压力，数字货币交易所和钱包提供商将成为新进入者，与传统服务提供商争夺客户。随着诸如后台部门固定投入等成本的下降，传统服务提供商面临的规模经济将被削弱，也会刺激更多新型服务提供商的进入。专注于分布式跨境支付合规解决方案的新进入者可能会在吸引客户、支付和结算环节与现有服务提供商合作。数字身份使终端用户更易在服务提供商之间转换，从而减少中介机构凭借掌握客户专有信息所获得的范围经济。[3] 由此，可以预见分布式跨境支付网络上服务提供商的数量将增加，规模门槛将有所下降，竞争将更加激烈。

更为重要的是，分布式跨境支付网络有可能彻底颠覆 SWIFT 和 CHIPS 的垄断地位。基于代币的（token-based）分布式跨境支付网络能够同时附带价值信息和其他信息，实现资金和信息的同时转移，因此不再需要 SWIFT 提供专门的报文服务。即使涉及净额结算，信息和资金仍会分开，但 SWIFT 的业务量也会显著下降。而且，分布式跨境支付网络也可能给新的信息服务提供商

---

[1] He D., Leckow R., Haksar V., Mancini-Griffoli T., Jenkinson N., Kashima M., Khiaonarong T., Rochan C., Tourpe H. Fintech and Financial Services：Initial Considerations ［R］. IMF Staff Discussion Note (SDN) /17/05, June 2017.

[2] Goldman Sachs. All About Bitcoin ［Z］. Global Macro Research Top of Mind, March 2014.

[3] He D., Leckow R., Haksar V., Mancini-Griffoli T., Jenkinson N., Kashima M., Khiaonarong T., Rochan C., Tourpe H. Fintech and Financial Services：Initial Considerations ［R］. IMF Staff Discussion Note (SDN) /17/05, June. 2017.

带来机会，如前面提到的摩根大通公司的 IIN 就可能在未来的跨境支付体系中发挥重要作用。与此同时，以 CHIPS 为代表的中心化的清算模式也将受到挑战。目前，一些国家（地区）的央行已经在尝试分布式的银行间跨境支付系统，如前面提到的欧央行与日本银行合作的 Stella 项目，中国人民银行数研所与香港金融管理局、泰国中央银行及阿联酋央行共同发起的 mBridge 项目等。

3. 分布式跨境支付网络推动国际货币体系变革

以数字货币和区块链技术打造分布式跨境支付网络，还可能推动国际货币体系的多元化改革。从 2008 年全球金融危机之后，尽管国际社会基本形成了一个共识，即以美元为主导的现行国际货币体系具有内在脆弱性，不利于全球金融稳定，国际货币体系需要从单极化走向多元化。但由于美国极力维护美元的主导地位，国际货币体系改革的步伐缓慢。分布式跨境支付网络的构建将打破美国对现行跨境支付体系的控制，弱化美国的国际货币权力，促进国际货币体系向更加公正、包容和多元化的方向发展。

目前，国际上对数字货币跨境支付网络的主流设计思路有两类：一类是基于可互操作的国家央行数字货币或锚定主权货币的数字稳定币。在中短期内，这一思路将主导新型跨境支付网络的建设。这为除美元以外的其他主权货币在国际上发挥交易媒介的功能创造了机遇，当然一国主权货币能否成为国际货币还取决于该国的经济实力、其货币的国际信用、金融市场的开放程度和深度以及金融基础设施的条件等。根据国际电信联盟（ITU）的报告，在这一思路下有三种设计方案可供选择：一是中介方式，即货币兑换和资金转移需要通过中介机构；二是直接方式，即交易双方直接在网络上转移资金，无须中介参与；三是多种货币方式，即允许在同一网络中使用多种货币，仍然需要中介（可能是中央银行）。[①] 比较而言，第三种方案更加体现出"网"的包容性，未来可能产生更广泛的影响，如 Diem 网络和 IBM 的 BWW 网络均属于这一类别。另一类是基于一篮子货币的超主权数字货币，这可能成为分布式跨境支付网络的长期方向。如果能够基于数字 SDR（如 eSDR）打造新型全球跨境支付网络，将有助于推动国际货币体系的重大变革。中国人民银行前行长周小川曾经提出，将 SDR 打造成超主权货币，以避免主权货币充当国际储备货币所面临的国内职能和国际职能之间的冲突。但是，由于 SDR 难以被市场机构所认可，缺乏吸引私人使用的机制，因此多年来始终未找到上升为超主权货币的途径。

---

① ITU-T Focus Group Digital Currency including Digital Fiat Currency. Reference Architecture and Use Cases Report［R］. Focus Group Technical Report, Geneva：ITU, 2019-06.

一旦以 eSDR 为代币的分布式跨境支付网络得以建立，eSDR 将承担起真正的货币职能，成为名副其实的数字化超主权货币。如果该网络能够在 IMF 的直接领导下建立和运营，将确立 eSDR 在国际货币体系中的权威性和合法性。不过，这一方案恐不可避免地受到美国阻挠，作为现行国际货币体系的塑造者和最大受益者，美国不会主动放弃对国际货币体系的主导权。因此，利用 eSDR 打造分布式全球跨境支付网络将是一个长期过程，在美元信用大幅衰退的时期才有可能发生。

总之，以数字货币和区块链技术重塑全球跨境支付网络，将推动国际货币体系的多元化发展。在未来很长一段时间内，国际货币体系可能出现传统货币与数字货币并存、私人数字货币与央行数字货币并存、多国的央行数字货币并存以及单币种主权数字货币与超主权数字货币并存的局面。

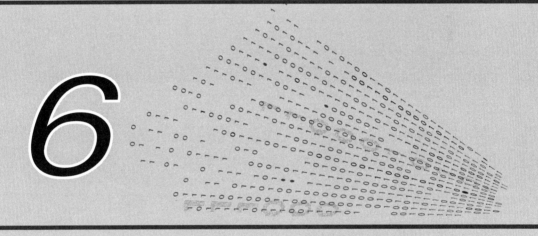

6

我国发展数字货币的
政策建议

数字货币的全球发展已经形成两条路径：一是以中国为代表的优先发展央行数字货币，二是以美国为代表的鼓励私人机构发行锚定法币的稳定币。从长期来看，央行数字货币和锚定法币并被纳入政府监管的稳定币均有良好发展前景。我国可以通过政策和市场的双轮驱动，拓展数字货币的发展路径，在国内促进数字经济快速健康发展，在国际上参与全球新型跨境支付网络建设，推动数字化时代的全球金融治理变革。

第一节　国内数字货币发展和监管的政策建议

中国在央行数字货币的发展上处于世界领先地位。通过拓展数字人民币定位与应用场景，允许市场化机构发行锚定人民币的稳定币，完善数字货币与区块链金融的监管，中国可以更加充分地发挥数字货币的价值，提升在数字经济领域的国际竞争力。

一、拓展数字人民币的定位和应用场景

我国的央行数字货币——数字人民币，已经在研发和试点应用方面走在了世界前列。我国可以继续扩大数字人民币的应用范围，增强其功能，在定位上有限度地从现金拓展到存贷款（准确地讲，是从 M0 拓展到 M1），推动局部地区的全场景试点，构筑丰富的应用生态，从而保持数字人民币的竞争优势，为中国数字经济发展做出更大贡献。

目前数字人民币的定位是流通中的现金 M0，这大大限制了数字人民币的应用场景建设。只有将数字人民币的定位从 M0 拓展到 M1，才能充分发挥其数字化、智能化的优势，从而极大地丰富数字人民币的应用生态，真正地"全场景"使用数字人民币，最大限度地发挥数字人民币的价值。近期中国工商银行、邮政储蓄银行已经开展了数字人民币的贷款试点，中国建设银行在试点地区推出了可用数字人民币购买的理财产品，这表明数字人民币已经由 C 端业务延伸到 B 端，

从消费拓展到投资，这为数字人民币的定位拓展和全场景应用打下了良好基础。

但是，货币是经济和金融的核心，短期内在全国大范围将数字人民币拓展到存贷款领域可能存在一定风险，可行的方式是在特定区域进行全场景试验。建议在央行的全面指导下，海南全岛建立"数字人民币全场景应用试验区"。作为相对独立的地理单元和对外开放的新高地，海南自由贸易区能够为数字人民币的定位拓展和全场景应用提供十分广阔且较为安全的示范空间，在可控环境下快速建立数字人民币应用生态，通过"做中学"不断完善监管框架和应用技术水平。海南作为国际旅游消费中心和自由贸易港，更易推进数字人民币的跨境支付活动，数字人民币从 M0 拓展到 M1 将帮助海南在国内和国际竞争中找到自己的独特定位，树立竞争优势，在数字化时代成长为全球自由贸易港的发展标杆。从中长期来看，在海南试点的基础上，在防止金融脱媒的前提下，数字人民币可以逐步在全国范围内进入存贷款业务，这可以提升央行的货币政策效力，促进我国数字经济的发展。

二、允许市场化机构在央行监管下研发人民币稳定币

在可以预见的未来，央行数字货币和数字稳定币都具有良好的发展前景，都将对跨境支付网络建设和国际货币体系改革产生重要的影响。在央行发行的数字人民币逐步扩大应用的同时，我国可以鼓励市场化机构发行锚定人民币的稳定币，在政策与市场的双轮驱动下，加快推动分布式跨境支付网络建设，在提升数字经济国际竞争力的同时，增强我国在全球金融基础设施建设中的影响力，积极参与和引领全球数字金融治理。

2018 年 9 月，美国地方金融监管部门纽约州金融服务部（NYDFS）批准了两种可与美元 1∶1 兑换的私人数字货币。根据纽约州金融服务部的要求，发行"稳定币"的两家美国私人企业，需要按照 1∶1 的兑换价在位于美国的托管银行账户存入美元，这些美元存款将得到联邦存款保险公司的存款保险。同时，两家企业还需要满足纽约州的反洗钱等监管标准，并履行化解风险的业务流程。拥有 1∶1 美元担保并被纳入政府监管的稳定币，实际上就获得了国家信用，成为"准法定数字货币"，这将显著提升市场对于数字美元稳定币的信心，愿意持有这类稳定币的个人、企业和金融机构将大幅增加。

基于区块链的稳定币在跨境支付领域继承了私人数字货币的优势，目前世界上已经投入和即将投入应用的跨境支付平台均是市场化机构开发的基于区块链和稳定币的系统，其中最具影响力的是摩根大通的摩根币 JPM Coin 及其跨

境支付系统 IIN、IBM 为各国稳定币提供跨境支付的 BWW 系统。根据欧洲金融科技公司 Blockchain Luxembourg SA 2019 年 9 月发布的《稳定币状况》调查报告，当时全球已发行数字稳定币 54 种，其中挂钩美元的稳定币和位于美国的稳定币开发机构均占比最高。可以看出，美国的市场化机构在稳定币及其跨境支付系统建设方面走在了世界前列，而美联储的职责就是对稳定币实施监管。在世界范围内，大量市场化机构参与到稳定币及其跨境支付系统的研发与运作当中来，这会激发充分的市场竞争，最终将由市场选择出技术性能稳定、商业生态良好的数个系统成为全球主流标准。未来锚定美元的稳定币有可能获得快速发展并占领全球私人数字货币市场，从而进一步增强全球市场对于美元的持有偏好与依赖，使美国在国际货币竞争中占据有利地位。

目前，我国不允许企业发行私人数字货币，而由中国人民银行开展法定数字货币的研发和推广应用工作。这种做法与美国将私人企业发行的数字货币与美元挂钩并进行监管的做法相比固然稳妥，但是在灵活性和创新性方面却存在不足。我国在加速推动数字人民币应用场景建设的同时，也可以考虑适度允许市场化机构在央行监管下研发锚定人民币的稳定币，加快数字货币创新应用步伐，在政府和市场的双轮驱动下建立安全、高效和灵活的中国数字货币体系。支付宝和微信打造了世界上最成功的电子支付平台，而中国的四大国有银行也已经成长为全球前十大银行，且数字银行业务的发展也居于世界先进水平，这些市场化的企业和金融机构都具有开发稳定币和跨境支付系统的能力。区块链是一个强监管、易监管的系统，我国政府可以有效地监管目前的电子支付系统，就可以同样有效乃至更加有效地监管基于区块链的稳定币及其支付系统。

我国已经建成了全球最为成功的电子支付网络。如果能够同时推进基于央行数字货币和稳定币的分布式跨境支付网络建设，我国将在全球金融基础设施建设中扮演重要角色，从而提升在新一轮国际货币体系变革中的话语权。

三、完善数字货币与区块链金融应用场景的监管

数字人民币在底层架构上没有采用区块链，属于中心化系统，但是在应用层可以建立区块链平台。从国际发展趋势来看，区块链在数字货币以及整个数字经济体系当中都在发挥越来越重要的作用。因此，我国需要考虑区块链和数字货币相结合的应用场景，同时需要完善对分布式金融体系的监管。

1. 数字货币与区块链金融应用场景监管的基本原则

作为一种分布式账本技术，区块链的金融应用——包括数字货币、智能合

约、智能资产和其他密码资产，将给现行法律框架带来一系列挑战，因为现行的监管体系都是中心化模式。从根本上讲，以区块链为代表的分布式账本技术仍然可以受到有效监管。简言之，未来分布式账本的金融应用场景可以形成"规则制定与监管有中心，市场交易无中心"的模式。

在一个区块链金融系统当中，可以有少数几个中心化的节点，这些节点是由政府部门或者政府授权的机构来管理，负责制定规则和监管系统运行。在规则制定完成之后，正常情况下系统就在去中心化的模式下高效运转；如果出现了某些节点违反规则，或者系统受到不可自动修复的外生冲击（如严重的黑客攻击），那么中心化节点将采取特定的监管行动。在这种模式下，监管机构与区块链共同构成了一个以规则为中心的高效灵活的运转体系，该体系可以越来越多地用于规范人们的行为，以确保他们与法律或合约保持一致。实际上，由于智能合约的存在，区块链本身就具有极强的自监管功能，再配合少数可以人为操作的中心化监管节点，分布式的区块链系统能够比传统中心化体系实现更为公正、高效的监管。

以数字人民币为例。作为央行发行的法定数字货币，数字人民币的规则制定与最高层监管都是由央行统一实施的；在应用层的监管，也是由第二层级的中心化机构（如商业银行、第三方支付机构等）来进行的。不过，与目前商业银行建立的电子货币系统（如银行卡）不同的地方在于以下两个方面：一是数字人民币的核心数据仅仅由央行掌握，商业机构不掌握用户的全部信息；二是用户进行数字人民币交易时，如果采用的是区块链系统，那么可以实现点对点交易，且信息流和价值流合一，交易信息不可篡改、可追溯，这样不仅提高了交易效率，增强了交易安全性，而且能够实现更加有效的监管。

2. 数字货币与区块链金融应用场景监管的具体模式

在具体的监管模式上，本书认为，可以从监管指南、智能合约条款的审计、分类监管、包容性监管、智能监管五个方面构建我国数字货币与区块链金融应用场景的风险防范与监管。

第一，制定监管指南，给予市场明确预期。随着数字货币和区块链金融创新产品的不断推出以及混业经营趋势的发展，金融行业也将面临混业监管的挑战，根据业务特点统一监管标准是必然趋势。未来将是一个大资管、泛资管的时代，投资者更看重产品的功能，监管机构也应根据产品的功能和特点来执行监管标准。监管机构需要效仿境外市场监管部门，建立完善的数字货币和金融区块链监管指南，以符合市场未来发展的需要。

第二，建立数字货币和智能合约条款的审计标准，识别不公平或容易受黑客攻击的条款代码。跟踪智能合约参与者的交易行为，分析其智能合约条款的种类、理念、操作手法，评价市场在正常和极端情况下，智能合约所提供金融服务的合规性及其对市场的影响。根据大数据对参与者进行分类，分配识别代码，在智能合约中迅速判定和分析其交易行为，识别利用区块链技术和数字货币进行洗钱、恐怖融资等违法交易，并采取相应监管措施。

第三，根据不同的数字货币与区块链金融应用场景进行分类监管。持续跟踪分析先进的区块链应用案例，抓住金融市场可能的发展趋势，并探索可行的监管路径。数字货币和区块链技术还是一种新的技术，监管部门对此应该持一种开放的态度。针对其未来可能出现的应用场景，不同类型的监管部门可根据所属行业的不同情况进行分类监管。数字货币和区块链可以用于很多行业，其中有些涉及价值转移，其他区块链应用包括智能合同、登记、身份管理、信用记录分享等则涉及较少。对于涉及货币转移的机构或业务，可能需要较大的监管力度。

第四，采取包容性监管的沙盒机制。中国在互联网金融领域取得的成绩令世界瞩目，对提升新技术的发展，提升民生的满意度，服务实体经济和小微经济，包括推动普惠金融都做出很大的贡献。这和政府前期的政策引导、相对包容性的监管环境是分不开的。所以，在继续坚持原则监管和底线监管的同时，采取包容性监管，为行业的创新发展预留空间，在防范系统性风险和区域性风险的同时，更好地促进普惠金融和新经济的发展，真正让金融变得普惠、平等、绿色和安全。

第五，开展智能监管的研究。数字货币与金融区块链的设计与运作必须在国家和监管机构的监管框架内，未来可能直接把法律嵌入代码中，实现"代码规则"，通过人工智能算法识别出违法违规行为，为高效率的"可编程经济"保驾护航。

第二节　我国参与数字货币全球治理的政策建议①

随着数字货币与数字金融的发展，全球数字货币治理已经提上议事日程。

① 本节内容已发表，详见刘东民，宋爽. 法定数字货币与全球跨境支付［J］. 中国金融，2017（23）：75-77；宋爽，刘东民，周学智. 打造数字亚元，为东亚货币合作注入生机［J］. 世界知识，2022（15）：64-66.

中国可以依托数字人民币的先发优势，一方面积极参与新型跨境支付网络建设，另一方面提出数字亚元的倡议，推动东亚货币合作，为全球数字货币治理做出重要贡献。

一、基于数字货币和区块链建立新型全球跨境支付体系

跨境支付系统是为资金跨境流动提供服务的系统，是国际货币金融体系中最重要的基础设施，一个国家的国际贸易、国际投资以及居民的所有资金跨境业务均依赖于跨境支付系统的正常运转。现行跨境支付系统采用高度中心化的结构，运作效率低而成本高。基于数字货币和区块链建立新型跨境支付系统，具有交易成本低、传输速度快、安全程度高和容错能力强的特点，而且可以建成任何国家都不能单独控制的多中心治理平台，这对于推动建立公平、高效、包容的全球金融治理具有重大意义。

2017年3月，我国首单基于区块链技术的跨境支付业务在深圳前海与中国香港之间成功实现。蚂蚁和腾讯目前在中国香港均建成了面向海外的新型跨境支付平台。事实上，基于区块链的新型跨境支付系统，我国在技术上已经具备可行性，在部分性能上也已超越现有中心化系统。我国完全有实力推动新型全球跨境支付网络的建设。

1. 构建分布式全球跨境支付体系的路径

基于分布式账本技术重构全球跨境支付系统，可以通过三条路径：第一条路径由国际货币基金组织（IMF）主导建立；第二条路径由个别主要国家发起设立；第三条路径为上述两种方式并存。

第一条路径由 IMF 主导，所有成员国参与。IMF 可以为特别提款权（SDR）加上数字货币的功能，并建立基于数字 SDR 的跨境支付系统。SDR 是IMF 于1969年创建的一种国际储备资产，很多人希望将其发展成一种国际货币。但是，长期以来国际市场对于 SDR 的接受度很低。如果将 SDR 设计成数字货币，将其作为全球跨境支付的媒介货币（Vehicle Currency），SDR 将拥有强大的交易媒介职能。在这一体系下，所有的 IMF 成员国都将被包含在基于数字 SDR 的多边网络中：一国在跨境支付时先将本币兑换为 SDR，通过数字SDR 跨境传输后再兑换为外币。IMF 也可以选择在其平台上直接为成员国搭建从一国货币到另一国货币的跨境支付通道，不过这种方式需要建立上万种货币对的交易接口，因此以数字 SDR 为媒介更为便捷和高效。通过这一模式，SDR将最终成为真正的国际货币。

第二条路径是由个别国家发起、其他国家自愿参与的路径。一些具有金融实力的国家可基于自己的法定数字货币构建跨境支付系统，而其他国家可以根据自身的成本和收益来决定是否加入这些系统。该路径具有公平性和竞争性的优点。一方面，对于所有国家而言，要么其有机会建立基于自身数字货币的跨境支付系统，要么可以自由选择加入不同的跨境支付网络。另一方面，更多国家参与到构建跨境支付系统的竞争当中，也有助于推动跨境支付领域的技术和服务持续提升。

第三条是结合了上述两种方式的共存路径。在此路径下，IMF 主导的系统和个别国家主导的系统并行存在，以满足全球、区域和双边等不同层次的跨境支付需求。由此，全球国家可以分为三类：第一类是仅加入 IMF 主导系统的国家。这些国家经济规模小，没有必要参与由其他国家建立的跨境支付系统。不过，只要是 IMF 成员国，无论其在全球经济中多么微不足道，都可以通过数字 SDR 与全球任何国家开展高效率、低成本的跨境资金往来，而不会被排除在全球跨境支付体系之外。第二类国家既在 IMF 构建的跨境支付系统中，又加入了一个或多个由其他国家推动建立的系统。这类国家对外经济联系比较广泛，参与多个跨境支付系统能够为其国内用户提供更多选择，使他们根据自身的需求确定效率较高、成本较低的系统。第三类则是基于本国的分布式账本技术开发建立新型跨境支付系统的国家。这类国家的经济和技术实力较为雄厚，对 IMF 主导的跨境支付系统而言既是使用者也是竞争者。他们的存在将直接驱动全球跨境支付体系不断完善，为技术和服务的持续升级做出贡献。该路径下最终将形成一个开放、包容且富有活力的多元化全球跨境支付体系，从长远看，这是较为公平、灵活且具有韧性的路径。

2. 我国参与构建新型全球跨境支付体系的途径

我国政府可以沿着上述第三条路径，从两方面参与构建新型的全球跨境支付体系。一方面，在 G20 平台上呼吁建立由 IMF 主导的新型全球跨境支付系统；另一方面，通过区域和双边合作的模式，与欧洲、澜沧江—湄公河五国等经济体联合开发建立新型跨境支付系统。

从长期来看，通过将 SDR 打造成数字化货币，在 IMF 建立面向全球的新型跨境支付系统，不仅能够有效地提升跨境支付的效率并降低支付成本，还能将 SDR 做成真正的国际货币，为国际货币体系改革做出重大贡献。中国对这一方案的倡议，将显示出中国参与全球金融治理的建设性姿态和创新性思维，并在未来的全球跨境支付体系建设中占据有利地位。

在区域合作方面，与欧洲以及澜沧江—湄公河五国开展合作具有较高的可行性。

目前，欧洲已经建立了由德、法、英三国主导建设并独立于美国的跨境贸易系统 INSTEX，虽然这只是一个以货易货的平台，与真正的跨境支付系统相距较远，但是已成为欧洲打破美国对全球跨境支付垄断的一次有益尝试。2019 年欧央行还联合私营部门共同建设新型欧洲支付系统——"泛欧支付系统倡议"，使欧洲大陆的支付业务最终可以打破 Visa、万事达卡、谷歌和 Paypal 等美国支付业巨头的垄断。中国应该与欧洲密切接触，尽早加入到新系统的合作使用中去，并力争推动中国和欧洲之间使用这些系统进行跨境支付。

中国、柬埔寨、老挝、缅甸、泰国、越南六国于 2016 年共同发起的"澜沧江—湄公河合作"（以下简称"澜湄合作"）已经在水资源、经济、卫生、教育、文化和打击跨境犯罪等诸多领域取得了丰硕成果，不仅成为全球新型次区域合作的典范，还为人民币国际化创造了机遇。1990~2021 年，澜湄五国整体的 GDP 年均增长率为 6.2%，显著高于全球 3.4% 的水平。中国与澜湄五国的进出口额从 2001 年的 32 亿美元增长到 2021 年的 3980 亿美元，年均增长率高达 29%。目前，中国已经成为越南、泰国、缅甸和柬埔寨的第一大贸易伙伴，老挝的第二大贸易伙伴。在这样的背景下，建立中国—澜湄新型跨境网络，允许包括数字人民币在内的各种货币在该网络上支付，可以促进跨境贸易和投资，推进区域经济一体化，并为人民币国际化创造更大的空间。

在基于区块链的新型跨境支付平台上，我国还可以利用数字人民币开展国际援助。我国已经成为世界上重要的援助国之一，为帮助受援国减少贫困、改善民生做出了贡献。然而，近年来国际上关于中国对外援助透明度和有效性的质疑不绝于耳。打造国际援助的区块链平台，以数字人民币开展国际援助，将有助于减少外界对中国对外援助的争议。区块链具有不可篡改与可回溯的特性，而基于区块链的数字货币在跨境支付中具有低成本、高效率的优势，可以有效进行资金转移、资源分配与任务安排，并实施公正、透明、严格的监管，不少国际多边机构、各国企业与慈善机构已经对此进行应用试点并取得一定成效。中国可借助国际经验，以数字人民币在区块链平台上开展国际援助，实现对外援助的全程可追踪和援助资金的精准到位，提高援助效率，增强援助透明度。

二、以数字亚元倡议推动东亚货币合作

东亚国家在 20 世纪末提出亚元的设想，但是因为种种原因被搁置至今。经过 20 余年的发展，如今在东亚深入推进货币合作的条件逐渐具备，其中数字货币技术的兴起更为亚元注入了新的生机。在东盟 10+3 国家货币合作的清迈倡议多边化（CMIM）框架下，由东盟与中日韩宏观经济研究办公室（AMRO）负责建立基于分布式账本技术的数字亚元系统，将实质性地推进东亚货币合作，构建多中心、强信任的区域货币治理体系。

1. 亚元初始设想及其制约

20 世纪 90 年代末爆发的亚洲金融危机，使亚洲各国意识到加强区域货币合作的重要性，并导致"亚元"设想的提出。在 1997 年的东盟国家首脑会议上，马来西亚总理马哈蒂尔最早提出亚元区（东亚元区），建议将区域经贸往来中用美元支付改为用成员国的货币进行交易以减少对美元的依赖，得到与会国家的支持。2000 年 5 月，东盟 10+3（东盟 10 国和中国、日本、韩国）国家的财长在泰国清迈签署了建立区域性货币互换网络协议——"清迈倡议"（CMI），成为向东亚地区货币合作迈出的关键一步，但还远未触及货币联盟的目标。2001 年上海 APEC 会议期间，"欧元之父"蒙代尔（Robert A. Mundell）发表了世界将出现欧元区、美元区和亚元区三大货币区的著名观点，但同时也表示"亚元形成的概率大约只有两成"。2005 年，亚洲开发银行提出建立"亚洲货币单位"（ACU），作为监控各国汇率稳定性的指数。然而，由于存在技术困难，特别是以何种标准确定篮子中各货币的权重，在参与国之间无法达成共识，推出该指标的计划被无限期延迟。

亚元一直未能取得明显进展，源于外部压力和内部经济、政治因素的制约。美国基于自身利益干涉东亚事务，在亚元被提出之初就表示反对。当时许多美国学者指出，亚洲的经济形式离"最优货币区"有很大距离，"亚元"的设想还不成熟。在区域内部，各国经济情况的较大差异性对东亚货币一体化构成制约。东亚各国经济发展程度相差甚远，既有发达国家日本，也有起飞阶段的发展中大国中国，还有经济比较落后的越南、柬埔寨等国。而且，域内各国在经济开放程度、经济政策偏好等方面也有明显差异。在如此差异之下，区域内却缺乏能够推动货币合作的领导者，当时的中国和日本都不足以扮演这一角色。此外，政治因素也是制约东亚货币合作的重要障碍。东亚国家大多民族主义意识比较强，而许多国家之间存在历史积怨，彼此缺乏信任。

2. 发行数字亚元的可行性

经过 20 多年发展，东亚经济一体化程度加深，区域货币合作也已形成良好基础，实现亚元设想的条件逐渐形成。2006 年、2008 年和 2010 年，韩国与东盟自由贸易协定、日本与东盟经济伙伴关系协定、中国与东盟自由贸易协定先后生效。2020 年 11 月，东盟 10 国和中国、日本、韩国、澳大利亚、新西兰在内的 15 个亚太国家签署《区域全面经济伙伴关系协定》，该协定于 2022 年 1 月 1 日正式生效，为区域经济一体化注入强劲动力。在"清迈倡议"机制下，东亚各国在 2008 年 5 月建立了资金规模为 800 亿美元的储备库；2009 年 2 月各国决定加快清迈倡议多边化（CMIM）进程，将储备库规模扩大至 1200 亿美元；2011 年 4 月，东盟与中日韩宏观经济研究办公室（AMRO）运转，实现 CMIM 机构化；2014 年 7 月，CMIM 救助能力扩容至 2400 亿美元。2003 年和 2005 年，亚洲债券基金 I 期和 II 期也得以建立。更为重要的是，中国已经成长为世界第二大经济体，多年成为日本、韩国和东盟的最大贸易伙伴；人民币也被 IMF 纳入 SDR 货币篮子，奠定了储备货币的合法地位。中国已经可以当之无愧地扮演推动区域货币合作的引领者角色。

虽然复杂的地缘政治形势仍然令东亚国家面临信任问题，但是数字亚元的分布式架构能够建立起多中心、强信任的货币合作机制。区域货币合作宜采用多中心治理模式，才更能为域内各国所接受。基于分布式账本技术，数字亚元能够打造更加公正、高效、安全的多中心货币治理体系。其一，数字亚元使多中心跨境支付结算体系成为可能。分布式架构避免了单中心的垄断控制，各国央行可作为体系中的平等节点共同验证交易、记录数据，任何一个国家都不能单独切断其他国家的数字亚元支付通道。其二，数字亚元使超主权货币的使用更具可操作性。基于区块链的数字货币技术可简化一篮子货币的跨境结算程序，提升交易效率，降低交易成本，保护数据安全，改善跨境监管。结合以上两点，数字亚元将有助于东亚地区营造平等的货币治理氛围，解决因缺乏政治互信对东亚货币合作构成的制约。

3. 数字亚元的初步方案

第一，篮子货币的选择及其比例设计。为推动东亚货币合作，应对区域内各国货币给予充分尊重，数字亚元的篮子货币应当包含东盟 10+3 国家的 13 种货币。参考 SDR 和欧洲货币单位（ECU）的设定方法，在确定各货币权重时应重点考虑其发行国在购买力平价下的 GDP、在区域内货物和服务贸易的重要性以及该货币在区域内支付结算和金融交易中的推广程度等因素。

第二，数字亚元的发行和治理。数字亚元的发行和系统运营应当由区域多边机构负责，充分利用现有东亚货币合作机制 CMIM 及其实体机构 AMRO。可在 AMRO 下设立专门的数字亚元部门，协调成员国央行和财政部共同推进数字亚元系统的建设和治理工作。基于 CMIM 现有外汇储备库和未来发行的数字亚元，AMRO 可以升级为"亚洲货币基金组织"，这将成为增强亚洲货币金融体系稳定性、促进区域经济一体化、推动国际货币体系改革的重要举措。数字亚元支付结算系统的治理相对独立于 AMRO 的机构治理，通过分布式架构确保各国央行在支付网络中拥有平等权限，全权验证和记录涉及本国机构或个人的交易。除了支持数字亚元交易，该系统也应当支持以各成员国货币开展的跨境交易。

第三，数字亚元的业务拓展模式。为了保护各国的货币主权，中短期内数字亚元可以只用于跨境支付，并且不强制作为跨境支付的唯一货币，交易双方可自由选择使用数字亚元或者其他货币。在跨境支付的应用场景中，数字亚元宜始于跨境批发结算业务，再逐步向跨境零售支付业务推广。跨境批发业务主要由区域内各国央行、商业银行和企业参与，涉及的交易金额庞大而频率较低，对于促进区域内经贸合作意义重大且可控性强。例如，域内国家可以用数字亚元进行大宗商品交易、开展对外投资和援助或者发行债券。基于分布式账本技术，数字亚元将显著缩短大额交易的结算时间，准确监测跨境资金流动，简化债券发行流程，凸显数字货币合作对区域经济一体化的促进作用。待跨境批发业务运营平稳，可再考虑开展跨境零售支付业务试点。零售业务将涉及更多服务提供商，还面临高频交易带来的挑战，因此短期内并非数字亚元的重点业务领域。

参考文献

[1] Adalid R., Álvarez-Blázquez Á., Assenmacher K. et al. Central Bank Digital Currency and Bank Intermediation: Exploring Different Approaches for Assessing the Effects of a Digital Euro on Euro Area Banks [R/OL]. ECB Occasional Paper Series No. 293, https://www.ecb.europa.eu/pub/pdf/scpops/ecb.op293~652cf2b1aa.en.pdf?985167870ac2551e31097f06382d01d9, 2022.

[2] Adrian T., Mancini-Griffoli T. The Rise of Digital Money [EB/OL]. IMF FinTech Notes No. 19/001, https://www.imf.org/en/Publications/fintech-notes/Issues/2019/07/12/The-Rise-of-Digital-Money-47097, 2019.

[3] Aggarwal D., Brennen G., Lee T., Santha M., Tomamichel M. Quantum Attacks on Bitcoin, and How to Protect Against Them [J]. Ledger, 2018 (3): 68-90.

[4] Aggarwal S., Kumar N. Chapter Fifteen-Blockchain 2.0: Smart Contracts [J]. Advances in Computers, 2021 (121): 301-322.

[5] Ali R., Barrdear J., Clews R., Southgate J. Innovations in Payment Technologies and the Emergence of Digital Currencies [R]. Bank of England Quarterly Bulletin, 2014 (Q3): 262-275.

[6] Ali R., Barrdear J., Clews R., Southgate J. The Economics of Digital Currencies [R]. Bank of England Quarterly Bulletin, 2014 (Q3): 276-286.

[7] Alizart, M., R. Mackay (Translation). Cryptocommunism [M]. Polity Press, 2020.

[8] Andolfatto, D. Assessing the Impact of Central Bank Digital Currency on Private Banks [J]. The Economic Journal, 2021, 131 (634): 525-540.

[9] Auer R., Böhme R. Central Bank Digital Currency: The Quest for Minimally Invasive Technology [R]. BIS Working Papers No. 948, 2021.

[10] Auer R., Böhme R. The Technology of Retail Central Bank Digital Currency [R]. BIS Quarterly Review, 2020 (Q1): 85-100.

［11］Bank for International Settlements（BIS）. Annual Economic Report 2018 ［R/OL］. https：//www. bis. org/publ/arpdf/ar2018e. htm, 2018-06.

［12］Bank for International Settlements（BIS）. Cryptocurrencies：Looking Beyond the Hype ［A］. BIS Annual Economic Report 2018 ［R/OL］. https：// www. bis. org/publ/arpdf/ar2018e. htm, 2018-06.

［13］Bank for International Settlements（BIS）. Bigtech in Finance：Opportunities and Risks ［A］. in BIS Annual Economic Report 2019 ［R/OL］. https：// www. bis. org/publ/arpdf/ar2019e. htm, 2019-06.

［14］Bank for International Settlements（BIS）. Annual Economic Report 2020 ［R/OL］. https：//www. bis. org/publ/arpdf/ar2020e. htm, 2020-06-30.

［15］Bank for International Settlements（BIS）. Central Banks and Payments in the Digital Era ［A］. in BIS Annual Economic Report 2020 ［R/OL］. https：// www. bis. org/publ/arpdf/ar2020e. htm, 2020-06.

［16］Bank for International Settlements（BIS）. The Digital Economy and Financial Innovation ［R］. BIS Papers No. 109, 2020.

［17］Bank of Canada（BoC）, Bank of England（BoE）and Monetary Authority of Singapore（MAS）. Cross-Border Interbank Payments and Settlements：Emerging Opportunities for Digital Transformation ［R/OL］. https：//www. mas. gov. sg/-/media/MAS/ProjectUbin/Cross-Border-Interbank-Payments-and-Settlements. pdf, 2018-11.

［18］Bank of Canada（BoC）, European Central Bank（ECB）, Bank of Japan（BoJ）, Sveriges Riksbank, Swiss National Bank（SNB）, Bank of England（BoE）, Board of Governors Federal Reserve System（FED）, and Bank for International Settlements（BIS）. Central Bank Digital Currencies：Foundational Principles and Core Features ［EB/OL］. https：//www. bis. org/publ/othp33. pdf, October 2020.

［19］Bank of Canada（BoC）, European Central Bank（ECB）, Bank of Japan（BoJ）, Sveriges Riksbank, Swiss National Bank（SNB）, Bank of England（BoE）, Board of Governors Federal Reserve System（FED）, and Bank for International Settlements（BIS）. Central Bank Digital Currencies：System Design and Interoperability ［EB/OL］. https：//www. bis. org/publ/othp42_system_design. pdf, September 2021.

［20］Bank of Canada（BoC）, European Central Bank（ECB）, Bank of

Japan (BoJ), Sveriges Riksbank, Swiss National Bank (SNB), Bank of England (BoE), Board of Governors Federal Reserve System (FED), and Bank for International Settlements (BIS). Central Bank Digital Currencies: User Needs and Adoption [EB/OL]. https://www.bis.org/publ/othp42_user_needs.pdf, September 2021.

[21] Bank of Canada (BoC), European Central Bank (ECB), Bank of Japan (BoJ), Sveriges Riksbank, Swiss National Bank (SNB), Bank of England (BoE), Board of Governors Federal Reserve System (FED), and Bank for International Settlements (BIS). Central Bank Digital Currencies: Financial Stability Implications [EB/OL]. https://www.bis.org/publ/othp42_fin_stab.pdf, September 2021.

[22] Bank of England (BoE). Financial Stability Report, Financial Policy Committee Record and Stress Testing Results [EB/OL]. https://www.bankofengland.co.uk/financial-stability-report/2019/december-2019, 2019-12-16.

[23] Bank of England (BoE). Central Bank Digital Currency: Opportunities, Challenges and Design [R]. Discussion Paper, March 2020.

[24] Bank of England (BoE). New Forms of Digital Money [EB/OL]. https://www.bankofengland.co.uk/paper/2021/new-forms-of-digital-money, 2021-06-07.

[25] Bank of England (BoE). UK Central Bank Digital Currency [EB/OL]. https://www.bankofengland.co.uk/research/digital-currencies, 2022-03-13.

[26] Bank of Japan (BoJ). The Bank of Japan's Approach to Central Bank Digital Currency [EB/OL]. https://www.boj.or.jp/en/about/release_2020/data/rel201009e1.pdf, 2020-10-09.

[27] Bank of Japan (BoJ). Commencement of Central Bank Digital Currency Experiments [EB/OL]. https://www.boj.or.jp/en/announcements/release_2021/rel210405b.pdf. 2021-04-05.

[28] Bank of Japan (BoJ). Central Bank Digital Currency Experiments: Results and Findings from "Proof of Concept Phase 1" [EB/OL]. https://www.boj.or.jp/en/paym/digital/rel220526a.pdf, 2022-05-26.

[29] Barontini C., Holden H. Proceeding with Caution-A Survey on Central Bank Digital Currency [R]. BIS Papers No. 101, 2019.

[30] Basel Committee on Banking Supervision (BCBS). Designing a Prudential

Treatment for Crypto-assets [EB/OL]. https: //www. bis. org/bcbs/publ/d490. pdf, 2019-12.

[31] Basel Committee on Banking Supervision (BCBS). Prudential Treatment ofCryptoasset Exposures [EB/OL]. https: //www. bis. org/bcbs/publ/d519. pdf, 2021-06.

[32] Bech M. , Garratt R. Central Bank Cryptocurrencies [R]. BIS Quarterly Review, 2017 (Q3): 55-70.

[33] Berentsen A. , Schär F. The Case for Central Bank Electronic Money and the Non-case for Central Bank Crypto-Currencies [J]. Federal Reserve Bank of St. Louis Review, Second Quarter 2018, 100 (2): 97-106.

[34] Bindseil U. Tiered CBDC and the Financial System [R]. European Central Bank Working Paper No. 2351, 2020.

[35] BIS Innovation Hub (BISIH), Hong Kong Monetary Authority (HKMA), Bank of Thailand, Digital Currency Institute of People's Bank of China, and Central Bank of the United Arab Emirates. Inthanon-LionRock to mBridge: Building a multi CBDC platform for international payments [R/OL]. https: // www. bis. org/publ/othp40. pdf, 2021-09.

[36] BIS Innovation Hub (BISIH), Hong Kong Monetary Authority (HKMA), Bank of Thailand, Digital Currency Institute of People's Bank of China, and Central Bank of the United Arab Emirates. ProjectmBridge: Connecting Economies through CBDC [EB/OL]. https: //www. bis. org/publ/othp59. pdf, 2022.

[37] Blockdata. Stablecoins: An Overview of the Current State of Stablecoins [EB/OL]. https: //download. blockdata. tech/blockdata-stablecoin-report-blockchain-technology. pdf, 2020.

[38] Boar C. , Holden H. , Wadsworth A. Impending Arrival-A Sequel to the Survey on Central Bank Digital Currency [R]. BIS Papers No. 107, 2020.

[39] Boar C. , Wehrli A. Ready, Steady, Go? -Results of the Third BIS Survey on Central Bank Digital Currency [R]. BIS Papers No. 114, 2021.

[40] Board of Governors of the Federal Reserve System. Money and Payments: The US Dollar in the Age of Digital Transformation [EB/OL]. https: //www. federalreserve. gov/publications/files/money-and-payments-20220120. pdf, January 2022.

［41］ Bohme R. , Christin N. , Edelman B. , Moore T. Bitcoin: Economics, Technology, and Governance ［J］. Journal of Economic Perspectives, 2015, 29 (2): 213-238.

［42］ Bordo M. D. , Levin A. T. Central Bank Digital Currency and The Future of Monetary Policy ［R］. National Bureau of Economic Research (NBER) Working Paper No. 23711, 2017.

［43］ Borgonovo E. , Caselli S. , Cillo A. , Masciandaro D. Beyond Bitcoin and Cash: Do We Would Like a Central Bank Digital Currency? A Financial and Political Economics Approach ［R］. Bocconi Working Paper No. 65, 2017.

［44］ Borio C. On Money, Debt, Trust and Central Banking ［R］. BIS Working Paper No. 763, February 2019.

［45］ Brainard L. Preparing for the Financial System of the Future ［Z/OL］. At the 2022 U. S. Monetary Policy Forum, New York, https: //www. federalreserve. gov/ newsevents/speech/brainard20220218a. htm, 2022-02-18.

［46］ Broadbent B. Central Banks and Digital Currencies ［R/OL］. https: // www. bankofengland. co. uk/speech/2016/central - banks - and - digital - currencies, 2016-03-02.

［47］ Brunnermeier M. K. , James H. , Landau J. The Digitalization of Money ［R］. National Bureau of Economic Research (NBER) Working Paper No. 26300, 2019.

［48］ Brunnermeier M. K. , Niepelt D. On the Equivalence of Private and Public Money ［J］. Journal of Monetary Economics, 2019 (106): 27-41.

［49］ Calvo G. A. , Végh C. A. Currency Substitution in Developing Countries: An Introduction ［R］. IMF Working Papers No. 92/40, 1992.

［50］ Carapella F. , Flemming J. Central Bank Digital Currency: A Literature Review ［R］. FEDS Notes. Washington: Board of Governors of the Federal Reserve System, 2020-11-09.

［51］ Carney M. One Bank Research Agenda: Launch Conference - Opening Remarks by Mark Carney ［Z/OL］. https: //www. bankofengland. co. uk/speech/ 2015/one-bank-research-agenda-launch-conference, 2015-02-25.

［52］ Carney M. Enable, Empower, Ensure: a New Finance for the New Economy-Speech by Mark Carney ［Z/OL］. https: //www. bankofengland. co. uk/

speech/2019/mark – carney – speech – at – the – mansion – house – bankers – and – merchants–dinner, 2019–06–20.

[53] Carney M. The Growing Challenges for Monetary Policy in the Current International Monetary and Financial System [Z/OL]. Remarks at the Jackson Hole Symposium 2019, https：//www. bankofengland. co. uk/–/media/boe/files/speech/ 2019/the–growing–challenges–for–monetary–policy–speech–by–mark–carney. pdf, 2019–08–23.

[54] Chaudhary K. , Fehnker A. , van de Pol J. , Stoelinga M. Modeling and Verification of the Bitcoin Protocol [A]. In van Glabbeek R. , Groote J. F. , Höfner P. (Eds.), Proceedings of the Workshop on Models for Formal Analysis of Real Systems [C]. 2015：46–60.

[55] Chen C. C. Regulatory Sandboxes in the UK and Singapore：A Preliminary Survey [R]. SSRN Electronic Journal, https：//papers. ssrn. com/ sol3/papers. cfm? abstract_id=3448901, 2019.

[56] Chen L. , Cong L. W. , Xiao Y. A Brief Introduction to Blockchain Economics [A]. in Kashi R Balachandran (eds.). Information for Efficient Decision Making：Big Data, Blockchain and Relevance [M]. World Scientific Publishing Company, 2020.

[57] Chiu J. , Davoodalhosseini M. , Jiang J. , Zhu Y. Bank Market Power and Central Bank Digital Currency：Theory and Quantitative Assessment [J]. Journal of Political Economy, 2023, 131 (5).

[58] Committee on Payments and Market Infrastructures (CPMI). Digital Currencies [EB/OL]. https：//www. bis. org/cpmi/publ/d137. pdf, 2015.

[59] Committee on Payments and Market Infrastructures (CPMI). Distributed Ledger Technology in Payment, Clearing and Settlement–An Analytical Framework [R]. Technology Reports, 2017.

[60] Committee on Payments and Market Infrastructures (CPMI). Enhancing Cross–border Payments：Building Blocks of a Global Roadmap：Stage 2 Report to the G20 [R/OL]. https：//www. bis. org/cpmi/publ/d193. pdf, 2020–07.

[61] Committee on Payments and Market Infrastructures (CPMI), BIS Innovation Hub (BISIH), IMF, World Bank Group. Central Bank Digital Currencies for Cross – border Payments：Report to the G20 [R/OL]. https：//www. bis. org/

publ/othp38. pdf, 2021-07.

[62] Committee on Payments and Market Infrastructures (CPMI), IOSCO. Application of the Principles for Financial Market Infrastructures to Stablecoin Arrangements [EB/OL]. https：//www. bis. org/cpmi/publ/d198. pdf, 2021-10.

[63] Committee on Payments and Market Infrastructures (CPMI), Markets Committee of BIS. Central Bank Digital Currencies [EB/OL]. https：//www. bis. org/cpmi/publ/d174. pdf, 2018.

[64] Cong L. W. , He Z. Blockchain Disruption and Smart Contracts [J]. Review of Financial Studies, 2019, 32 (5): 1754-1797.

[65] Cong L. W. , Mayer S. The Coming Battle of Digital Currencies [R]. Cornell Universigy Applied Economics and Policy Working Paper Series No. 04, 2022.

[66] Copic E. , Franke M. Influencing the Velocity of Central Bank Digital Currencies [R/OL]. http：//dx. doi. org/10. 2139/ssrn. 3518736, 2020.

[67] Diamond D. W. , Dybvig P. H. Bank Runs, Deposit Insurance, and Liquidity [J]. Journal of Political Economy, 1983, 91 (3): 401-419.

[68] Diffie W. , Hellman M. New Directions in Cryptography [J]. IEEE Transactions on Information Theory, 1976, 22 (6): 644-654.

[69] Digiconomist. Bitcoin Energy Consumption Index [EB/OL]. https：// digiconomist. net/bitcoin-energy-consumption, 2022-09-12.

[70] Edwards S. CBDC and the Emerging Markets: The Currency Substitution Challenge [R]. National Bureau of Economic Research (NBER) Working Paper No. 29489, 2021.

[71] Eichengreen B. From Commodity to Fiat and Now to Crypto: What Does History Tell Us? [R]. National Bureau of Economic Research (NBER) Working Paper No. 25426, 2019.

[72] El-Erian M. Currency Substitution in Egypt and the Yemen Arab Republic: A Comparative Quantitative Analysis [R]. IMF Staff Papers, 1998, 35 (1): 85-103.

[73] European Central Bank (ECB), Bank of Japan (BoJ). Payment Systems: Liquidity Saving Mechanisms in a Distributed Ledger Environment [EB/OL]. https：//www. ecb. europa. eu/pub/pdf/other/ecb. stella_project_report_september_

2017. pdf, September 2017.

[74] European Central Bank (ECB), Bank of Japan (BoJ). Securities Settlement Systems: Delivery versus Payment in a Distributed Ledger Environment [EB/OL]. https://www. ecb. europa. eu/pub/pdf/other/stella_project_report_march_2018. pdf, March 2018.

[75] European Central Bank (ECB), Bank of Japan (BoJ). Synchronised Cross-border Payments [EB/OL]. https://www. ecb. europa. eu/paym/intro/publications/pdf/ecb. miptopical190604. en. pdf, June 2019.

[76] European Central Bank (ECB), Bank of Japan (BoJ). Balancing Confidentiality and Auditability in a Distributed Ledger Environment [EB/OL]. https://www. ecb. europa. eu/paym/intro/publications/pdf/ecb. miptopical200212. en. pdf? 20d48a5e0d1176ec3014280832a1c260, February 2020.

[77] European Central Bank (ECB). Virtual Currency Schemes [EB/OL]. https://www. ecb. europa. eu/pub/pdf/other/virtualcurrencyschemes201210en. pdf? 941883c8460133b7758f498192a3ed9e, 2012-10-29.

[78] European Central Bank (ECB). Virtual Currency Schemes-a Further Analysis [EB/OL], https://www. ecb. europa. eu/pub/pdf/other/virtualcurrency-schemesen. pdf? fe92070cdf17668c02846440e457dfd0, 2015-03-02.

[79] European Central Bank (ECB). Report on A Digital Euro [R/OL]. https://www. ecb. europa. eu/pub/pdf/other/Report_on_a_digital_euro~4d7268 b458. en. pdf, 2020-10-02.

[80] European Central Bank (ECB). Progress on the Investigation Phase of a Digital Euro [EB/OL]. https://www. ecb. europa. eu/paym/digital_euro/investigation/governance/shared/files/ecb. degov220929. en. pdf, 2022-09.

[81] European Central Bank (ECB). Progress on the Investigation Phase of a Digital Euro-Second Report [EB/OL]. https://www. ecb. europa. eu/paym/digital_euro/investigation/governance/shared/files/ecb. degov221221_Progress. en. pdf? f91e0b8ff8cbd6654d7e6b071a8f7071, 2022-12.

[82] European Commission. Proposal for a Regulation of the European Parliament and of the Council on Markets in Crypto-Assets, and amending Directive (EU) 2019/1937 (MiCA) [EB/OL]. https://ec. europa. eu/info/sites/default/files/business_economy_euro/banking_and_finance/200924-presentation-proposal-

crypto-assets-markets_en. pdf, 2020-09-24.

［83］European Council, European Commission. Joint statement by the Council and the Commission on "stablecoins" ［EB/OL］. https：//www. consilium. europa. eu/en/press/press-releases/2019/12/05/joint-statement-by-the-council-and-the-commission-on-stablecoins, 2019-12-05.

［84］Farrell H., Newman A. L. Weaponized Interdependence：How Global E-conomic Networks Shape State Coercion ［J］. International Security, 2019, 44（1）：42-79.

［85］Federal Reserve Bank of Boston, Massachusetts Institute of Technology （MIT）Digital Currency Initiative. Proiect Hamilton Phase 1：A High Performance Payment Processing System Designed for Central Bank Digital Currencies ［EB/OL］. https：//www. bostonfed. org/news-and-events/press-releases/2022/frbb-and-mit-open-cbdc-phase-one. aspx, 2022-02-03.

［86］Fernández-Villaverde J., Sanches D. Can Currency Competition Work? ［J］. Journal of Monetary Economics, 2019（106）：1-15.

［87］Fernandez-Villaverde J., Sanches D., Schilling L., Uhlig H. Central-Bank Digital Currency：Central Banking for All? ［R］. National Bureau of Economic Research （NBER）Working Paper No. 26753, 2020.

［88］Financial Action Task Force （FATF）. Virtual Currencies：Key Definitions and Potential AML/CFT Risks ［EB/OL］. https：//www. fatf-gafi. org/media/fatf/documents/reports/Virtual-currency-key-definitions-and-potential-aml-cft-risks. pdf, 2014.

［89］Financial Action Task Force （FATF）. Guidance for a Risk-Based Approach to Virtual Currencies ［EB/OL］. https：//www. fatf-gafi. org/media/fatf/documents/reports/Guidance-RBA-Virtual-Currencies. pdf, 2015-06.

［90］Financial Action Task Force （FATF）. Guidance for a Risk-based Approach to Virtual Assets and Virtual Asset Service Providers ［EB/OL］. https：//www. fatf-gafi. org/media/fatf/documents/recommendations/RBA-VA-VASPs. pdf, 2019-06.

［91］Financial Action Task Force （FATF）. Report to the G20 Finance Ministers and Central Bank Governors on So-called Stablecoins ［EB/OL］. https：//www. fatf-gafi. org/media/fatf/documents/recommendations/Virtual-Assets-FATF-

Report-G20-So-Called-Stablecoins. pdf, 2020-06.

[92] Financial Stability Board (FSB). Financial Stability Implications from FinTech: Supervisory and Regulatory Issues that Merit Authorities' Attention [EB/OL]. https://www.fsb.org/wp-content/uploads/R270617. pdf, 2017-06.

[93] Financial Stability Board (FSB). Crypto-asset Markets: Potential Channels for Future Financial Stability Implications [EB/OL]. https://www.fsb.org/wp-content/uploads/P101018. pdf, 2018-10.

[94] Financial Stability Board (FSB). FinTech and Market Structure in Financial Services: Market Developments and Potential Financial Stability Implications [EB/OL]. https://www.fsb.org/2019/02/fintech-and-market-structure-in-financial-services-market-developments-and-potential-financial-stability-implications, 2019-02-14.

[95] Financial Stability Board (FSB). Regulatory Issue of Stablecoins [EB/OL]. https://www.fsb.org/2019/10/regulatory-issues-of-stablecoins, 2019-10-18.

[96] Financial Stability Board (FSB). Enhancing Cross-border Payments: Stage 1 Report to the G20 [R/OL]. https://www.fsb.org/wp-content/uploads/P090420-1. pdf, 2020-04-09.

[97] Financial Stability Board (FSB). Enhancing Cross-border Payments: Stage 3 Report to the G20 [R/OL]. https://www.fsb.org/wp-content/uploads/P131021-1. pdf, 2020-10-13.

[98] Financial Stability Board (FSB). Regulation, Supervision and Oversight of "Global Stablecoin" Arrangements: Final Report and High-Level Recommendations [EB/OL]. https://www.fsb.org/wp-content/uploads/P131020-3. pdf, 2020-10-13.

[99] Financial Stability Board (FSB). Targets for Addressing the Four Challenges of Cross-Border Payments: Final Report [R/OL]. https://www.fsb.org/wp-content/uploads/P131021-2. pdf, 2021-10-13.

[100] Friedman M. A Program for Monetary Stability [M]. New York: Fordham Press. 1960.

[101] Friedman M. The Optimum Quantity of Money and Other Essays [M]. Aldine Transaction, 1969.

[102] Fung B. S. C., Halaburda H. Central Bank Digital Currencies: A

Framework for Assessing Why and How [R]. Bank of Canada Staff Discussion Paper No. 22, 2016.

[103] G7. Public Policy Principles for Retail Central Bank Digital Currencies (CBDCs) [EB/OL]. https://assets. publishing. service. gov. uk/government/uploads/system/uploads/attachment_data/file/1025235/G7_Public_Policy_Principles_for_Retail_CBDC_FINAL. pdf, 2021-10-14.

[104] G7, IMF and CPMI. Investigating the Impact of Global Stablecoins [EB/OL]. https://www. bis. org/cpmi/publ/d187. pdf, 2019.

[105] G30 Working Group on Digital Currencies. Digital Currencies and Stablecoins: Risks, Opportunities and Challenges Ahead [R/OL]. https://group30. org/publications/detail/4761, 2020.

[106] Germain R. Global Financial Governance and the Problem of Inclusion [J]. Global Governance, 2001 (7): 411-426.

[107] Goldman Sachs. All About Bitcoin [Z]. Global Macro Research Top of Mind, March 2014.

[108] Gross M., Siebenbrunner C. Money Creation in Fiat and Digital Currency Systems [R]. IMF Working Paper No. 285, 2019.

[109] Gu M. China's National Digital Currency e-CNY/CBDC Overview. [Z/OL]. https://boxmining. com/e-CNY, 2020.

[110] Haber S., Stornetta W. S. How to Time-stamp a Digital Document [J]. Journal of Cryptology, 1991 (3): 99-111.

[111] Haber S., Stornetta W. S. Secure Names for Bit-Strings [A]. CCS '97: Proceedings of the 4th ACM Conference on Computer and Communications Security, 1997: 28-35.

[112] Hayek F. A. Denationalization of Money [M]. London: Institute of Economic Affairs, 1976.

[113] He D., Habermeier K., Leckow R., Haksar V., Almeida Y., Kashima M., Kyriakos-Saad N., Oura H., Saadi Sedik T., Stetsenko N., Verdugo-Yepes C. Virtual Currencies and Beyond: Initial Considerations [R/OL]. https://www. imf. org/en/Publications/Staff-Discussion-Notes/Issues/2016/12/31/Virtual-Currencies-and-Beyond-Initial-Considerations-43618, IMF Staff Discussion Note (SDN) No. 16/03, 2016.

［114］He D. , Leckow R. B. , Haksar V. , Mancini Griffoli T. , Jenkinson N. , Kashima M. , Khiaonarong T. , Rochon C. , Tourpe H. Fintech and Financial Services: Initial Considerations ［R/OL］. https: //www. imf. org/en/Publications/ Staff - Discussion - Notes/Issues/2017/06/16/Fintech - and - Financial - Services - Initial-Considerations-44985, IMF Staff Discussion Note (SDN) No. 17/05, 2017.

［115］Hendrickson J. R. , Hogan T. L. Luther W. J. The Political Economy of Bitcoin ［J］. Economic Inquiry, 2016, 54 (2): 925-939.

［116］HM Revenue & Customs. Cryptoassets ［EB/OL］. https: // www. gov. uk/government/collections/cryptoassets, 2018-12-19.

［117］HM Revenue & Customs. Cryptoassets Manual ［EB/OL］. https: // www. gov. uk/hmrc-internal-manuals/cryptoassets-manual, 2021-03-30.

［118］HM Treasury. Digital Currencies: Call for Information ［EB/OL］. https: //www. gov. uk/government/consultations/digital-currencies-call-for-information, 2015-05-18.

［119］HM Treasury. Cryptoassets Taskforce: Final Report ［EB/OL］. https: // www. gov. uk/government/publications/cryptoassets-taskforce, 2018-10-29.

［120］Huang R. China Will Use Its Digital Currency to Compete with the USD ［Z/OL］. https: //www. forbes. com/sites/rogerhuang/2020/05/25/china - will - use-its-digital-currency-to-compete-with-the-usd/#5530df3231e8, 2020.

［121］IBM. Clearing and Settlement of Cross-border Payments in Seconds-Not Days: Learn How Money Moves Faster and Smarter with IBM Blockchain World Wire ［EB/OL］. https: //www. ibm. com/downloads/cas/VGYAKENA, 2019.

［122］International Monetary Fund (IMF). Balance of Payments and International Investment Position Manual: Sixth Edition (BPM6) ［EB/OL］. https: // www. imf. org/external/pubs/ft/bop/2007/pdf/bpm6. pdf, 2009.

［123］International Monetary Fund (IMF). Digital Money Across Borders: Macro - Financial Implications ［R/OL］. https: //www. imf. org/en/Publications/ Policy - Papers/Issues/2020/10/17/Digital - Money - Across - Borders - Macro - Financial-Implications-49823, 2020-10.

［124］International Organization of Securities Commissions (IOSCO). Issues, Risks and Regulatory Considerations Relating to Crypto - Asset Trading Platforms: Consultation Report ［EB/OL］. https: //www. iosco. org/library/pubdocs/pdf/

IOSCOPD627. pdf，2019-05.

［125］International Organization of Securities Commissions（IOSCO）. Issues，Risks and Regulatory Considerations Relating to Crypto-Asset Trading Platforms：Final Report ［EB/OL］. https：//www. iosco. org/library/pubdocs/pdf/IOSCOPD649. pdf，2020-02.

［126］International Organization of Securities Commissions（IOSCO）. Global Stablecoin Initiatives：Public Report ［EB/OL］. https：//www. iosco. org/library/pubdocs/pdf/IOSCOPD650. pdf，2020-03.

［127］ITU-T Focus Group Digital Currency including Digital Fiat Currency. Reference Architecture and Use Cases Report ［R］. Focus Group Technical Report，Geneva：ITU，2019-06.

［128］James H.，Landau J.，Brunnermeier M. K. Digital Currency Areas ［R/OL］. https：//voxeu. org/article/digital-currency-areas，2019.

［129］Kahn C.，Roberds W. Why pay？An introduction to payments economics ［J］. Journal of Financial Intermediation，2009，18（3）：1-23.

［130］Kantar Public. Study on New Digital Payment Methods ［R/OL］. https：//www. ecb. europa. eu/paym/digital _ euro/investigation/profuse/shared/files/dedocs/ecb. dedocs220330_report. en. pdf，2022-03.

［131］Keister T.，Sanches D. R. Should Central Banks Issue Digital Currency？［R］. Federal Reserve Bank of Philadelphia Working Paper No. 21-27，November 2021.

［132］Khiaonarong T.，Humphrey D. Cash Use Across Countries and the Demand for Central Bank Digital Currency ［R］. IMF Working Paper No. 19/46，2019.

［133］Kiff，J.，Alwazir J.，Davidovic S.，Farias A.，Khan A.，Khiaonarong T.，Malaika M.，Monroe H.，Sugimoto N.，Tourpe H.，Zhou P. A Survey of Research on Retail Central Bank Digital Currency ［R］. IMF Working Paper No. 20/104，2020.

［134］Kirkby R. Cryptocurrencies and Digital Fiat Currencies ［J］. The Australian Economic Review，2018，51（4）：527-539.

［135］Kosse，A.，Mattei I. Gaining Momentum-Results of the 2021 BIS Survey on Central Bank Digital Currencies ［R］. BIS Papers No. 125，2022.

［136］Laeven, L. Valencia F. Systemic Banking Crises Revisited ［R］. IMF Working Paper No. 206, 2018.

［137］Lagarde C. , Panetta F. Key Objectives of the Digital Euro ［Z/OL］. https：//www. ecb. europa. eu/press/blog/date/2022/html/ecb. blog220713 ~ 34e21c3240. en. html, 2022-07-13.

［138］Leonard M. , Pisani－Ferry J. , Ribakova E. , Shapiro J. , Wolff G. Redefining Europe's Economic Sovereignty ［Z/OL］. Bruegel, https：//bruegel. org/2019/06/redefining-europes-economic-sovereignty, 2019-6-25.

［139］Libra. An Introduction to Libra：White Paper·From the Libra Association Members ［EB/OL］. https：//libra. org/en－US/wp－content/uploads/sites/23/2019/06/LibraWhitePaper_en_US. pdf, 2019.

［140］Libra. White Paper v2. 0. From the Libra Association Members ［EB/OL］. https：//libra. org/en-US/white-paper, 2020.

［141］Lo, S. , Wang J. C. Bitcoin as Money? ［Z］. Federal Reserve Bank of Boston, Current Policy Perspectives No 14-4, 2014.

［142］Mancini－Griffoli T. , Martinez Peria M. S. , Agur I. , Ari A. , Kiff J. , Popescu A. , Rochon C. Casting Light on Central Bank Digital Currencies ［R/OL］. IMF Staff Discussion Note (SDN) No. 18/08, https：//www. imf. org/en/Publications/Staff-Discussion-Notes/Issues/2018/11/13/Casting-Light-on-Central-Bank-Digital-Currencies-46233, 2018.

［143］Massad T. G. It's Time to Strengthen the Regulation of Crypto－Assets ［Z/OL］. Economic Studies at BROOKINGS, https：//www. brookings. edu, March 2019.

［144］Mersch Y. An ECB Digital Currency-A Flight of Fancy? ［Z］. Speech at the Consensus 2020 Virtual Conference, 2020.

［145］Mukherjee P. , Pradhan C. Blockchain 1. 0 to Blockchain 4. 0-The Evolutionary Transformation of Blockchain Technology ［A］. In：Panda S. K. , Jena A. K. , Swain S. K. , Satapathy S. C. (eds) Blockchain Technology：Applications and Challenges ［C］. Intelligent Systems Reference Library, 2021 (203)：29-49.

［146］Mundell R. A. A Theory of Optimum Currency Area ［J］. American Economic Review, 1961, 51 (4)：657-665.

［147］Nakamoto S. Bitcoin：A Peer－To－Peer Electronic Cash System

[Z]. 2008.

[148] Organization for Economic Cooperation and Development (OECD). OECD Digital Economy Outlook 2015 [EB/OL]. http：//www. oecd. org/sti/oecd-digital-economy-outlook-2015-9789264232440-en. htm, 2015.

[149] Panetta F. Central Bank Digital Currencies：Defining the Problems, Designing the Solutions [Z/OL]. Speech at the US Monetary Policy Forum. New York, https：//www. ecb. europa. eu/press/key/date/2022/html/ecb. sp220218_1~938e881b13. en. html, 2022-02-18.

[150] Panetta F. , 21st Century Cash：Central Banking, Technological Innovation and Digital Currency [R]. SUERF Policy Note, Issue No 40, 2018.

[151] Peel M. Can Europe's New Financial Channel Save the Iran Nuclear Deal [EB/OL]. Financial Times, https：//www. ft. com/content/bd5a5046-27ad-11e9-88a4-c32129756dd8, 2019-04-02.

[152] Quarles R. Parachute Pants and Central Bank Money [R/OL]. At the 113th Annual Utah Bankers Association Convention, https：//www. federalreserve. gov/newsevents/speech/quarles20210628a. htm, 2021-06-28.

[153] Rahman A. J. Deflationary Policy under Digital and Fiat Currency Competition [J]. Research in Economics, 2018, 72 (2)：171-180.

[154] Redish A. Anchors Aweigh：The Transition from Commodity Money to Fiat Money in Western Economies [J]. Canadian Journal of Economics, 1993, 26 (4)：777-795.

[155] Rogoff K. S. The Curse of Cash：How Large-denomination Bills Aid Crime and Tax Evasion and Constrain Monetary Policy [M]. Princeton University Press, 2017.

[156] Sams R. A Note on Cryptocurrency Stabilisation：Seigniorage Shares [Z/OL]. https：//blog. bitmex. com/wpcontent/wploads/2018/06/A-Note-on-Crytowrrency-Stabtlisation-Seigniorage-Shares. pdf, 2022-02-17.

[157] Suzuki J. , Kawahara Y. Blockchain 3. 0：Internet of Value-Human Technology for the Realization of a Society Where the Existence of Exceptional Value is Allowed [A]. In：Ahram T. , Taiar R. , Groff F. (eds) Human Interaction, Emerging Technologies and Future Applications IV [C]. Springer, Cham. 2021 (1378)：569-577.

［158］ Swan M. Blockchain: Blueprint for a New Economy ［M］. O'Reilly, 2015.

［159］ Tanwar, S. Blockchain Technology: from Theory to Practice ［M］. Springer, Singapore. 2022.

［160］ Taylor J. Discretion versus Policy Rules in Practice ［A］. in Carnegie-Rochester Conference Series on Public Policy ［C］. 1993 (39): 195-214.

［161］ Taylor J. An Historical Analysis of Monetary Policy Rules ［A］. in Taylor J. (ed.) Monetary Policy Rules ［M］. Chicago, IL: University of Chicago Press, 1999.

［162］ Team Ripple. Interledger: Beyond Blockchain ［EB/OL］. https://ripple. com/insights/interledger-beyond-blockchain, 2016-3-23.

［163］ Tether. Tether: Fiat currencies on the Bitcoin blockchain ［EB/OL］. https://tether. to/en/whitepaper, 2014.

［164］ The Block Research. Stablecoins: Bridging the Network Gap Between Traditional Money and Digital Value ［R/OL］. https://www. theblock. co/post/97550/stablecoins-bridging-the-network-gap-between-traditional-money-and-digital-value, 2021.

［165］ The White House. Executive Order on Ensuring Responsible Development of Digital Assets ［EB/OL］. https://www. whitehouse. gov/briefing-room/presidential-actions/2022/03/09/executive-order-on-ensuring-responsible-development-of-digital-assets, 2022-03-09.

［166］ Triffin, R. Gold and the Dollar Crisis: The Future of Convertibility ［M］. Yale University Press, 1960.

［167］ UNCTAD. All that Glitters is Not Gold: The High Cost of Leaving CryptocurrenciesUnregulated ［EB/OL］. Policy Brief No. 100, https://unctad. org/webflyer/all-glitters-not-gold-high-cost-leaving-cryptocurrencies-unregulated, 2022-06-13.

［168］ Waller C. CBDC: A Solution in Search of a Problem? ［R/OL］. At the American Enterprise Institute, Washington, D. C. (via webcast), https://www. federalreserve. gov/newsevents/speech/waller20210805a. htm, 2021-08-05.

［169］ Wanchain. Building Super Financial Markets for the New Digital Economy ［EB/OL］. https://www. wanchain. org/_files/ugd/9296c5_0d623032c6 7b4e23 80e14452ec02a9e4. pdf, 2017.

［170］Wong P. , Maniff J. L. Comparing Means of Payment：What Role for a Central Bank Digital Currency？［Z］. FEDS Notes, 2020-08-13.

［171］Wood G. Polkadot：Vision for A Heterogeneous Multi-chain Framework ［EB/OL］. https：//polkadot. network/PolkaDotPaper. pdf, 2016-11-10.

［172］Wright A. , De Filippi P. Decentralized Blockchain Technology and the Rise of LexCryptographia［R］. 2015.

［173］Yermack D. Corporate Governance and Blockchains［J］. Review of Finance, 2017, 21（1）：7-31.

［174］Yermack, D. Is Bitcoin a Real Currency？An Economic Appraisal［R］. National Bureau of Economic Research（NBER）Working Paper No. 19747, 2013.

［175］Yeyati E. L. Financial Dollarization and De-dollarization in the New Millennium［R］. YPFS Documents（Series 1）No. 14629, 2021.

［176］Yue X. , Wang H. , Jin D. , Li M. , Jiang W. Healthcare Data Gateways：Found Healthcare Intelligence on Blockchain with Novel Privacy Risk Control ［J］. Journal of Medical Systems, 2016, 40（10）：1-8.

［177］Zitter L. The Bank of England'sRSCoin：an Experiment for Central Banks or a Bitcoin Alternative？［R/OL］. https：//bitcoinmagazine. com/culture/the-bank-of-england-s-rscoin-an-experiment-for-central-banks-or-a-bitcoin-alternative-1459183955, 2016-03-28.

［178］包宏. 美联储发行央行数字货币的基本概况、政策挑战以及对数字人民币的启示［J］. 经济学家, 2022（6）：119-128.

［179］陈平, 管清友. 大国博弈的货币层面——20世纪60年代法美货币对抗及其历史启示［J］. 世界经济与政治, 2011（4）：25-47.

［180］陈伟光, 明元鹏. 数字货币：从国家监管到全球治理［J］. 社会科学, 2021（9）：13-27.

［181］丁一凡, 纽文新. 美元霸权［M］. 成都：四川人民出版社, 2014.

［182］冯登国, 张敏, 李昊. 大数据安全与隐私保护［J］. 计算机学报, 2014, 37（1）：246-258.

［183］高海红. 布雷顿森林遗产与国际金融体系重建［J］. 世界经济与政治, 2015（3）：4-29.

［184］高海红. 变化中的国际货币体系：理论与中国实践［M］. 北京：经济科学出版社, 2021.

［185］黄梅波. 国际金融学［M］. 厦门：厦门大学出版社，2009.

［186］黄梅波，熊爱宗. 国际货币体系改革：困境与出路［M］. 北京：经济科学出版社，2012.

［187］黄薇. 汇率制度与国际货币体系［M］. 北京：社会科学文献出版社，2014.

［188］贾丽平. 比特币的理论、实践与影响［J］. 国际金融研究，2013（12）：14-25.

［189］李建军，朱烨辰. 数字货币理论与实践研究进展［J］. 经济学动态，2017（10）：115-127.

［190］李晓耕著. 权力之巅：国际货币体系的政治起源［M］. 北京：社会科学文献出版社，2017.

［191］刘瑞. 日本央行数字货币的制度设计及政策考量［J］. 日本学刊，2021（4）：83-117.

［192］刘新华，郝杰. 货币的债务内涵与国家属性——兼论私人数字货币的本质［J］. 经济社会体制比较，2019（3）：58-70.

［193］刘旭，尚昕昕. 稳定币跨境交易发展与国际监管经验研究［J］. 南方金融，2022（2）：79-87.

［194］谭小芬，李兴申. 跨境资本流动管理与全球金融治理［J］. 国际经济评论，2019（5）：57-79.

［195］汤奎，陈仪珏. 数字人民币的发行和运营：商业银行的机遇与挑战研究［J］. 西南金融，2020（11）：24-34.

［196］王定祥，何乐佩. 法定数字货币替换现金货币的社会治理机制研究［J］. 金融理论与实践，2020（11）：1-9.

［197］王信，骆雄武. 数字时代货币竞争的研判及应对［J］. 国际经济评论，2020（2）：36-55.

［198］习近平. 国家中长期经济社会发展战略若干重大问题［J］. 求是，2020（21）：4-10.

［199］谢伏瞻. 论新工业革命加速拓展与全球治理变革方向［J］. 经济研究，2019（7）：4-13.

［200］谢星，张勇，封思贤. 法定数字货币的宏观经济效应研究［J］. 财贸经济，2020（10）：147-161.

［201］徐忠，邹传伟. 区块链能做什么，不能做什么？［R/OL］. 中国人

民银行工作论文 2018 年第 4 号，http：//www.pbc.gov.cn/redianzhuanti/118742/4122386/4122692/4123106/4122903/index.html.

[202] 杨晓晨，张明. Libra：概念原理、潜在影响及其与中国版数字货币的比较 [J]. 金融评论，2019 (4)：54-66.

[203] 杨彧剑，林波. 分布式存储系统中一致性哈希算法的研究 [J]. 电脑知识与技术，2011，7 (22)：5295-5296.

[204] 姚前. 数字货币与银行账户 [J]. 清华金融评论，2017 (7)：63-67.

[205] 姚前. 中央银行加密货币——RSCoin 系统之鉴 [J]. 财经，2017 (13).

[206] 姚前. 央行数字货币的技术考量 [N/OL]. 第一财经日报，https：//www.yicai.com/news/5404436.html，2018-03-07.

[207] 姚前. 区块链研究进展综述 [J]. 中国信息安全，2018 (3)：92-95.

[208] 姚前. 数字货币的前世与今生 [J]. 中国法律评论，2018 (6)：186-193.

[209] 姚前. 中央银行数字货币原型系统实验研究 [J]. 软件学报，2018 (9)：2716-2732.

[210] 姚前. 共识规则下的货币演化逻辑与法定数字货币的人工智能发行 [J]. 金融研究，2018 (9)：37-55.

[211] 姚前. 法定数字货币的经济效应分析：理论与实证 [J]. 国际金融研究，2019 (1)：16-27.

[212] 张发林. 全球金融治理与中国 [M]. 北京：中国人民大学出版社，2020.

[213] 张发林. 全球金融治理体系的演进：美国霸权与中国方案 [J]. 国际政治研究，2018 (4)：9-36.

[214] 张双长，孙浩. 央行数字货币与利率政策创新 [J]. 清华金融评论，2018 (9)：57-61.

[215] 赵炳昊. 应对加密数字货币监管挑战的域外经验与中国方案——以稳定币为切入点 [J]. 政法论坛，2022 (3)：176-191.

[216] 赵柯. 德国马克的崛起——货币国际化的政治经济学分析 [D]. 中国社会科学院研究生院博士学位论文，2013.

［217］中国人民银行数字人民币研发工作组．中国数字人民币的研发进展白皮书［Z］．2021.

［218］［美］托马斯·梅耶，詹姆斯·S·杜森贝里，罗伯特·Z·阿利伯．货币、银行与经济［M］．林宝清，洪锡熙，等译．上海：上海人民出版社，2007.

［219］［美］巴里·艾肯格林著．资本全球化：国际货币体系史（第二版）［M］．彭兴韵，译．上海：上海人民出版社，2009.

［220］［美］大卫·安德鲁．国际货币权力［M］．黄薇，译．北京：社会科学文献出版社，2016.

［221］［美］乔纳森·科什纳．货币与强制［M］．李巍，译．上海：上海人民出版社，2013.

后　记

本书历时近 4 年时间，囊括了笔者团队这些年在数字货币领域的主要研究工作。鉴于本书是在数字货币竞争和治理领域的初步探索，对于许多问题还有待进一步深入思考，相关理论框架的构建也有待后续工作予以完善。对于目前书中的不当之处，欢迎读者朋友来信指正，笔者邮箱：annls@ 163. com。

本书得以顺利出版，要感谢多位师长和友人的帮助。特别感谢徐秀军老师，在他的支持下，本书得以获得国家社会科学基金重大项目"中国积极参与全球数字经济治理体系改革与创新研究"（项目编号：21ZDA096）的资助。同时，还要感谢高海红、王朝阳、熊爱宗、周学智等学界前辈和同仁对本书内容给予的指导和建议。感谢经济管理出版社的任爱清等编辑老师认真负责、严谨细致的工作，保证了本书的质量。

宋爽

2023 年 8 月 16 日